Atlas der indianischen Hochkulturen

Norman Bancroft Hunt

Atlas der indianischen Hochkulturen

Olmeken • Tolteken • Maya • Azteken

tosa

Bildnachweis

AKG London: 183, 189; Ann Ronan: 188; The British Museum: 81, 156, 160, 172, 177, 186; Corbis: 150;
Corbis/Paul Almasy: 124, 125, 128–129, 129, 139; Corbis/Archivo Iconografico S.A.: 146 links, 171, 182, 184, 185, 187
unten; Corbis/Yann Arthus-Bertrand: 136–137, 145; Corbis/Bettmann: 151, 154, 178; Corbis/Bowers Museum of Cultural
Art: 34, 35, 120; Corbis/Burstein Collection: 121; Corbis/Richard A. Cooke: 16, 18–19, 82, 83 oben, 108–109, 135, 149,
161 oben; Corbis/Sergio Dorantes: 88, 89 rechts, 157 unten; Corbis/Macduff Everton: 59 oben, 87, 133 unten, 134,
148; Corbis/Dave G. Houser: 63, 67; Corbis/Kimbell Art Museum: 44, 55 oben, 166;
Corbis/Danny Lehman: 7 oben, 17, 20, 21 oben, 21 unten, 38–39, 50–51, 51, 71 oben, 86, 94, 95, 140, 162, 165, 176;
Corbis/Charles & Josette Lenars: 22 links, 24, 26, 27, 45, 56, 65, 74–75, 75, 89 links, 92, 97, 98, 101, 114, 116, 119
unten, 131, 141 rechts, 187 oben; Corbis/Craig Lovell: 64, 77, 83 unten; Corbis/Francis G. Mayer: 22 rechts;
Corbis/Buddy Mays: 78–79; Corbis/John Noble: 62–63; Corbis/Gianni Dagli Orti: 8, 11, 13, 23, 25, 31 oben, 31 unten,
42, 43, 52, 53 links, 53 rechts, 55 unten, 57 oben, 58 unten, 69, 74, 78, 84, 85, 93, 96, 99, 108, 110, 113 oben, 113
unten, 118, 119 oben, 120–121, 126, 127, 141 links, 144, 146 rechts, 147 oben, 147 unten, 150–151, 152, 153, 155,
157 oben, 158, 159, 161 unten, 164, 167 rechts, 170, 175, 180, 181; Corbis/The Purcell Team: 9, 168–169;
Corbis/Fulvio Roiter: 57 unten; Corbis/Bill Ross: 7 unten, 58 oben, 76–77; Corbis/Hans Georg Roth: 130;
Corbis/Kevin Schafer: 73, 117; Corbis/Seattle Art Museum: 163; Corbis/Michael T. Sedam: 112;
Corbis/Roman Soumar: 46–47, 86–87; Corbis/Vanni Archive: 90, 91, 133 oben; Corbis/Nik Wheeler: 54, 138;
Corbis/Michael S. Yamashita: 174; David Hixon: 32 oben, 32 unten, 33 oben, 33 unten; Naturalight Productions Ltd,
Belize: 48, 49 oben, 49 unten; Thalamus Publishing: 1, 59 unten, 104, 105 oben, 105 unten, 137;
Thalamus Studios: 2–3, 5; Thalamus Studios/Oliver Frey: 30, 71 unten, 122, 123, 173;
Werner Forman Archive: 70, 115; Werner Forman Archive/Anthropologisches Museum, Veracruz: 10;
Werner Forman Archive/Biblioteca Universitaria, Italy: 103; Werner Forman Archive/British Museum, London: 15;
Werner Forman Archive/Dallas Museum of Art: 14; Werner Forman Archive/Hamburg, Museum: 167 links;
Werner Forman Archive/Liverpool Museum: 102, 179; Werner Forman Archive/National Museum of Anthropology,
Mexico City: 100; www.anthroarcheart.org/Philip Baird: 28, 29, 36–37, 111.

Seite 1: *Die nur teilweise freigelegten Stufen der Großen Pyramide von Cobá, der größten auf der Halbinsel Yucatán, erheben sich aus dem Dschungel.*

Titelseite (2–3): *Fantasie-Montage aus Yucatán: Der Himmel über Mérida, Baumsilhouette aus Cobá und die Pyramide aus der Stadt Chichén Itzá.*

Gegenüber: *Hieroglyphen eines Tempelpriesters, gehüllt in Quetzalfedern und ein Jaguarfell; Abbildung aus einem mixtekischen Manuskript.*

INHALT

EINLEITUNG

*Die frühen Bewohner Amerikas hatten eine enge Beziehung zu ihren Gottheiten. Einer der bedeutendsten war der Regengott, Tlaloc, **rechts**, der nicht nur den Regen, sondern auch die vier Jahreszeiten für die Landwirtschaft kontrollierte. Weitere Verbindungen zwischen der Himmelswelt der Götter und der Erdwelt der Menschen wurden durch die Errichtung riesiger Pyramiden geschaffen, wie die von Kukulcan in Chichén Itzá, **unten rechts**, auf deren Gipfel Opfer für die Götter dargebracht wurden.*

Der Begriff „Mittelamerika" wurde vom Anthropologen Paul Kirchhoff geprägt und beschreibt den Teil Mexikos und Zentralamerikas, der während der Spanischen Eroberungskriege zivilisiert wurde. Unter Mittelamerika versteht man das südliche und östliche Mexiko, Guatemala, El Salvador und Belize sowie den Süden und Westen von Honduras. Die Einwohner betrieben hauptsächlich Landwirtschaft und lebten in städtischen Gemeinden, in denen auf Kunst und Architektur großen Wert gelegt wurde. Auch meinte Kirchhoff, dass sie eine Reihe kultureller Gemeinsamkeiten hatten, wie etwa Pyramiden und Tempel, rituelle Blutopfer, einen geheiligten Kalender, in dem das Jahr 365 Tage umfasste, Hieroglyphen und ein Pantheon an Gottheiten.

Diese Gemeinsamkeiten lassen zwar einen regen Austausch der einzelnen mittelamerikanischen Stämme vermuten, doch es gibt weitgehende Unterschiede in den kulturellen Details und zeitlichen Epochen. Die früheste Kultur Mittelamerikas – die der Olmeken – lebte 3000 Jahre vor den Azteken, deren Hauptstadt Tenochtitlan im April 1521 vom Eroberer Hernán Cortés und seinen Männern zerstört wurde.

Ganz Mittelamerika befindet sich zwischen den beiden Wendekreisen und kann in ein Hochland und ein Flachland unterteilt werden. Vor allem im Norden besteht ein Teil des Hochlandes aus Wüste, die Täler sind von aktiven und stillen Vulkanen gesäumt, die die einst große Bevölkerungen mit fruchtbarer Erde versorgten. Für die Azteken waren solche Vulkangipfel die Heimat der Tlalocs, der Regengötter, deren Einfluss auf die Fluss- und Seensysteme sowie auf die Regen- und Trockenzeiten für den erfolgreichen Anbau von Saatgut essenziell war.

Die Epochen Mittelamerikas

In Gegensatz zu den Hochlandkulturen entwickelte sich die klassische Mayakultur im Dschungel des Flachlandes von Yucatán, wo es mit Ausnahme des Flusses Usumacinta kein oberflächliches Wasser gibt. Man kann dieses aber aus unterirdischen Wasserlöchern gewinnen, in denen gelegentlich Menschenopfer zur Besänftigung der Regengötter dargebracht wurden. Obwohl die Kulturen Mittelamerikas komplex und unterschiedlich waren, kann man sie in verschiedene Epochen einteilen und so die Geschichte dieser Gegend chronologisch aufzeigen. Die früheste Epoche ist die der Olmeken aus der Golfebene, die etwa 1500 v. Chr. ihren Ursprung nahm.

Ihre größten Zentren waren La Venta, Tres Zapotes und San Lorenzo. Dort fand man weitläufige Pyramidenkomplexe und Tempelanlagen mit reliefierten Statuen und riesigen Köpfen, die vielleicht Porträts lokaler Gottheiten darstellten.

Zwischen 1500 v. Chr. und 1500 n. Chr. besiedelte Gebiete Mittelamerikas

TEXAS

MEXIKO

FLORIDA

KUBA

GOLF VON MEXIKO

BUCHT VON CAMPECHE

Halbinsel Yucatán

KARIBISCHES MEER

Mexiko

Vera Cruz

Tabasco

Petén

BELIZE

Guerro

Chiapas

Oaxaca

GUATEMALA

HONDURAS

EL SALVADOR

NICARAGUA

PAZIFIK

35.000 v. Chr.
Asiaten ziehen durch die Tundra, die einst die Kontinente verband, nach Mittelamerika

8000 v. Chr.
Jäger und Sammler gründen halb-dauerhafte Siedlungen

7000 v. Chr.
Beginn des Altertums; Jäger und Sammler kultivieren Pflanzen

5000 v. Chr.
Mit der Züchtung von Mais werden dauerhafte Siedlungen gebildet

2000 v. Chr.
Ende des Altertums; größere dauerhafte Siedlungen entstehen

1500 v. Chr.
Entstehung der Olmekenkultur

1200 v. Chr.
In San Lorenzo wird das erste olmekische Zeremonien-Zentrum erbaut

753 v. Chr.
In Italien wird Rom gegründet

oberung um 1500. Die bedeutendste Entwicklung dieser Periode war der Aufschwung der Tolteken, die von ihrer Hauptstadt Tula aus ihren Einfluss auf die Gebiete der Maya ausweiteten. So ist etwa Chichén Itzá, das zeremonielle Zentrum der Maya in Yucatán, eine komplexe Mischung aus Maya- und Toltekenarchitektur. Die letzte Epoche wird den Azteken zugeschrieben, die im 13. Jahrhundert an Einfluss gewannen und weitläufige militärische Eroberungen betrieben. Wie ihre Vorgänger blickten auch die Azteken in die Vergangenheit und waren stolz auf ihre Abstammung von früheren Hochkulturen.

Obwohl die Kultur der Olmeken um 400 v. Chr. unterging, beeinflusste sie nachhaltig das gesamte kulturelle Geschehen Mittelamerikas. So wurde die klassische Mayakultur (300–900 n. Chr.), in der Tempel- und Pyramidenbauten sowie Jadearbeiten ihre Blütezeit hatten, von den vorangegangenen Olmeken inspiriert. Während dieser Zeit gewann eine weitere Kultur, die der Teotihuacán, an Bedeutung und beeinflusste ebenfalls die Maya.

Die dritte Epoche ist die Postklassik von 900 n. Chr. bis zur Spanischen Er-

400 v. Chr.	300 n. Chr.	400	500	850	900	1434	1521
Untergang der Olmekenkultur	Beginn der klassischen Maya-Periode	Unter dem Einfluss von Teotihuacán wird in Kaminaljuyú eine neue Zeremonienstätte erbaut	Die Mixteken übernehmen nach und nach die zapotekischen Machtzentren	Die Tolteken dringen unter Mixcoatl in Mexiko ein	Ende der klassischen Maya-Periode, Beginn der Postklassik	Dreifache Allianz zwischen Tenochtitlan, Texcoco und Tlacopan gegründet	Die Postklassik endet mit der Spanischen Eroberung

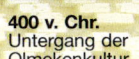

DIE URSPRÜNGE DER MITTELAMERIKANISCHEN KULTUR

Asiatische Jäger und Sammler erreichen Zentralamerika

Der Ursprung der mittelamerikanischen Kultur liegt – wie der aller indio-amerikanischen Völker – in Asien. Vor der Migration nomadischer Stämme von Jägern und Sammlern über die weite Tundra, die in der Region der heutigen Beringstraße den asiatischen mit dem amerikanischen Kontinent verband, waren die Teile Amerikas unbewohnt.

Wann genau diese ersten Wanderungen stattfanden, ist noch heute eine akademische Debatte; man ist sich allerdings einig, dass sie sich vor etwa 35.000 bis 40.000 Jahren ereigneten. Mit Sicherheit erreichten kleine Jägerstämme Mittelamerika lange vor dem Aussterben eiszeitlicher Säugetiere vor etwa 10.000 Jahren, und Kohlenstoffdatierungen zufolge waren sie dort über 23.000 Jahre ansässig. Ihre abgesplitterten Speerspitzen fand man in fossilen Überresten von Tieren wie Mammuts, Eiswölfen und Säbelzahntigern.

Es ist schwer zu sagen, wie das Leben dieser Stämme ausgesehen hat. Es gibt kaum Beweise für dauerhafte Siedlungen, wenngleich einige Gruppen immer wieder zu ihren bevorzugten Lagern zurückkehrten. Archäologischen

Hinweisen zufolge befanden sich diese in der Nähe von Flüssen oder Sümpfen, von denen Großwild ebenso wie dessen Jäger angezogen wurden. Solche Gebiete boten Familien auch üppige Nahrungspflanzen sowie eine Vielzahl an Fischen und Wassertieren, die einen Großteil ihrer Ernährung ausgemacht haben müssen.

Die Samen der Landwirtschaft

Obwohl nicht sesshaft, waren diese Gemeinschaften weit komplexer und fortschrittlicher, als ursprünglich angenommen wurde. Sie waren nicht das amerikanische Pendant zu den neolithischen Stämmen Europas, wie Gelehrte lange Zeit vermuteten. Sie verfügten vielmehr über eine fortschrittliche Technologie, die sich um Steinmetzarbeiten und den Einsatz der Speerschleuder, *atlatl*, drehte, unterschiedliche Sprachen sowie reichhaltige Kenntnisse über Kosmologie.

Das Ende der Pleistozänepoche markierte in Mittelamerika einen Umschwung im Alltag der frühen Jäger, die nunmehr auf kleineres Wild wie Rehe und Kaninchen angewiesen waren. Als das Eis in den nördlichen Höhengebieten zurückging, stieg auch die Temperatur im heutigen Zentral- und Südmexiko drastisch an. Es wird angenommen, dass sowohl die Temperaturschwankungen als auch das Aussterben der größeren Tiere die Stämme zwang, immer öfter zu ihren gewohnten Lagern zurückzukehren und auf Samen, Wurzeln, Beeren und Früchte zurückzugreifen.

Vor 8000 Jahren formten die einstmals umherstreifenden Jäger größere Gruppen und bildeten halb-dauerhafte Siedlungen, in denen das selektive Anpflanzen von Nahrungspflanzen immer bedeutender wurde. Das beinhaltete die Sammlung der besten Samen der Saisonpflanzen und deren erneuter Anbau unter natürlichen Bedingungen.

Obwohl sie keinen intensiven Ackerbau betrieben, legten diese Jäger-und-Sammler-Gemeinschaften den Grundstein für die späteren landwirtschaftlichen Kulturen der Olmeken, Maya und Azteken.

Gegenüber: *Durch das Aussterben der großen eiszeitlichen Säugetiere wurden die Menschen von Samen, Wurzeln und Beeren abhängig und bildeten halb-dauerhafte Siedlungen. Sie beherrschten noch keine landwirtschaftlichen Techniken und verwendeten keine Steinbauten. Archäologische Funde deuten auf geflochtene Strohhütten mit Lehmverputz hin,* **oben***, ähnlich diesen Behausungen der yukatekischen Maya.*

FRÜHE LANDWIRTSCHAFT
Städtische Gemeinschaften entstehen

Oben: *Für das Überleben der Bevölkerung war das Zusammenspiel der verschiedenen Götter wichtig. In diesem Basrelief erweist der Regengott Tlaloc seine Ehre der Maisgöttin Cinteotl. Man glaubte, dass Tlaloc durch den sanften Frühlingsregen die Maiskörner befruchtete und dadurch Cinteotls „Maiskinder" wachsen und reifen konnten.*

Die Periode zwischen 7000 v. Chr. bis zur Entstehung großer, dauerhafter Dörfer um etwa 2000 v. Chr. bezeichnet man als das Altertum. Diese Zeit markiert große Veränderungen in ganz Mittelamerika. Die frühen Jäger und Sammler hatten bereits begonnen, ihre bevorzugten Lagerstätten jahreszeitenbedingt aufzusuchen, wo sie den selektiven Anbau von wilden Samen betrieben. Neben dieser Entwicklung kam es auch zur Kultivierung der Nahrungspflanzen, die die Ernährungsbasis späterer Zivilisationen formte.

Wann genau die Kultivierung von Pflanzen begann, ist schwer zu ermessen, obwohl die Pionierarbeit von Richard S. MacNeish die Abfolge erkennbar macht. Seine Ausgrabungen in Felsenlagern und Höhlen im Tehuacantal in Puebla, Mexiko, brachten einige gut erhaltene Kulturpflanzen zum Vorschein, wie etwa Avocado, Chilischoten, Kürbis und

Baumwolle, die schätzungsweise zwischen 7000 und 5000 v. Chr. datiert wurden.

Zuchtmais – der zur wichtigsten Kulturpflanze Amerikas wurde – erschien erstmals 5000 v. Chr. MacNeish entdeckte winzige Kolben von ursprünglichem Mais in der San-Marcos-Höhle im Tehuacantal. Dieser bedeutende Fund entfachte eine heftige Debatte, da niemals ein wilder Vorgänger des Mais gefunden wurde. Archäologen und Botaniker nahmen ursprünglich an, dass Mais ein Abkömmling von Teosinte sei, einem wilden Gras, das in mexikanischen Feldern als Unkraut wächst. Heute meint man allerdings, dass Teosinte sich aus dem Mais entwickelte und nicht umgekehrt.

Mais wird kultiviert
Wie auch immer diese Debatte ausgehen wird, es muss anerkannt werden, dass es vor 5000 v. Chr.

eine lange Phase des Experimentierens und
Kultivierens gegeben hat, in der mittelamerikanische Farmer den Zuchtmais hervorbrachten.
Ob dies im Tehuacantal oder anderswo geschah,
ist unsicher. Es ist denkbar, dass die Klimabedin-
gungen im Tehuacantal eine Konservierung
erlaubten, wohingegen pflanzliche Überreste
andernorts verloren gingen.

Mit der Kultivierung des Mais entstanden
dauerhafte Siedlungen, da eine geordnete Landwirtschaft viel Zeit in Anspruch nimmt. Auf Wild
wurde immer mehr verzichtet: Durch die
wachsenden Menschenansammlungen wurden
die Tiere aus der Umgebung vertrieben. Erstmals
gab es Anzeichen für die Verwendung von
Mörser und Stößel, die man zur Verarbeitung
von Mais und anderem Getreide benötigte.

Auch gibt es Beweise, dass weitere Nahrungspflanzen – besonders Bohnen und Kürbisse –
angebaut wurden. An der Pazifikküste war man
vermehrt von anderen Nahrungsquellen wie Fisch

und Schalentieren
abhängig.

Der zunehmende
Ertrag ihrer Nutz-
pflanzen bedeutete
einen drastischen
Anstieg der alter-
tümlichen Bevölkerung
Mittelamerikas. Die erfolgreiche Landwirtschaft
konnte wesentlich mehr Leute ernähren, als dies
zur Zeit des Jagens und Sammelns möglich war.

Dem Anstieg der Bevölkerung folgte neben
einem Aufschwung der Kunst auch die
Entwicklung von Ritualhandlungen und
religiösen Feiern. Aus dieser Zeit kennt man
Korb- und Töpferarbeiten, kleine Tonfiguren und
Bestattungszeremonien für wichtige Gemeinde-
mitglieder. Der letzte Punkt lässt vermuten,
dass die Bildung von sozialen Schichten, die
später an Bedeutung gewann, ihren Ursprung
bereits im Altertum hatte.

Mittelamerikanische Siedlungen im Altertum

GOLF VON MEXIKO

BUCHT VON CAMPECHE

Tal von Mexiko

Texcoco-see

Tehuacan-tal

PAZIFIK

Unten: *Die Ursprünge
des Mais sind unklar;
man vermutet, dass er
sich aus der Wild-
pflanze Teosinte ent-
wickelt hat. Dieses
Diorama zeigt frühe
Bauern, die um 3400
v. Chr. im Tehuacantal
Mais anbauen.*

KAPITEL EINS

DIE OLMEKEN

Mehr als landwirtschaftliche Gemeinschaften

Chupicuaro

TAL VON MEXIKO

Tlatilco

Texcoco-see

Xochicalco

Chalcatzingo

PAZIFIK

Um 1500 v. Chr. begannen sich aus den landwirtschaftlichen Dorfgemeinden religiöse und politische Zentren zu bilden. Zunächst geschah dies in Veracruz und dem benachbarten Tabasco in den Dschungeln und Sümpfen entlang des Golfs von Mexiko. Hier liegt das Herzstück der Olmekenkultur mit allen wichtigen Stätten der Olmeken.

Es ist jedoch unwahrscheinlich, dass die Zentren der Olmeken tatsächlich Städte waren. Vielmehr deuten für die Wissenschaft einige Anzeichen darauf hin, dass nur Gruppen von Herrschern, Priestern und Bürokraten tatsächlich sesshaft waren; sie wurden erhalten vom Bauernvolk, das die Anbaugebiete regelmäßig wechselte. Dennoch lassen die gewaltigen Monumente darauf schließen, dass die führende Elite im Bedarfsfall auf eine große Arbeiterschar zurückgreifen konnte.

Die Olmeken errichteten die ersten mittelamerikanischen Pyramiden. Obwohl ihre architektonischen Meisterwerke nicht aus Stein bestanden, musste der Aufwand, große Erdrampen zu errichten, die dann mit vergänglichen Tempelstrukturen aus Stangen und Stroh ausgekleidet wurden, gewaltig gewesen sein.

Sie verwendeten Steine allerdings für andere Zwecke und sind bekannt für die riesigen in La Venta und San Lorenzo errichteten Basaltköpfe, von denen manche 20 Tonnen wiegen. Das Gestein für diese Arbeiten musste auf dem Wasserweg von den 80 Kilometer entfernten Tuxtlabergen beschafft werden. Abgesehen von ihren Monumenten sind die Olmeken auch für ihre rituellen Jadearbeiten bekannt. Selbst Jade musste importiert werden und zu diesem Zweck errichteten die Olmeken Handelsrouten entlang der Flüsse, Täler und Gebirgspässe auf der Suche nach geeigneten Materialien für ihre Rituale. Daher nimmt man an, dass es abgesehen vom Adel und den ärmlichen Bauern auch eine weitere Schicht, die Händler, gab.

Der Einfluss der Olmeken

Die Olmeken wurden auch die „Mutterkultur Mittelamerikas" genannt, und obwohl sich ihre Kultstätten in abgegrenzten Gebieten befanden, gibt es deutliche Anzeichen für einen weit reichenden Einfluss ihrer Kultur. Dieser reichte in den Norden bis nach Tlatilco (Mexico City) und in den Süden bis Las Victorias in El Salvador und Los Naranjos in Honduras.

Ihren Einfluss hielten sie vermutlich durch ihr Handelsnetz aufrecht. So gelangten nicht nur für sie typische Kunstgegenstände wie der Wer-Jaguar nach außen, sondern auch eine ganze

Oben: Das früheste mittelamerikanische Datierungssystem breitete sich aus dem Olmekengebiet in die umliegenden Regionen aus. Durch die Verwendung von Steintafeln wurde ein Kalendersystem möglich, wie dieses Beispiel aus Xochicalco zeigt (siehe weitere Details auf Seite 31).

1500 v. Chr.	1400 v. Chr.	1400–1100 v. Chr.	1200 v. Chr.	1200–900 v. Chr.	1070 v. Chr.	900 v. Chr.	800 v. Chr.
Landwirtschaftliche Dorfgemeinschaften fließen zu größeren Einheiten zusammen	Die olmekische Kultur taucht auf	Im Mittelmeerraum beherrscht die mykenische Zivilisation den Seehandel	In San Lorenzo wird das erste olmekische Zeremonienzentrum erbaut	In San Lorenzo werden Figuren von menschlich-tierischen Säuglingen angefertigt	In Ägypten geht das neue Königreich zu Ende	San Lorenzos Skulpturen und Reliefe werden rituell zerstört	Die Zapoteken verwenden Hieroglyphen

Reihe religiöser Vorstellungen und Ideale. Die Große Gefiederte Schlange, die später den Maya als Kukulcan und den Azteken als Quetzalcoatl bekannt war, hatte ihren Ursprung bei den Olmeken. Selbiges gilt für einige weitere mittelamerikanische Gottheiten.

Zusätzlich zu ihrem Erbe an monumentaler Architektur und zu den zahlreichen Gottheiten, die sie überlieferten, prägten die Olmeken auch andere Bereiche der typisch mittelamerikanischen Lebensart. Das

Dieses olmekische Steinrelief aus dem 8. Jahrhundert v. Chr. zeigt einen Priester ein Opfer darbringen. Die Schlangenfigur hinter ihm stellt den Wächter über Wasser und Fruchtbarkeit dar, was vermuten lässt, dass das Opfer dazu diente, für genügend Wasser für das Wachstum der Pflanzen zu sorgen.

Veracruz

OLMEKISCHES HERZLAND

Tres Zapotes

Laguna de los Cerros

La Venta

San Lorenzo

San José Mogote

ZAPOTEKEN

Monte Albán

SIERRA MADRE

Izapa

theokratische Regierungssystem und die Entwicklung einer frühen Schrift sowie ein Kalendersystem, das von den Maya perfektioniert wurde, wird den Olmeken zugeschrieben.

Zwischen 400 und 100 v. Chr. erlosch ihre Kultur. Der Grund dafür oder die Frage, wohin genau die Olmeken verschwanden, bleiben einige der größten Rätsel dieser Region. Es gibt

unzählige Theorien, wie etwa die, dass sie in den Süden gezogen und die direkten Vorfahren der Maya gewesen wären. Was auch immer geschah: um 100 v. Chr. war die Kultur der Olmeken verschwunden.

753 v. Chr.	**600 v. Chr.**	**500 v. Chr.**	**400 v. Chr.**	**334 v. Chr.**	**300 v. Chr.**	**100 v. Chr.**	**31 v. Chr.**
In Italien wird Rom gegründet	Die ersten Gebäude in Monte Albán werden errichtet	Chupicuaro entsteht im Tal von Mexiko	La Venta (Tabasco) wird zerstört und verlassen	Alexander der Große erobert Kleinasien	In Nordamerika entwickelt sich die Hopewell-Indianerkultur	Ende der olmekischen Kultur	Datierungen auf Stele C in Tres Zapotes weisen auf ein frühes Kalendersystem hin

DER WERJAGUAR
Verbindung zur Unterwelt

Rechts: *Der Werjaguar ist in der olmekischen Kultur weit verbreitet und leicht an der katzenartigen Statur und den nach unten gezogenen Mundwinkeln zu erkennen. Die gespaltene Stirn war unter den Olmeken ein Statussymbol für den Adel. Sie erscheint auch in steinernen Abbildungen der olmekischen Herrscher und verbindet den Werjaguar mit ihnen.*

Gegenüber: *Diese Zeremonienaxt (celt) aus Jade mit der Darstellung des Werjaguars diente ausschließlich zu rituellen Zwecken. Celten wurden königlichen Persönlichkeiten als Grabbeigabe mitgegeben oder in Opferritualen eingesetzt, um die Götter milde zu stimmen.*

In Mittelamerika gab es vor den Olmeken keine Anzeichen für künstlerisches Schaffen; die früheren Gegenstände der Jäger-Bauern-Gemeinden hatten ausschließlich nützlichen Charakter. Die Kunst der Olmeken entwickelte sich sehr plötzlich – so schnell, dass manche Wissenschaftler sie lediglich als Modeerscheinung und nicht als Kulturbestandteil bezeichneten.

Die Kunst ist geprägt von einem hoch entwickelten Symbolismus, der die Erde mit der übernatürlichen Welt verbindet. Ihre Betonung von Tieren des Regenwaldes und der Meeresküste, wie Adler, Klapperschlange, Hai und Affe,

lässt untrüglich auf ihr Erbe von früheren Jägern und Fischern schließen, deren Überleben von der lokalen Flora und Fauna abhing. Die Kunst der Olmeken verlieh den früheren Ausdrucksformen jedoch zusätzlich eine neue, faszinierende Dimension, in der die Realität mit der Fantasie verschmolz.

Ein häufiges Thema ihrer Darstellungen war der Werjaguar, der die Züge eines fauchenden Jaguars mit denen eines schreienden Säuglings vereint. Lange Zeit hielt man ihn für die einzige Gottheit der Olmeken. Erst jüngere Ausgrabungen brachten eine Reihe weiterer Götzenbilder zum

Vorschein, in denen der Jaguar in vielen Abwandlungen erschien: den Jaguar-Menschen, den Jaguar-Vogel, den Jaguar-Vogel-Alligator und mehr. Jaguarzähne und -klauen tauchen ebenfalls oft im Zusammenhang mit Götzenbildern auf, und ein bekanntes Steinrelief zeigt einen knienden Menschen, der sich gerade in einen Jaguar verwandelt.

Der Einfluss des Jaguars

Mehrere Verweise auf den Werjaguar innerhalb der Kultur der Olmeken lassen darauf schließen, dass es sich um eine prototypische Gottheit handelte, die eine frühe Verbindung zwischen der sichtbaren und der unsichtbaren Welt schuf. Genau genommen verband er die Mittelwelt der Menschen mit der Unterwelt der Geister und der Toten.

Die genaue Bedeutung des Jaguars für die Olmeken lässt Raum für Spekulation, es existieren lediglich Hinweise seitens anderer Kulturen, die von den Olmeken beeinflusst wurden. Daher wissen wir, dass der Jaguar als Wächter der Schwelle zur Unterwelt gesehen wurde. Auch war er Symbol für den Adel und wurde später mit Herrschern, Hohepriestern und Schamanen in Zusammenhang gebracht.

Es wird angenommen, dass der Jaguar auch von Herrschaftsfamilien als Symbol verwendet wurde, die ihren Herrschaftsauftrag auf eine höhere Macht zurückführten. In aufwendigen Gräbern, die zweifellos königlichen Führungspersonen gehörten, fand man zahlreiche Jadegegenstände, in die der Werjaguar eingeritzt worden war. Viele der dort Begrabenen tragen noch immer Jadeohrringe und Anhänger in Form von Jaguarzähnen. Auch ist beachtlich, dass die Maya, die einen Großteil ihrer Kultur von den Olmeken übernahmen, das Wort „Jaguar" oft als königlichen Namen benutzten: Lady Une' B'alam zum Beispiel bedeutet „Baby-Jaguar", und das Zeichen für ihren Namen ist ein Jaguarjunges.

Unglücklicherweise wird die genaue Bedeutung des Werjaguars für die Olmeken für immer ein Rätsel bleiben, da es in ihrer Kultur keinerlei schriftliche Aufzeichnungen über den Ursprung dieser mysteriösen Kultfigur gibt, die ihre Kunst so dominierte.

ALTÄRE DER GÖTTER
Opferschreine oder Tore für die schamanische Elite?

Unten: *Obwohl diese steinernen Gebilde meist als „Altäre" beschrieben wurden, dienten sie möglicherweise bei olmekischen Zeremonien als Throne: Der Hauptpriester oder Schamane saß mit gekreuzten Beinen über der Darstellung einer aus der Unterwelt auftauchenden Figur. Die hier abgebildete Figur hält eine Schnur, mit der ein Gefangener auf der Rückseite des Altars gefesselt ist.*

Über die Stätten der Olmeken verteilt befinden sich eine Reihe von Steinblöcken, in der Regel 1,5 m hoch, 3,5 m lang und 2 m breit. Oft ist an den Seiten eine sitzende Figur dargestellt, die vom offenen Kiefer eines Werjaguars umschlossen wird, welcher eine Höhle formt. Die Funktion dieser Steine verwunderte Gelehrte über Jahrzehnte, man einigte sich allerdings darauf, dass es sich um Altäre handelte. Von den Reliefen nahm man an, dass sie den Eingang in die Unterwelt symbolisierten, der vom Jaguargott gehütet wurde und aus dem ein Herrscher/Gott emporsteigt.

Der besterhaltene dieser Steine ist Altar 4 bei La Venta. Hier ist eine lebensgroße menschliche Gestalt mit verschränkten Beinen abgebildet, die von einem seilförmigen Muster umgeben wird. Sie sitzt in der Mitte und ist von vier Symbolen umgeben, die Mais darstellen. Ein Seil windet sich um diese Skulptur bis hin zu einem gefesselten Gefangenen auf der Rückseite des Steins.

Lange Zeit dachte man, dass der Altar einen Olmekenherrscher und ein gefesseltes Menschenopfer darstellt, das getötet werden soll, vielleicht den Anführer eines Nachbarstaates. Sein Herz und Blut wurden den Göttern der Unterwelt geopfert und sicherten Fruchtbarkeit und eine reiche Maisernte.

Wenngleich diese Interpretation lange gängig war, lässt eine genauere Untersuchung auf eine andere Bedeutung schließen. Charakteristisch für diese Altäre ist der obere Rand, in den die Gestirne eingraviert sind. Er repräsentiert den Kosmos. In eine Nische im Sockel stellte man oft Figuren, die Vogelmasken trugen. Es wird angenommen, dass diese Figuren einen großen Adler darstellen.

Getragen von Jaguar und Adler

Es ist daher möglich, dass die Altäre nicht nur als Portale zur Unterwelt und Bindeglieder zwischen Himmel und Erde dienten, sondern auch als Verbindung zwischen Tag und Nacht: Der Adler ist der König der Lüfte, während der Jaguar ein einsamer Nachtwanderer ist. Auch ist

von Bedeutung, dass Adler und Jaguar Wächter der anderen Welt sind und sich zwischen den Sphären frei bewegen können. Sie tragen jene, die unter hoher Führung stehen, wie etwa Schamanen und Herrscherpriester.

Sollten diese Annahmen korrekt sein, gewinnen die Altäre große Bedeutung als Kraftorte oder Durchgangspforten, an denen während zeremonieller Handlungen die Welt der Menschen mit jener der Götter in Verbindung tritt. Da ausschließlich Personen mit ritueller Erlaubnis zwischen den Welten reisen durften – die Schamanen und die Herrscherpriester also –, wird deutlich, dass die Altäre als schamanische Zentren dienten.

Diese Annahme wird verstärkt, da einige der Altäre mit Reliefen versehen sind, die sie mit dem heiligen Weltenbaum, *axis mundi*, verbinden, einem fast universellen Symbol für den Schamanismus.

Es wäre korrekter, sich die Altäre als „Machtsitze" vorzustellen – vielleicht als Throne – und die Figuren als Herrscherpriester kurz vor einer schamanischen Reise, die von Jaguar und Adler unterstützt werden. So werden diese Steinskulpturen zur Bühne, auf der sich die kosmische Reise zuträgt, und die abgeflachte Oberfläche repräsentiert die Zwischenwelt: einen Ort zwischen Himmel und Erde, zwischen Tag und Nacht. Diese ungewöhnliche Zwischenwelt kann nur über ihre schamanische Bedeutung als eigener Raum verstanden werden.

Oben: *In diesem Detail eines Altars aus La Venta trägt die auftauchende Figur einen Säugling. Das Kind ist leider ziemlich verwittert, könnte aber das Werjaguarbaby darstellen, das aus seinem Zuhause in der Unterwelt zu den Menschen gebracht wird.*

SAN LORENZO
Die früheste Kultstätte der Olmeken?

Rechts: *In La Venta und San Lorenzo fand man riesige Steinköpfe, die olmekische Herrscher darstellen. Dieser Kopf aus San Lorenzo (um 900 v. Chr.) steht im Anthropologischen Museum in Xalapa und wurde 1986 fotografiert, als das Museum renoviert wurde.*

Die älteste Kultstätte der Olmeken, die eingehend untersucht wurde, ist San Lorenzo. Sie wurde während einer Yale-Expedition zwischen 1966 und 1969 genau studiert. San Lorenzo liegt in der Nähe eines Flussarmes des Coatzacoalcos in Veracruz, wo es sich auf einem 50 Meter hohen, künstlich geebneten Plateau befindet, das sich etwa 1,3 km von Norden nach Süden erstreckt. Die Ausgrabungen der Yale-Expedition ergaben, dass die Stätte bereits vor 1500 v. Chr. von der Ojochikultur benutzt wurde. Obwohl die Bevölkerung zu dieser Zeit gering war – nur etwa 100 Personen –, hatten sich bereits unterschiedliche soziale Schichten gebildet. Um 1200 v. Chr. war die Bevölkerung auf etwa 1000 angewachsen und acht kolossale Steinköpfe wurden errichtet, wahrscheinlich zu Ehren der herrschenden Elite. Weiters gab es Steinaltäre und Skulpturen, die die Herrscher San Lorenzos darstellten, wie auch Bildnisse von Göttern, die irdische und übernatürliche Elemente vereinten.

San Lorenzo diente mit Sicherheit eher für Zeremonien denn als Wohnstätte und zog Pilger von weit her an. In den Flussebenen wurde intensiver Maisanbau betrieben, um die Bevölkerung zu ernähren. Außerdem wurde viel Fisch und Schildkrötenfleisch gegessen. Hunde wurden als Masttiere gehalten und eine Reihe menschlicher Knochen, die im Küchenbereich gefunden wurden, lassen auf eine Art Kannibalismus schließen.

Heiliger Boden wird vernichtet

Sie waren geschickte Töpfer. Henkellose Gefäße mit eingeritzten Gottheiten waren unter den Völkern, mit denen die Olmeken Handel trieben, sehr beliebt. Während diese Gefäße in San Lorenzo ausschließlich als Gebrauchsgegenstände zur Bereitung von Mais dienten, hatten andere Keramikarbeiten rituelle Funktion. Unter ihnen befanden sich groteske Mensch-Tier-Figuren, die zwischen 1200 und 900 v. Chr. in beachtlicher Zahl hergestellt wurden.

Auch die auf dieser Stätte errichteten Gebäude hatten religiösen Charakter. Besonders bedeutend waren Plätze, auf denen das rituelle Ballspiel abgehalten wurde. Hierbei standen die Söhne der Herrscher symbolisch den Repräsentanten der Unterwelt gegenüber.

Diese Plätze wurden von etwa 200 Erhebungen umgeben, auf denen sich Häuser und Tempel befanden.

Durch ein System von Steinrinnen wurde Wasser in künstliche Teiche geleitet, in denen rituelle Waschungen stattfanden. Diese

Wasserleitungen sind ein anschauliches Beispiel menschlicher Genialität, da die benötigten Steine 80 Kilometer weit transportiert werden mussten und zudem nur mit Knochen- und Steinwerkzeugen bearbeitet wurden.

900 v. Chr. brach plötzlich ein Unglück über San Lorenzo herein. In einem Anflug von Hektik wurden alle Steinmonumente und Skulpturen absichtlich beschädigt und entstellt. Die

Überreste dieser einst prachtvollen Monumente wurden zu den umliegenden Berghängen gebracht, wo man sie sorgfältig aufreihte, bevor man sie vergrub und die Stätte verließ.

Die rituelle Entsorgung der Denkmäler lässt auf eine Entweihung der Kultstätte schließen, die Gründe hierfür sind jedoch ebenso unklar wie für das plötzliche Verlassen von San Lorenzo.

LA VENTA
Eindrucksvolle Inselbauten

Gegenüber oben: *Ein Grab aus Basaltsäulen in La Venta.*

Gegenüber unten: *Diese Skulptur aus La Venta wird als „Frau in einer Nische" bezeichnet.*

Unten: *Ein riesiger Kopf aus La Venta.*

Die größte Pyramide der Olmeken befindet sich auf der von Sümpfen umgebenen Insel La Venta in der Nähe von Tabasco. Die Große Pyramide besteht aus 100.000 m³ Erde und ist 30 m hoch. Sie ist so weitläufig, dass einige Gelehrte meinen, es handle sich um die älteste Pyramide Mexikos. Nach der Aufgabe von San Lorenzo 900 v. Chr. diente dieses riesige Monument als zeremonieller und politischer Mittelpunkt der Olmeken, bis La Venta selbst 400 v. Chr. zerstört und verlassen wurde.

Wie San Lorenzo war auch La Venta von ertragreich bewirtschaftetem Ackerland umgeben, das eine große Bevölkerung ernähren und auch ausreichend Proviant für Pilger liefern konnte. Wieder waren die weinenden Babyjaguar-Figürchen, die sowohl den Adel als auch Unterweltgottheiten repräsentierten, von großer Bedeutung, obwohl feststeht, dass La Venta lediglich die bereits in San Lorenzo errichteten Handelsrouten weiter ausbaute. Neben Basalt, der von Künstlern vornehmlich

verwendeten Bausubstanz in San Lorenzo, stießen Händler aus La Venta auch auf Jade und Serpentin.

Später wurde Jade in Mittelamerika zum Symbol von Wohlstand, eine Funktion, die er wohl bereits in La Venta innehatte, da er eine beliebte Grabbeigabe der Reichen war. Einzigartig für La Venta waren allerdings Mosaikhöfe aus Jade. Diese wurden eigenartigerweise sofort nach ihrer Fertigstellung zugeschüttet, ihre Lage wurde oberhalb durch Steinpfeiler angezeigt.

Bauern als Baumeister

Die vergrabenen Höfe hatten keine praktische Funktion und können nur rituellen Zwecken gedient haben. Aus modernen Studien geht hervor, dass die Gebäude und Höfe nach einer bestimmten Sternenkonstellation ausgerichtet waren, was sie in direkte Verbindung mit der Kosmologie der Olmeken und einer Reihe ihrer Gottheiten bringt.

Archäologische Detektivarbeit erläutert die Funktion dieser Stätten. In Anbetracht der Ackerbauarbeiten dieser Zeit konnte die Insel etwa 45 Familien ernähren. Es wird klar, dass sie die riesigen Bauwerke weder alleine errichtet, noch die benötigten Materialien beschafft haben konnten.

Die ländliche Bevölkerung dieser Gegend zählte jedoch etwa 18.000 Menschen. Da die Landwirtschaft eine saisonbedingte Arbeit war, könnte es sein, dass die Bauern der Umgebung von den Priestern und Adeligen aus La Venta als Arbeitskräfte herangezogen wurden. Ihre Mithilfe an der Bauarbeit war wahrscheinlich Teil ihrer Ehrdarbietung an die Götter, die symbolisch ihren Sitz in den Gebäudekomplexen hatten.

Wie auch San Lorenzo ging La Venta 400 v. Chr. unter, als 24 monumentale Skulpturen absichtlich auf die gleiche Weise entstellt wurden. Wieder gibt es zahlreiche Theorien, warum dies geschah. Im Fall von La Venta scheint es jedoch, als wäre die Bevölkerung so stark angestiegen, dass sie mit den damaligen Landwirtschaftsmethoden nicht mehr ernährt werden konnte.

JADEARBEITEN
Die Bedeutung von Mittelamerikas beliebtestem Edelstein

Unten: *Jade wurde in allen mittelamerikanischen Kulturen als eines der wertvollsten Materialien verehrt und mit Wasser und Fruchtbarkeit in Verbindung gebracht. Mit verschiedenen Bearbeitungstechniken wurden Jadeblöcke zu komplexen und raffinierten Kunstwerken gefertigt, wie die hier abgebildete Maske und Figur. Viele von ihnen waren als Grabopfer gedacht und wurden sofort nach ihrer Fertigstellung begraben.*

Obwohl die Olmeken für ihre massiven Steinskulpturen bekannt sind, waren sie auch auf anderen Gebieten künstlerisch sehr begabt. Die nachkommenden Maya ahmten viel von ihrer Kunstfertigkeit nach. Zusätzlich zu ihren monumentalen Steinbauten bearbeiteten sie viele Edelsteine und Metalle, die sie durch Handel außerhalb des Gebietes von Veracruz und Tabasco erwarben.

Unter all den wertvollen Materialien war Jade am beliebtesten. Dass die Göttin Chalchihuitlicue, „Jaderock", in der Gegend als Schwester oder Frau des Regengottes Tlaloc verehrt wurde, erklärt die Bedeutung des Steins für die Olmeken und für spätere mittelamerikanische Kulturen. Durch eine Kombination aus Schnitzen, Bohren, Gravieren und Polieren stellten die Olmeken winzige Jadeperlen und -scheiben, Figuren, Anhänger und andere Schmuckstücke her. Auf vielen waren die Umrisse des Werjagu-

ars und anderer Gottheiten eingeritzt. Sie waren als Grabbeigaben gedacht. Einige der Schmuckstücke, die als Ohrringe und Anhänger dienten, hatten die Form von Jaguarzähnen und -klauen und waren nur für die höchsten Priester und Würdenträger bestimmt. Unglücklicherweise hinterließen die Olmeken keine schriftlichen Aufzeichnungen. Daher kann die Bedeutung von Jade nur durch archäologische Berichte und durch Rückschlüsse auf spätere mittelamerikanische Kulturen erahnt werden. Eine Verbindung zur Unterwelt ist wahrscheinlich, da beim Begräbnis eine Jadeperle in den Mund des Toten gelegt wurde. Man nimmt jedoch an, dass es sich um ein Symbol des ewigen Lebens und nicht des Todes handelte. Die Olmeken glaubten, dass ihre Toten in dieser oder der nächsten Welt auferstehen würden, und in späteren Kulturen der Gegend symbolisierte Jade Leben und Wachstum.

Wasser, Wachstum, Fruchtbarkeit

Die Bedeutung von Jade als Symbol des Lebens wird durch die Beziehung zwischen Tlaloc und Chalchihuitlicue verstärkt. Als Regenbringer assoziierte man Tlaloc mit dem Wachstum der Vegetation, und seine Frau oder Schwester repräsentierte Wasser und Fruchtbarkeit. Wie wir aus ihrer Architektur schließen, glaubten die Olmeken an einen Kosmos, in dem Leben und Tod, die Welt der Menschen, die der Götter und die Unterwelt untrennbar miteinander verbunden waren.

Dass Jade oft mit dem Jaguargott in Verbindung gebracht wird, der als Wächter der Unterwelt galt und der Vorfahre eines Wassergottes war, ist von Bedeutung. Viele der Jadefiguren und Mosaike, die man bei den Kultstätten der Olmeken fand, waren bald nach ihrer Herstellung eingegraben worden. Am bekanntesten ist eine Gruppe von sechzehn Jadefiguren und sechs Kelchen, die im Zeremonienzentrum der Olmeken in La Venta begraben wurden. Sofort nach ihrer Anfertigung wurden sie in einer Grube im Zentrum des Pyramidenkomplexes als zeremonielle Gruppe angeordnet und mit Erde bedeckt.

Die genaue Funktion dieser Bestattungen ist unbekannt, es besteht jedoch ein eindeutiger ritueller Zusammenhang zwischen der Welt der Menschen und jener der Unterweltgötter. Da die Orte der Eingrabungen markiert wurden, nimmt man an, dass diese Jadedarbietungen in aufeinander folgenden Ritualen ausgegraben und erneut bestattet wurden.

Oben: *Diese Gruppe aus Jadefiguren ist vermutlich das bekannteste Beispiel der Bearbeitung dieses Materials aus La Venta. Die Figuren scheinen in eine Zeremonie eingebunden zu sein. Kurz nach ihrer Fertigstellung wurden sie so, wie auf dem Foto zu sehen ist, aufgestellt und im Zentrum des Pyramidenkomplexes begraben.*

DAS IDEAL DER EDLEN GEBURT
Gewaltige Steinporträts?

Rechts: Olmekische Steinreliefe stellen immer wieder hochgestellte Beamte und Adelige dar. Der mit einem Kind abgebildete Mann kann durch seine Kopfbedeckung und die „Spiegelscheibe" an seiner Brust als solcher erkannt werden.

Im Jahr 1862 entdeckte man in San Andreas Tuxtla einen kolossalen Steinkopf aus Basalt. Die Gelehrten dieser Zeit waren über den Fund erstaunt – 63 Jahre später entfachten weitere Funde in der Laguna de Catemaco eine Debatte über Ursprung und Bedeutung.

Zunächst weigerten sich einige anzuerkennen, dass die massiven Steinköpfe – die bis zu 20 Tonnen wiegen – und andere Funde feiner Jadearbeiten einer Kultur zugeschrieben werden können, die älter als die der Maya ist. Sie meinten, dass ein nicht-amerikanisches Volk die Köpfe angefertigt hatte oder dass sie mit der Kultur der Osterinseln in Zusammenhang standen, und weigerten sich einen mittelamerikanischen Ursprung zu akzeptieren. Andere machten auf die vollen Lippen und breiten Nasen der Gesichter aufmerksam und meinten, es handle sich um Arbeiten eines jüngeren afrikanischen Volkes. Einer ausgefalleneren Interpretation zufolge – man berief sich auf die „Helme" der Figuren – handelte es sich zwar um antike Werke, die allerdings von einer außerirdischen Rasse gefertigt worden waren.

Dass der Basalt von einem 80 Kilometer entfernten Ort stammte, sprach dagegen, dass die Arbeiten von den eingeborenen Vorfahren der Maya stammten. Diese hatten weder Räder noch Arbeitstiere, und um die Stadtzentren zu erreichen, mussten Flüsse und Sümpfe überquert werden. Man nahm an, dass die frühen Mittelamerikaner nicht fortschrittlich genug gewesen waren, um die Steinköpfe anzufertigen.

Das Beherrschen der Elemente

Heute wissen wir, dass es sich um die Arbeiten der Olmeken um 1200 v. Chr. handelt. Es ist jedoch immer noch unklar, was sie darstellen und welchen Zweck sie erfüllten. Obwohl es Meinungen gibt, es handle sich um Gottheiten, wird allgemein angenommen, dass die Köpfe Olmekenherrscher darstellen. Tatsächlich sind menschliche Gesichtszüge so deutlich herausgearbeitet, dass man individuelle Gestalten erkennen kann. Eingemeißelte Jaguarsymbole lassen auf die königliche Abstammung dieser Individuen schließen.

Gegenüber: Dieser riesige Kopf zeigt einen behelmten Herrscher aus San Lorenzo. Obwohl die Bedeutung dieser Helme heiß umstritten war, wurde allgemein angenommen, dass sie den Kopfschutz von Ballspielern darstellen. Die Wettkämpfer waren wohl die Herrschersöhne: Die Helme trugen typische Clan-Zeichen, an denen die Abstammung der Träger erkennbar war.

Andere Elemente der Reliefe stützen die Annahme, es handle sich um Adelige. Die „Helme", so ist man sich mittlerweile einig, waren Kopfschutz der rituellen Ballspieler, die die Mächte der Herrscherfamilien denen des Übernatürlichen gegenüberstellten. Jeder Helm ist mit einer bestimmten Zeichnung versehen, durch die die Individualität der dargestellten Person zum Ausdruck gebracht wird. Doch selbst wenn die Annahme, es handle sich um Herrscherpersonen, akzeptiert wird, bleibt eine Frage ungelöst: Warum transportierten die Olmeken massive Basaltblöcke als Rohmaterial für ihre Steinarbeiten über den mühsamen Flussweg aus dem Tuxtlagebirge?

Die Antwort liegt vielleicht im Ursprung der Basaltblöcke selbst. Man findet sie am Fuß aktiver Vulkane, wo sie durch die Kraft des Feuers aus dem Schoß der Erde geschleudert wurden. Es liegt daher die Annahme nahe, dass die Olmeken mit diesen Porträts eine Verbindung zwischen den Herrschern und deren übernatürlichem Ursprung herstellten.

Gleichzeitig bezeugten sie die Kontrolle der Herrscher über die Kräfte der Erde und schufen eine spirituelle Verbindung zwischen der Schöpfung, dem Kosmos und dem Zyklus des Lebens.

DIE BEZIEHUNG ZWISCHEN GÖTTERN UND ELITE

Bauern werden als Arbeitskräfte motiviert

Unten: *Basrelief eines olmekischen Königs. Das Zepter zeigt seine königliche Stellung.*

Die Entdeckung kolossaler Steinköpfe in den Gebieten der Olmeken entfachte eine Reihe archäologischer Probleme. In der Regel beschäftigt sich die Archäologie ausschließlich mit materiellen Überresten, Daten, chronologischen Abfolgen, Kunstrichtungen und dergleichen. Obwohl wir dadurch eine Menge an Daten und Fakten erhalten, erfahren wir wenig über den Lebensstil der Menschen.

Es ist aber unmöglich, die Kultur der Olmeken zu studieren, ohne sich mit den politischen, sozialen und rituellen Ideen zu beschäftigen, die sich in dieser Periode entwickelten. Die Bildung sozialer Schichten in dieser Zeit ist offensichtlich. Eine große Zahl an Bauern wurde in Zeiten geringen Ackerbaus als Arbeitskräfte angeheuert – dies geschah vermutlich auf freiwilliger Basis. Die Olmeken verfügten über keine Armee oder andere Kampfkraft – warum opferten die Bauern ihre Zeit für Aktivitäten, die nur einem geringen Teil der Bevölkerung Nutzen brachten?

Die Entwicklung von den Jägern und Sammlern zu Landwirtschaftsgemeinden und einer städtischen Bevölkerung führte zu bedeutenden sozialen und politischen Änderungen. Die Aktivitäten der frühen Jäger und Sammler hingen stark von den Fähigkeiten des Einzelnen ab: Archäologen zufolge hatten sie bevorzugte Jagdgebiete, die allerdings keinen Erfolg garantierten. Die Bevölkerung blieb klein und gleichrangig.

Als die Gruppen sich zu landwirtschaftlichen und halbstädtischen Gemeinden zusammenschlossen, wurden die Ressourcen sicherer und die Bevölkerung wuchs. Diese Entwicklung forderte allerdings eine organisierte Zusammenarbeit und in Folge allgemein anerkannte und geachtete Führungskräfte. Die Nachkommen dieser Führer waren die Basis der Eliteschicht der Olmeken.

Die Errichtung monumentaler Bauwerke und die Bereitstellung der dazu benötigten Arbeitskräfte unterschied sich von den früheren landwirtschaftlichen Aktivitäten, was einen anderen Führungsstil und eine gewisse Zusammenarbeit erforderlich machte.

Helfer der Götter

Zweifellos waren viele dieser Aktivitäten ritueller Natur und eine Teilnahme daran war genauso wichtig wie die Nahrungsbeschaffung: Damit war der Ausgleich zwischen Körper und Seele gesichert. Für spirituelle Nahrung hatten früher die Schamanenpriester gesorgt, doch selbst die städtischen Gemeinden waren noch so organisiert, dass die Aktivitäten der Bauern und Priester für das physische bzw. spirituelle Leben ausreichend waren. Aus soziopolitischer Sicht gab es unter Berücksichtigung der Bevölkerungsgröße keinen Anlass für die Errichtung der riesigen Zeremonienzentren der Olmeken.

In späteren mittelamerikanischen Kulturen hatten die Götter eine ähnliche Hierarchie, wie wir sie auch bei den Olmeken vermuten. Es gibt führende Gottheiten, ihre Assistenten und deren Assistenten sowie eine Vielzahl an untergeordneten Geistern. Das Ansehen der einzelnen Gottheiten hing von der Macht ab, die sie ausübten. Weniger bedeutende Götter unterwarfen sich bereitwillig der Macht eines höheren Gottes. Daher ist anzunehmen, dass die Zeremonienzentren nicht nur rituelle Austragungsorte waren, sondern auch als Machtsymbole angesehen wurden.

Da uns die Archäologie lehrt, dass diese Zentren nicht nur heilige Gebäude, sondern auch Herrscherresidenzen beinhalteten, liegt die Vermutung nahe, dass die Elite nach mehr als nur politischem Status trachtete. Sie lebte im Bezirk der Götter und wurde daher von der ländlichen Bevölkerung wohl als göttlich verehrt. Sollte diese Hypothese korrekt sein, geht sie späteren mittelamerikanischen Kulturen wie die der Azteken voran und erklärt deren komplexe hierarchische Gesellschaftsordnung.

Sie erklärt auch, warum die ärmlichen Bauern sich freiwillig zu schweren Arbeiten wie dem Errichten der Herrschersitze bereit erklärten. Diese waren wohl nicht nur „Paläste", sondern

Unten: *Die Autorität dieser Figur, genannt „der Gouverneur", wird durch seinen Umhang, Kopf- und Halsschmuck und den breiten Gürtel unterstrichen.*

auch Wohnsitze der Götter, und ihre Erbauung war ein ritueller Akt der Hingabe.

VERGRABENE SCHÄTZE
Verbindung der Mittleren und Unteren Welten

Unten: *Das Mosaik in La Venta stellt den Jaguargott dar. Dieses Mosaik wurde auf einen sorgfältig einge-ebneten Grund gelegt, mit weißem Sand be-deckt, rituell gebrannt und gesegnet. Doch sofort nach seiner Fertigstellung wurde es unter weiterem Sand und feinem Kies vergraben. Dies diente scheinbar der Vertiefung der rituellen Verbindung mit der Unterwelt und dem Jaguargott als ihrem Wächter.*

Einer der charakteristischsten Aspekte der Olmekenkultur sind die bei mehreren Kultstädten, wie etwa in La Venta, vergrabenen Kunstgegenstände. Warum die Olmeken diese Objekte unterirdisch platzierten, war lange Zeit ein Rätsel und ohne schriftliche Überlieferung ist jede Deutung nicht mehr als eine Vermutung. Lediglich durch den Vergleich mit späteren mittelamerikanischen Kulturen können wir versuchen, die Olmeken und ihren Lebensstil zu verstehen.

Zu diesen vergrabenen Schätzen gibt es aber keine Parallelen in späteren Kulturen, daher kann über sie lediglich spekuliert werden. Wenn allerdings die Herrscherresidenzen auch als Wohnsitz der Götter gesehen wurden (Seiten 26–27), wird die Bedeutung der vergrabenen Gegenstände etwas verständlicher. Unter dieser Voraussetzung muss man das Pantheon der mittelamerikanischen Götter und ihr Verhältnis

zur Menschheit bedenken. Die Gottheiten gehörten entweder zur oberen oder zur unteren Sphäre. In diesem Fall richten sich die Pyramiden und andere überirdische Monumente nach den Himmelsgöttern aus. Es ist vielleicht von Bedeutung, dass die Pyramiden der Olmeken kegelförmig waren. Die Spitze, auf der Opferfeuer entfacht wurden, symbolisierte wohl den Krater eines Vulkans und die „Himmlischen Feuer", die daraus entsprangen.

Eine solche Interpretation stimmt mit den Ansichten späterer Kulturen überein, für die Vulkane heilige Symbolträger waren und Feuer mit Bergen assoziiert wurde. Über Pyramiden konnte die Macht der Götter in die Mittelwelt gelangen – in die der Menschen.

Dekorative Abwassersysteme?
Die vergrabenen Kunstgegenstände kehren diese Beziehung um. Die Götter der Unterwelt werden

oft mit Wasser assoziiert, welches durch unterirdische Höhlen rinnt oder aus Quellen entspringt. Der Eingang zur Unterwelt wird vom Jaguargott bewacht und natürlich sind an Höhleneingängen kauernde Werjaguare ein beliebtes Motiv. Die Unterwelt selbst erreichte man nur durch das Überqueren eines reißenden Flusses.

Nun wird die Beziehung der vergrabenen Kunstgegenstände zu den Unterweltgöttern klarer; mit ihnen im Zusammenhang steht auch ein System von Wasserleitungen. Es wird angenommen, dass über sie Wasser aus künstlichen, geheiligten Seen in die Paläste des Tempelbezirkes gelenkt wurde. Es gibt jedoch keinen Hinweis, dass eine überirdische Wasserleitung nicht ebenso wirkungsvoll gewesen wäre. Auch waren diese Leitungen sehr kunstvoll gefertigt. Wären sie also reine Gebrauchsgegenstände gewesen, hätte man nicht die begabtesten Künstler zu ihrer Fertigung herangezogen. Vielleicht sollten wir eine tiefere Bedeutung vermuten.

Andere Objekte, wie Mosaikplatten aus

Obsidian, helfen uns diese zu erkennen. Obsidian kommt in der Gegend der Olmeken nicht vor. In späteren Kulturen wurden daraus Opfermesser gefertigt, die Opfer nach Mictlan – in das Land der Toten – beförderten. Es mag von Bedeutung sein, dass in den Gewässern der heiligen Cenote bei Chichén Itzá (Seiten 136–137) der späteren Maya-Tolteken einige solcher Opfermesser gefunden wurden.

Noch bedeutender ist allerdings, dass auf einigen der Mosaikplatten der Jaguargott, der Hüter der Unterwelt, dargestellt ist. Weitere wichtige Gegenstände waren die in rituellen Stellungen angeordneten Jadefigürchen (Seite 23). Die vergrabenen Objekte wurden gekennzeichnet, was vermutlich eine spätere Bergung ermöglichte. Es kann allerdings auch sein, dass diese Markierungen einen Wegweiser in die Unterwelt darstellten. Falls das der Fall war, hatten die Markierungen eine ähnliche Bedeutung wie die Stufen der Pyramiden (die die Obere mit der Mittleren Welt verbanden), allerdings in umgekehrter Form: Sie stellten eine Verbindung zur Unteren Welt dar.

Oben: *Nur eine der beiden in La Venta errichteten Pyramiden hat ihre ursprüngliche Form weitgehend erhalten. Man nimmt an, dass die Große Pyramide – die erste echte Pyramide Mittelamerikas – erbaut wurde, um einen Vulkan darzustellen. Auch der Name des Ortes – „Der Schlot" – deutet darauf hin.*

TRES ZAPOTES
Kultstätte einer länger bestehenden Parallelkultur der Olmeken

Rechts: *Stele C aus Tres Zapotes ist bedeutsam, weil sie die erste bekannte Datierung aus Mittelamerika trägt. Auch wenn es bis heute keine früheren Funde gibt, sind die Punkt- und Strichdatierungen dieser Stele Teil einer Überlieferung, die aus einer früheren Periode stammen muss. Weitere Details zum mittelamerikanischen Punkt- und Strich-Zählsystem, das von den Maya mathematisch weiterentwickelt wurde, finden Sie auf den Seiten 72–73.*

Die Stätte Tres Zapotes an den Hängen der Tuxtlaberge in Veracruz wurde von den Olmeken zur gleichen Zeit besiedelt wie auch andere große Zentren, etwa La Venta, das 400 v. Chr. unterging. In Tres Zapotes bildete sich zu dieser Zeit eine Parallelkultur zu den Olmeken.

Die Funde in Tres Zapotes sind ähnlich jenen, die wir bereits kennen. Es handelt sich um monumentale Skulpturen, in die das bekannte Jaguarmotiv oder abstrakte Symbole eingeritzt waren, Steinaltäre und große, verzierte Stelen. Auch Jaguarklauen und -zähne sind beliebte Motive. In Tres Zapotes scheint man also die Traditionen der Olmeken übernommen zu haben, um sie an anderer Stelle zu praktizieren.

Die Kunst dieser Region wurde als eine der größten Leistungen des antiken Amerika beschrieben. Unser Verständnis der Olmeken und ähnlicher Kulturen hängt von den Erkenntnissen der Archäologen ab, aber auch von unserer Auslegung der Fakten. Dass es in der Olmekenkultur eine Klassengesellschaft gab, geht aus der Tatsache hervor, dass nur einigen wenigen ein aufwendiges Begräbnis zuteil wurde.

Spätere mittelamerikanische Kulturen können zum Vergleich herangezogen werden und wir nehmen an, dass ähnliche Kunstwerke einer späteren Zeit ihren Ursprung bei den Olmeken nahmen.

Zahlreiche Disziplinen der modernen Wissenschaft tragen zu dieser Interpretation bei. Archäologie, Kunstgeschichte, Ethnologie und Botanik ermöglichen es, dass ein immer genaueres Bild der Olmeken entsteht – wie bei einem Puzzle, bei dem jedoch noch viele Teile fehlen. Obwohl über die Olmeken bereits einiges bekannt ist und unser Wissen ständig wächst, ist der Anteil, der für uns ein Rätsel bleibt, wesentlich größer.

Das Schweigen wird gebrochen

Die Olmeken bleiben stumm. Als ihre wichtigsten kulturellen Zentren untergingen, hatten sie noch keine Schrift entwickelt. Ihre Reliefe und ihre Monumente sind teilweise wunderschön – aber stumm.

Forscher eine beachtliche Entdeckung, denn sie besagt, dass die späten Olmeken bereits über ein mathematisches Kalendersystem verfügten, das auch die nachfolgenden Maya und Azteken benutzten. Dies ist die erste „Stimme", die aus Amerika zu uns spricht.

Auch die Darstellung an sich ist bedeutsam: Die Linien und Punkte sind auf eine Weise angeordnet, dass sie dem späteren System der Maya gleichen. Es handelt sich also mit Sicherheit nicht nur um willkürliche Kratzer. Die Maya mussten ihr Kalendersystem daher bereits von einer früheren Kultur übernommen haben. Vielleicht dokumentierten die Olmeken aber auch ihre Zeit auf vergänglichen Materialien, die nicht überlebten; vielleicht gibt es auch andere Steinarbeiten, die in der Umgebung von Veracruz noch immer vergraben sind. Sollten weitere Reliefe gefunden werden, könnte es

Neben den Punkt- und Strichdatierungen, die von späteren Kulturen weiter verwendet wurden, gab es auch andere Entwicklungen. Dieser Huasteken-Kalender (links) verwendet den „Kalenderkreis", der die zyklischen Abläufe des landwirtschaftlichen Jahres darstellt. Die Nahua und Zapoteken datieren mit Glyphen, die die Gottheiten der entsprechenden Jahresabschnitte zeigen. Das Beispiel unten stammt aus Xochicalco, Tijuana.

Tres Zapotes hingegen überlebte den Untergang anderer Zentren und bestand bis kurz vor dem Aufkommen des Christentums. Während dieser Zeit durchlief es viele Veränderungen. Einige davon waren so gravierend, dass Archäologen manchmal von einer Protomaya-Periode sprechen. Dennoch setzte sich die Kultur der Olmeken in Tres Zaopotes fort; sogar die typischen Kunsttraditionen wurden beibehalten, wenngleich in geringerem Ausmaß.

Eines der Olmekenreliefe dieser späteren Periode wirkt zunächst relativ unscheinbar: Es ist ein Steinpfeiler, bekannt als Stele C, der auf einer Seite die bekannte Jaguarmaske aufweist. Auf der Rückseite befindet sich allerdings ein trügerisch einfaches Muster von Linien und Punkten. Diese lange Zeit übersehene Darstellung wurde nun von Mayanisten als Datumsglyphe identifiziert. Setzt man dieses Datum mit dem christlichen Kalender gleich, so bedeutet es 31 v. Chr. Dies ist für

möglich sein, den Ursprung der Schrift in Amerika zurückzuverfolgen.

CHALCATZINGO
Frauenherrschaft über eine dramatische Landschaft

Chalcatzingo liegt in einer der spektakulärsten und schönsten Gebiete von ganz Mittelamerika. Es befindet sich am Fuße eines der drei Berggipfel, die über das flache Tal im östlichen Teil des mexikanischen Staates Morelos ragen, etwa 120 Kilometer südöstlich von Mexico City.

Es wurde 1934 von einer mexikanischen Archäologin entdeckt, die es sofort als Vermächtnis der Olmeken erkannte. Tatsächlich

Unten: *Dieses steinerne Grab in Chalcatzingo diente auch als Opferaltar.*

ergaben darauf folgende Untersuchungen, dass Chalcatzingo zeitgleich mit La Venta, dem großen Zeremonienzentrum der Olmeken, entstanden war. Die gewaltigen Reliefarbeiten sind ein beeindruckendes Beispiel für die öffentliche Kunst vor 900 v. Chr.

Weitere Untersuchungen von Chalcatzingo brachten Aufschlüsse über das Alltagsleben der Olmeken, die bei den größeren Stätten wie La Venta und San Lorenzo nicht offensichtlich waren. Man fand ausgedehnte Kochnischen, deren Analyse ergab, dass die Olmeken bei Chalcatzingo exzessiven Ackerbau betrieben

Unten: *Chalcatzingo liegt inmitten einer spektakulären Landschaft am Fuß der Berge des Morelostals.*

hatten. Ihre Nahrung bestand hauptsächlich aus Mais, Bohnen und Kürbissen und wurde durch das Fleisch gezüchteter Hunde, wilder Rehe, Hasen, Vögel und Leguane ergänzt. Auch machten sie Tortillas und kannten Limetten.

Ebenfalls im häuslichen Bereich, vor allem in der Nähe der Küche, fand man eine Reihe von Tonfigürchen in Menschen- und Tiergestalt. Die Körper dieser Figuren waren ungenau gefertigt, die Gesichtszüge hingegen sauber ausgearbeitet und deutlich erkennbar. Es liegt der Schluss nahe, dass es sich um Porträts der Bewohner handelte. Tierfiguren stellten meistens Enten und Hunde dar, es gibt aber auch Exemplare von Schildkröten, Truthähnen, Hirschen, Eichhörnchen und Beutelratten. Eigenartigerweise existieren auch Darstellungen von Affen, welche eigentlich in der zentralen Hochlandregion nicht heimisch sind. Die meisten dieser Figuren sind Okarinas oder Pfeifen.

Ansehnliche Reliefkunst
Eine Reihe von Reliefen ziert Grabstätten unter Privathäusern, es scheint jedoch, als handle es sich um Gräber des gemeinen Volkes. Die Herrschaftselite wurde in Steingräbern auf eigens errichteten Terrassen bestattet, ihre Skelette waren von Wertgegenständen umgeben.

Die schönsten Arbeiten dieser Stätten sind die Reliefe, die wir etwas genauer betrachten wollen. Einige erzählen von der Beziehung des

Links: *Dieses Basrelief von einem Felsen in Chalcatzingo zeigte, dass diese Stätte zur gleichen Zeit wie La Venta und San Lorenzo entstand. Dieses Detail zeigt eine Herrscherin* **unten** *auf einem Thron sitzend mit einem für ihren hohen Rang typischen kunstvollen Kopfschmuck. Es ist die früheste mittelamerikanische Darstellung einer weiblichen Herrscherin, die wie eine Göttin auf einem Thron sitzt.*

Menschen zur Natur. Eine zeigt einen sitzenden Priester-Herrscher oder Gott-Menschen in einer Höhle. Er hält eine Schatulle und ist von Wolken, Wasser, Jade und Pflanzen umgeben. Er trägt einen Stein, der die Erde darstellt. All dies symbolisiert die Kräfte des Himmels, des Wassers und der Erde, also die heilige Dreifaltigkeit nach dem Glauben der Olmeken. Ein anderes Werk zeigt einen Gefangenen, der von einem Olmekenkrieger bedroht wird. In einer weiteren Darstellung attackieren zwei Werjaguare nackte Männer.

Das bedeutendste Relief macht jedoch auf eine Eigenart der Herrscherlinie von Chalcatzingo aufmerksam: Es zeigt eine Herrscherin, wo doch Frauen meist dem Mann untergeordnet waren. Sie trägt einen üppigen Kopfschmuck als Zeichen ihres Ranges und sitzt an einem Höhleneingang. Über ihr befinden sich Regenwolken, aus denen phallusförmige Tropfen auf sie herabfallen.

Obwohl dieses Relief durch keine Textglyphen ergänzt ist, scheint die Bedeutung klar. Die Frau trägt die Insignien eines göttlichen Herrschers. Der Höhleneingang repräsentiert den Schoß der Erde und wird vom Werjaguar, dem Hüter der Unterwelt, bewacht. Die Regentropfen symbolisieren das Fruchtbarkeit spendende Wasser. Die Frau ist sowohl Herrscherin als auch Muttergöttin. Unklar ist, ob sie Teil einer weiblichen Herrscherlinie war oder herrschte, weil es keinen männlichen Nachfolger gab.

TLATILCO UND CHUPICUARO
Der Ursprung eindrucksvoller Olmekenkunst

Der Einfluss der Olmeken dehnte sich auf das Tal von Mexiko aus. Es ist jedoch unklar, ob dies lediglich durch Handel geschah oder durch tatsächliche Wanderung des Volkes. Zwei Orte, Tlatilco und Chupicuaro, sind besonders bedeutend, da Ausgrabungen dort Hunderte von kleinen Tonfigürchen zum Vorschein brachten, welche sowohl hübsch als auch aufschlussreich sind.

Als Siedlung ist Tlatilco bei weitem bedeutender, da es wohl ein regionales Zentrum war. Die Tatsache, dass die Häuser der Adeligen auf künstlich geschaffenen Terrassen errichtet wurden, lässt auf eine soziale Schichtung schließen. Pyramiden gibt es dort keine, dafür aber zwei charakteristische Merkmale: Erstens fand man eine tiefe, glockenförmige Kammer unter der Erde, die wahrscheinlich als Müllhalde diente; zweitens wurde in Tlatilco lange eine Töpferei betrieben und man fand in der Gegend unzählige Tonfiguren, wie sie für die Olmeken charakteristisch waren.

Einige besondere Figuren hatten die Form von Menschenbabys mit Jaguarmäulern. Die dortigen Tonschüsseln und verzierten Keramikgefäße sind jenen des Olmekenzentrums in San Lorenzo sehr ähnlich, was zu der Spekulation führte, dass Tlatilco ein externer Handelsposten der Olmeken war. Kohlenstoffanalysen beweisen, dass Tlatilco und San Lorenzo zeitgleich bestanden. Da aber Ton in Tlatilco in Massen vorkommt, ist es ebenso gut möglich, dass die Figuren vor Ort von einer dort lebenden Gemeinschaft der Olmeken gefertigt wurden, die ursprünglich aus San Lorenzo kam. Hierfür sprechen auch eine Reihe von unterirdischen Gräbern, gefundene Jaguarmasken und die für die Olmeken typischen Reliefarbeiten. Solche Kunstgegenstände werden vor Ort angefertigt und stellen in der Regel keine Handelsware dar.

Veränderungen im Frauenbild

Obwohl man dort nicht viele der für die Olmeken charakteristischen Stein- und Jadearbeiten fand, gibt es ein Gruppe von Jadefiguren, deren Anordnung sehr an die von La Venta erinnert. Beide Arrangements fand man unter der Erde. Im Gegensatz zu den Figuren in La Venta kann man die Gewänder der Zeremoniengruppe von Tlatilco genau erkennen. In der Mitte steht ein Mann in prunkvollem Gewand, während die Menschen um ihn herum einfach gekleidet dargestellt sind.

Die meiste Bedeutung wird jedoch dem Fund einer Gruppe von hohlen Tonfiguren zuge-

Links: *Geometrische Gittermuster sind uns aus der Kunst der frühen Mayaperiode bekannt, aber untypisch für den olmekischen Stil. Diese Keramikschale aus einem Grab bei Chupicuaro (etwa 400–100 v. Chr.) entstand zur gleichen Zeit wie andere Gegenstände mit deutlichem olmekischen Einfluss, woraus man schließen kann, dass Chupicuaro einen Übergang von den Olmeken zu den Maya markiert.*

messen. Zum Großteil handelt es sich um sorgfältig gearbeitete weibliche Figuren. Im Gegensatz zu den ernsten Jadefiguren haben viele von ihnen einen heiteren Gesichtsausdruck. Diese tanzenden Mädchen gewähren Einblick in die fröhlichere Seite des Lebens der Olmeken.

Sie sind mit roten und braunen Ockerfarben bemalt und die Vielfalt ihrer Kopfbedeckungen und Frisuren ist erstaunlich. Abgesehen von ihrem Kopfschmuck sind sie nackt oder wenig bekleidet. Typisch sind die schmalen Schultern und Hüften, die kleinen Brüste und die fetten, ausgestellten Schenkel.

Auch in Chupicuaro wurden Hunderte solcher weiblicher Tonfiguren gefunden. Wiederum liegt die Betonung auf prunkvollem Kopfschmuck wie auch auf ausdrucksvollen Gesten und leuchtenden Farben. Außerdem sind die meisten Figuren nackt, einige jedoch tragen

edle Gewänder. Die Menschen von Chupicuaro hatten allerdings eine andere Auffassung vom weiblichen Ideal als die von Tlatilco: In Chupicuaro haben die Figuren schlanke Schenkel und Hüften, jedoch große, runde Brüste und breite Schultern.

Bei der Begräbnisstätte von Chupicuaro deutet nicht viel auf den Einfluss der Olmeken hin, was vielleicht an ihrer späteren Entstehung liegt. Chupicuaro existierte zeitgleich mit den letzten Jahren der Olmekensiedlung in La Venta. Unter den Grabbeigaben befanden sich zahlreiche Gebrauchsgegenstände, die den Kunstwerken der Kulturen im Tal von Mexiko zwischen 500–100 v. Chr. stilistisch ähnlich sind. Chupicuaro hatte keine eigene, charakteristische Stilrichtung, es kann vielmehr als „Schmelztiegel" verschiedener kultureller Einflüsse gesehen werden.

Gegenüber: *Diese Keramikfigur einer sitzenden Frau (um 1200 v. Chr.) stammt aus Tlatilco. Anders als die stilisierten Darstellungen von Göttern, Adeligen und Königen zeigen die Tlatilco-Figurinen Menschen bei alltäglichen – und manchmal erotischen – Handlungen und vermitteln einen verspielten Eindruck.*

IZAPA
Die Kulturen der Olmeken und Maya vermischen sich

Die Bauten bei Izapa an der Pazifikküste des mexikanischen Staates Chiapas stammen aus der Zeit zwischen den Olmeken und den Maya. Manche Gelehrte behaupten, Izapa sei die Wiege der frühen Mayakultur. Izapa vereint Einflüsse der Olmeken mit Gottheiten, die für die spätere Maya-Kultur typisch waren.

Andere meinen jedoch, die Entstehung der frühen mittelamerikanischen Kulturen sei zu komplex, um sie auf eine bestimmte Zeit oder einen bestimmten Ort zu beschränken. Für sie spiegelt Izapa verschiedene Einflüsse aus mehreren Epochen wieder. In Izapa fand man mehrere Erdhügel, die mit einer Schicht aus Flusssteinen überzogen sind, sowie 89 Stelen. Weniger als die Hälfte dieser Stelen sind reliefiert, der Großteil ist unverziert. Neben jenen Stelen, die Reliefe aufweisen, befinden sich in den meisten Fällen blanke Steinaltäre. Einige der glatten Steine waren vielleicht bemalt.

Die Reliefe prägt der einzigartigen Izapastil, der anscheinend sowohl historische als auch mythologische Themen darstellt. Viele der gefundenen Kunstwerke konnten jedoch noch nicht genau gedeutet werden. Sie machen einen oft überladenen Eindruck, was der Kunstrichtung den Beinamen Izapabarock einhandelte. Dennoch sind die meisten Kunstwerke detailgetreu gefertigt und folgen einem bestimmten Schema: Der obere Rand ist mit kosmologischen Zeichen verziert und symbolisiert den Himmel, der untere Rand weist Unterweltsymbole auf oder beschreibt die Erde. Zwischen den beiden Rändern befindet sich meist ein Flachrelief, das z.B. die Abenteuer der Heldenhaften Zwillinge oder die kühnen Taten eines Izapa-Herrschers darstellt.

Keine Glyphen, kein Kontakt

Der Izapastil ist zwar unverwechselbar, doch es bestehen Ähnlichkeiten mit dem der Olmeken: Auch die Izapa fertigten Figuren einer grinsenden Jaguargottheit oder eines Werjaguars, der so typisch für die Olmeken war. Auch den U-förmigen Spalt im Kopf der Figuren, durch den die Olmeken königliches Blut andeuteten, übernahmen die Izapa. Aus diesem Grund wird die Izapakultur auch als die der Neu-Olmeken bezeichnet. Es gibt jedoch einige Izapagötter, die ihren Ursprung nicht bei den Olmeken hatten. Unter ihnen befand sich ein bärtiger Gott, der anstelle der Augen einen Dreizack hatte. Später erscheint dieser Gott in abgeänderter Form an der Mayastätte Tikal. Auch die Figuren des späteren Narrengottes der Maya waren ihm ähnlich.

Unter den Reliefen der Izapa fand man keine Schriftzeichen oder Datumsglyphen. Man nimmt jedoch an, dass einige historische Herrscher und Priester dargestellt wurden, die leider nur wenig Aufschluss über die Izapadynastien und deren Verhältnis zu benachbarten Stämmen geben können. Die Figuren könnten Aufschluss geben, welche Gottheiten für die Izapa besonders bedeutend waren.

Das Fehlen solcher Datumsglyphen könnte jedoch bedeuten, dass die Izapa relativ isoliert waren. Andere Stätten in der Nähe weisen solche Datumsglyphen sehr wohl auf, und es ist anzunehmen, dass die Izapa diese Zeichen übernommen hätten, hätte es einen regen Kulturaustausch gegeben. Die Zeichen der benachbarten Kulturstätten könnten Aufschlüsse über die Geschichte der Izapa geben, doch auch sie konnten bis heute noch nicht enträtselt werden.

Frühe Einflüsse kamen aus dem Gebiet der Olmeken, während die dichten Dschungel der Sierra Madre, des Hochlandes von Guatemala und Petén Izapa von den nördlichen Mayastätten abschirmte.

DIE OLMEKEN VERLASSEN IHRE KULTSTÄTTEN

Das Geheimnis zerstörter, verlassener Städte

Oben: *Bevor die olmekischen Kultstätten verlassen wurden, wurden die Gesichter der Monumente absichtlich zerstört. Dieses Detail eines riesigen Kopfes aus San Lorenzo zeigt Bohrlöcher links vom Auge und am Nasenrücken. Durch das Zerstören der Gesichter wurde den Statuen ihre religiöse und rituelle Bedeutung als Abbildungen von Göttern oder Herrscherfamilien genommen.*

Eine der Tatsachen, die unter den Mittelamerikaforschern lange für Verwirrung und Uneinigkeit gesorgt hat, ist der Umstand, dass viele der bedeutendsten Städte plötzlich verlassen wurden. Die größeren Olmekenstädte wie San Lorenzo und La Venta wurden verlassen und zerstört, genauso wie später die Städte Teotihuacan und Tula.

Auch verschiedene Maya-Stätten wurden anscheinend verlassen, allerdings ohne vorherige Zerstörung. Merkwürdig scheint, dass die Bevölkerung dieser Städte nicht langsam zurückging, sondern dass sie plötzlich und fluchtartig ihre Heimat verließ. Dies geschah zu einer Zeit, als die Städte blühende Handelszentren und rituelle Kultstätten waren.

Über dieses Phänomen wurden verschiedenste Theorien aufgestellt. Am ehesten nimmt man an, dass äußerer Druck zur Aufgabe der Städte geführt hatte. Politische Zwistigkeiten zwischen rivalisierenden Städten könnten in einen Krieg ausgeartet sein, was zu einem

Machtverlust des Königs und zu einem Exodus des Volkes führte.

Andere Wissenschaftler glauben, dass interne Spannungen zu Aufständen der ländlichen Gemeinden gegenüber dem König geführt hätten. Ein Bürgerkrieg wäre die Folge gewesen. Nach einer dritten Theorie wurde die Bevölkerung zu groß, um vom umliegenden Land ernährt werden zu können. Vielleicht teilte sich die Bevölkerung in kleinere verstreute Gemeinden, um eine ausreichende Nahversorgung zu ermöglichen.

Jede dieser Theorien findet Anhänger, keine kann jedoch archäologisch unter Beweis gestellt werden. Die dritte Meinung ist für die Olmeken am unwahrscheinlichsten, da die Bevölkerung nie groß genug gewesen war, um die örtlichen landwirtschaftlichen Ressourcen zu erschöpfen. Ein gewaltsamer Umsturz ist aus verschiedensten Gründen ebenfalls anzuzweifeln, es müssen also andere Faktoren im Spiel gewesen sein.

Kapitel zwei

Interregnum der Olmeken

Verbreitung und Untergang einer „Mutterkultur"

Den Grund für den Zerfall der großen Zentren der Olmeken können wir nur erahnen. Es gibt jedoch genügend Hinweise, sodass Gelehrte und Archäologen verschiedene Theorien aufstellen können. Fest steht, dass gleich nach dem Zerfall des Reiches ganz Mittelamerika ins Chaos stürzte. In vielen Regionen kam es zu einem Abfall künstlerischer und kultureller Aktivitäten.

Nur wenige Orte wie Izapa und Tres Zapotes behielten die Kultur der Olmeken in abgeänderter Form bei. Städte, die weiter vom Kerngebiet der Olmeken entfernt waren, wurden auch von anderen kulturellen Strömungen beeinflusst. Ein Beispiel hierfür ist Tlatilco.

Dennoch gab es eine Reihe kultureller Merkmale, die auf die Olmeken zurückzuführen sind und in ganz Mittelamerika aufscheinen. Die hierarchische Gesellschaftsordnung zum Beispiel könnte bei jedem Stamm eine unabhängige Entwicklung genossen haben. Man nimmt jedoch an, dass sie auf die Kultur der Olmeken zurückzuführen ist. Dass die Herrschaftsschicht sowohl geistige als auch weltliche Führungsaufgaben hatte und dass ihre Machtzentren geistigen und weltlichen Zwecken dienten, könnte Zufall sein. Gegen eine zufällige und unabhängige Entwicklung spricht jedoch, dass in fast jeder Gesellschaft der Jaguar das Symbol der Macht war.

Da es viele solche Gemeinsamkeiten gibt, nennen Archäologen die Olmeken die „Mutterkultur" aller späteren mittelamerikanischen Völker. Spätere Entwicklungen weisen Unterschiede auf, vor allem zwischen Kulturen der Flach- und Hochländer. Die Gemeinsam-

keiten in vielen Bereichen, wie etwa in der sozialen Struktur und den rituellen Handlungen, waren aber so ausgeprägt, dass ein gemeinsamer Vorläufer fast sicher scheint.

Flachland – Hochland

Die Unterschiede müssen dennoch beachtet werden. Viele Archäologen sind sich einig, dass die Flachlandkulturen der Maya gewiss von den Olmeken inspiriert waren. Meinungsverschiedenheiten gibt es lediglich über das Ausmaß dieser Beeinflussung. Manche meinen, die Maya wären die direkten Nachkommen der Olmeken gewesen. Andere glauben, sie hätten sich aus ländlichen Stämmen entwickelt, die unter der Kontrolle der Olmeken standen. Keine dieser Hypothesen kann überprüft werden, es steht jedoch fest, dass die Maya das System der Zeremonienzentren für verstreute ländliche Gemeinden von den Olmeken übernahmen.

Die Entwicklung der Hochländer sah anders aus. Obwohl das gleiche hierarchische System

P A Z I F I K

○ Colima

Kartenerklärung:

 Präklassische westliche mexikanische Kultur 300 v. – 300 n. Chr.

 Teotihuacán 1–700 n. Chr.

 Zapoteken 1–700 n. Chr

 Klassic Golfküstenzivilisation 1–700 n. Chr.

 Maya 300–800 n. Chr.

Kulturelle Einflüsse

 Teotihuacán

 Zapoteken

Veracruz

2000 v. Chr.
Um diese Zeit wurde erstmals die Sprache der Protomaya gesprochen

600 v. Chr.
Erste Bauwerke werden in Monte Albán errichtet

550 v. Chr.
In Persien gründet Kyros der Große das Persische Reich

500 v. Chr.
Die Zapoteken halten San José Mogote besetzt

400 v. Chr.
Untergang der olmekischen Kultur

250 v. Chr.
Monte Albán verkörpert die größte Kultur im Tal von Oaxaca

50 v. Chr.
Cerros entwickelt sich langsam vom Dorf zur Stadt

100 v. Chr.
Ende der Olmekenkultur

Zwischen 600–900 n. Chr. hielten die Totonaken die Vorherrschaft über Veracruz. Den Stolz der totonakischen Kriegerkönige zeigt diese Figur. Sie trägt einen federgeschmückten Mosaikschild und einen Kopfschmuck, der die noble Stellung unterstreicht. Dieser riesige Monolith aus El Tajín trägt an der Basis auch Datumsglyphen und Ziffern aus Strichen und Punkten.

GOLF VON MEXIKO

BUCHT VON CAMPECHE

Teotihuacán
El Tajín
VERACRUZ
Texcocosee
Cholula
Jalapa
Chalcatzingo
Tehuacan
Tres Zapotes
San José Mogote
Monte Albán
OAXACA
Mitla
TABASCO
CAMPEHE
PETÉN
Tikal
CHIAPAS
Izapa
Kaminaljuyú
Chichén Itzá
YUCATÁN
Cerros

der elitären Priesterschaft und der unterprivilegierten Arbeiterklasse bestand, gab es keine kleinen Zeremonienzentren als Stützpunkte der ländlichen Aktivität. Stattdessen entstanden einige zentrale Städte, wie etwa Teotihuacán.

Das Anwachsen dieser Städte schuf Völker, die sich von den ländlichen Gemeinden des Flachlandes grundlegend unterschieden. Sowohl Teotihuacán als auch die späteren Azteken behielten durch die Unterwerfung anderer Städte ihr hierarchisches System aufrecht.

Warum genau diese unterschiedliche Entwicklung stattfand und welche Rolle der Einfluss der Olmeken spielte, ist unklar. Das Hochland bietet die Möglichkeit für intensiven Landbau, der im Flachland unmöglich ist. Dort konnte man das Land nur durch Brand-

rodungen bestellen. Vielleicht war erfolgreicher Landbau Anreiz genug für die Gründung von Städten und Reichen.

Wie Michael Coe, Professor und Kurator emeritus der Anthropologie des Museums von Peabody, meinte, könnten die Olmeken durch ihre Handelsbeziehungen Einfluss auf zahlreiche Völker mit unterschiedlichen Ursprüngen genommen haben.

Die Fruchtbarkeit des Hochlandes begünstigte die Entstehung städtischer Zentren, während die Bedingungen im Flachland eher die ursprünglichen landwirtschaftlichen Methoden der Olmeken mit Landbau im kleinen Maßstab unterstützten.

100 n. Chr.	500	600–900	700	750	800	900	1100
El Tajín ist die Hauptstadt der Golfküstenzivilisation	Die Mixteken übernehmen nach und nach die zapotekischen Machtzentren	Höhepunkt der Macht El Tajíns und der planvollen Errichtung von Monumenten	Monte Albán wird verlassen; Mitla übernimmt die Vorherrschaft	Die Mixteken dehnen ihr Gebiet in das Tal von Oaxaca aus	Cholollan (Cholula) wird von Eindringlingen erobert	Die Zapoteken werden durch mixtekischen Einfluss gezwungen, Monte Albán zu verlassen	El Tajín wird durch ein Feuer zerstört

DIE SPRACHE DER HUASTEKEN
Veränderungen der Sprache als Hinweise auf die Chronologie

Die lange Zeitspanne zwischen dem Ende der Olmeken und dem Aufstieg der Maya bereitet vielen Archäologen Probleme bei ihren Bemühungen, das antike Mittelamerika chronologisch zu ordnen. Neuolmekische Orte wie Izapa, das lange Zeit besiedelt war, vereinen einige Aspekte der Olmeken und der Maya. Doch auch sie bieten keine stichhaltigen Antworten. Izapa könnte genauso gut eine kulturelle Drehscheibe wie auch ein isolierter Ort gewesen sein. Beweise gibt es für keine der beiden Theorien.

Archäologen wandten sich daher anderen Quellen zu in ihrem Bestreben, die 500 Jahre zwischen dem Untergang der Olmeken und dem ersten Aufflackern der Kultur der Maya zu Beginn der christlichen Zeitrechnung zu deuten. Ein wichtiger Hinweis ist für sie die Sprache.

Das moderne Maya setzt sich aus drei linguistischen Stämmen zusammen: Yukatekisch, Huastekisch und Südmaya. Obwohl diese Sprachen verwandt waren, war der Unterschied so groß wie zum Beispiel der zwischen Englisch und Holländisch. Einer Theorie zufolge ist der linguistische Unterschied umso größer, je länger die Gruppen keinen Kontakt hatten. Es ist also möglich, die Sprach-veränderungen zurück-zuverfolgen und einen linguistischen Prototyp oder eine „Muttersprache" zu finden.

Auch sollte es möglich sein, geschichtliche Abfolgen zu erkennen und die geografische Region zu bestimmen, der sie entstammten. Diesen theoretischen Richtlinien zufolge war Huastekisch die erste Abwandlung von Protomaya, da es nur ein geringes Vokabular mit den anderen Mayasprachen teilt. Dies wiederum deutet darauf hin, dass der Ursprung der Maya im Hochland Westguatemalas zu finden ist. Später entstand Yukatekisch, die noch heute am häufigsten gesprochene Mayasprache.

Maiskultur

Mit Hilfe einer als Glottochrolonogie bekannten moderneren linguistischen Methode, die bei der Sprachforschung Worte untersucht, die kaum verändert werden, kann diese Abspaltung des Huastekischen vom Protomaya datiert werden und liegt 4000 Jahre zurück. Das bedeutet, dass Protomaya bereits 2000 v. Chr. gesprochen wurde, weit vor dem Zerfall der Olmekenkultur und der Entstehung einer eigenständigen Mayakultur.

Dieser linguistischen Analyse zufolge stammten die frühen Maya, auch Protomaya genannt, also nicht von den Olmeken ab, sondern von einer unabhängigen Gruppe, die eine eigene Sprache hatte. Geografisch liegen sie jedoch nahe beisammen, es ist also wahrscheinlich, dass ein kultureller Austausch stattfand. Großteils beeinflussten wohl die Olmeken die Maya, einige Ideen flossen jedoch sicherlich auch in die andere Richtung.

Mit Hilfe der uns bekannten Sprachen konnte eine Protosprache rekonstruiert werden, die für die Bestimmung kultureller und historischer Abläufe von Bedeutung ist. Beim Rückverfolgen der Sprache bis zu Huastekisch fand man eine erstaunlich komplexe Reihe von Wörtern im Zusammenhang mit dem Anbau von Mais. Es liegen also Vermutungen nahe, dass der Mais seinen Ursprung in den Gebieten der Huasteken im Hochland von Guatemala hatte.

Obwohl es keine Beweise gibt, liegt der Schluss nahe, dass wir den Ursprung zahlreicher kultureller Merkmale bei den Olmeken suchen sollten, die Entwicklung einer wirtschaftlichen Basis für stabile Gesellschaften allerdings den Huasteken zu verdanken ist.

Ohne eine starke, durch den Maisanbau vorangetriebene Wirtschaft wären die mittelamerikanischen Hochkulturen nicht in der

Links: *Quetzalcoatl wurde von den Olmeken nicht oft dargestellt, war aber ein bedeutender Gott für die Huasteken und spätere mittelamerikanische Kulturen. Daraus lässt sich schließen, dass Quetzalcoatl, ein wesentlicher Gott der Azteken, bereits in der frühen Protomaya-Periode verehrt wurde.*

Gegenüber: *Leben und Tod waren in den mittelamerikanischen Kulturen eng miteinander verbunden. Die Wurzeln dieses Glaubens gehen auf eine frühere Periode zurück, wie dieses huastekische Relief, in dem ein Mann die Dualität von Leben und Tod verkörpert, zeigt.*

Lage gewesen, ihre Zeremonienzentren, in denen Kunst und Kultur in riesigem Ausmaß gediehen, zu erhalten.

Viele Fragen bleiben jedoch offen. Die Rekonstruktion der ursprünglichen Sprachen basiert auf Abfolgen und Veränderungen von uns bekannten Sprachen wie dem Indo-Europäischen. Diese Abfolgen müssen nicht notwendigerweise auch auf Mittelamerika zutreffen. Geografische Faktoren, wie die Anhöhen, auf denen Kulturen entstanden, könnten von Bedeutung gewesen sein. Die mittelamerikanischen Gebirgszüge förderten die Isolation von Gruppen, sodass wir dort noch heute ursprüngliche Sprachformen finden.

DIE ZAPOTEKEN
Massengräber einer Militärkultur

Unten: *Der zapoteki-
sche Regengott, Cocijo,
auf einer Graburne aus
Monte Albán, um
400–500 n. Chr.*

Es ist nicht sicher, wann die Zapoteken ins
Tal von Oaxaca gelangt sind. Bis 500 v. Chr.
bevölkerten sie San José Mogote, wo die
ältesten zapotekischen Hieroglyphen gefunden
wurden. Diesen Ort bewohnten sie, bis sie bei

Monte Albán ein neues Zentrum gründeten.
Erst 100–300 n. Chr. erkannten sie das volle
Ausmaß ihrer Territorialmacht.

Der beeindruckendste Aspekt der
zapotekischen Städte war die militärische
Organisation. Im Gegensatz
zu Teotihuacán oder den
Zentren der Maya, die
hauptsächlich zeremoniellen
Charakter hatten, waren die
Zapotekenstädte militärisch
befestigt. Als die Zapoteken
ihr Gebiet ausdehnten und
benachbarte Städte ein-
nahmen, erbauten sie
Verteidigungsmauern und
gründeten Militärposten,
um die Grenzen ihres
neuen Reiches zu sichern:
Ayoquesco war ein
Verteidigungsposten auf
einem Hügel im Süden
des Tales von Oaxaca.
Der Norden wurde von
einer bei Cerro de la
Campana stationierten
Garnison beschützt.

Im Zuge ihrer
Gebietserweiterung
übernahmen die Zapoteken
viele der gebräuchlichen
mittelamerikanischen
Gottheiten. Ihr Hauptgott
scheint Cocijo gewesen zu
sein, der dem Regengott
Tlaloc von Teotihuacán
entspricht. Auch der
Jaguargott Pauahtun und
der Maisgott Pitao Cozobu
waren wichtig. In diesem
Sinne fügen sich die
Zapoteken in das bekannte
Muster von langsamer
Assimilierung und
Veränderung, das
mittelamerikanische
Kulturen so gleichförmig
erscheinen lässt.

Für sie einzigartig waren jedoch ihr Totenkult und die ehrenhafte Stellung, die sie ihren Vorfahren zukommen ließen. Obwohl auch andere mittelamerikanische Kulturen ihre Toten verehrten und tote Führer manchmal sogar als Gottheiten feierten, waren die Zapoteken die Einzigen, die in ihren Zentren eine Vielzahl an aufwendigen Grabkammern errichteten. Mehrere hundert solcher Gräber wurden gefunden und die Graburnen zählen zu den bedeutendsten Kunstwerken der Zapoteken.

Ahnenkult

Die Zapoteken betrachteten ihre Ahnen nicht als Gottheiten, sondern als Vermittler zwischen der Welt der Lebenden und der der Toten. Wir finden daher keine Beschreibungen von Ahnengöttern, sondern Urnen, in die die Gesichter von Lebenden eingeritzt sind. Untersuchungen dieser Urnen ergaben, dass es sich wahrscheinlich um Porträts der Führungselite handelte, die etwa vier Prozent der zapotekischen Bevölkerung ausmachte. Die Grabkammern waren Familienbesitz. Sie wurden über längere Zeit für mehrere Bestattungen genutzt. Es ist anzunehmen, dass alle in einer Grabkammer bestatteten Menschen einer einzigen Blutlinie angehörten. Viele der in den Urnenreliefen dargestellten Porträts trugen rituelle Masken, woraus sich aufwendige Begräbniszeremonien ableiten lassen.

Funde aus diesen Gräbern deuten darauf hin, dass die frühen Zapoteken um originalgetreue Porträts bemüht waren. Als sie an Macht gewannen, wurden zunehmend andere Aspekte wichtig: Obwohl spätere Reliefe noch immer individuelle Porträts darstellten, wurde großer Wert auf die Darstellung des sozialen Ranges und die Verbindung der Adeligen zur Führungselite gelegt.

Am Höhepunkt ihrer Macht kontrollierten

die Zapoteken von Monte Albán aus alle wichtigen Handelsverbindungen durch das Tal von Oaxaca. Ausgiebiger Handel führte zur Entstehung von Provinzzentren. Als diese an Macht zunahmen, verlor Monte Albán den Einfluss über sie. 500 n. Chr. übernahmen die Mixteken die Vormachtstellung in diesem Gebiet.

Trotzdem behielten die Zapoteken einen gewissen Einfluss auf das Tal bei, wenngleich eher durch das Recht des Älteren als durch militärische Stärke. Zur Zeit der spanischen Eroberung hatte der Hohepriester unter den Zapoteken eine weit größere Bedeutung als unter den anderen mittelamerikanischen Völkern. Heute leben in Oaxaca rund 300.000 Menschen zapotekischer Abstammung.

Oben: *Diese zapotekische Urne, um 200–350 n. Chr., stammt aus einem Grab in Monte Albán. Wir wissen nicht, wer darauf dargestellt ist, obwohl es sich eindeutig um das Porträt einer wichtigen Persönlichkeit aus der Herrscherlinie handelt. Der aufwendige Kopf- und Halsschmuck sowie die Ohrringe weisen auf eine edle Geburt hin.*

MONTE ALBÁN
Hieroglyphen in einer frühen Stadt

Monte Albán im Tal von Oaxaca war die wichtigste Stätte der Zapoteken. Die ersten Gebäude wurden zwischen 600 und 100 v. Chr. erbaut, die meisten liegen heute unter später angelegten Terrassen begraben. Bis 250 v. Chr. war die Bevölkerung von Monte Albán auf 15–20.000 angewachsen und stellte die größte Zivilisation der Region dar.

Die Stätte wurde künstlich abgeflacht, um für Tempel, Paläste und Ballspielplätze sowie für Wohngebäude nahe des Tempelbezirks Platz zu schaffen. Viele der Wohngebiete wurden auf Terrassen angelegt, die in den Fels gehauen worden waren. Monte Albán war sicherlich eine der ersten Städte Mittelamerikas. Es gab jedoch auch eine Vielzahl von Bauern, die auf dem Land wohnten.

Eines der geheimnisvollsten Gebäude ist der Hügel der Danzantes, eine Pyramide, in deren Wände Flachreliefe von nackten Männern in grotesken Positionen gehauen sind. Früher wurde angenommen, dass es sich um eine Darstellung von Tänzern handle, heute allerdings weiß man, dass es Menschenopfer waren.

Einige dieser Reliefe weisen Datumsglyphen auf. Es handelt sich hierbei um die ältesten mittelamerikanischen Schriftzeichen. Obwohl das später von den Maya adaptierte Zahlensystem bereits erkennbar ist, konnte dieser zapotekische Schriftsatz noch nicht vollständig entziffert werden.

Grabbeigaben

Die Kultur der Zapoteken war von ihrer Expansionspolitik geprägt. Die Herrscher dominierten während der frühen Klassik mehrere andere Städte, bis Monte Albán um 900 n. Chr. verlassen wurde. Der Großteil der dort gefundenen Datumsangaben werden mit Städten in Verbindung gebracht, die von der Herrschaftselite von Monte Albán eingenommen wurden.

Außergewöhnlich ist die große Anzahl der königlichen Grabkammern. Bei Ausgrabungen in den 1970ern entdeckte Alfonso Caso 170 unterirdische Gräber. Einige davon waren sehr aufwendig gestaltet und mit bemalten Mosaiken ausgestattet. In einem einzigen Grab fand man 500 Gegenstände aus Gold, Silber, Türkis, Jade, Onyx und Marmor. Auch zahlreiche mit Göttern verzierte Terrakotta-Urnen wurden gefunden. Unter ihnen der Jaguargott der Unterwelt, der den Einfluss der Olmeken widerspiegelt.

Andere Gottheiten waren der Regengott (siehe vorherige Seiten) und der Maisgott. Sie wurden sowohl von den Zapoteken als auch von den Maya verehrt. Selbst nachdem Monte Albán von den Zapoteken verlassen worden war, wurden die Mixtekenkönige dort begraben, obwohl sich die Mixteken dort nie niedergelassen hatten.

Monte Albán wurde zwar durch seine Grabkammern bekannt, doch die Idee der Gräber ist älter als diese Stadt. Die Gräber werden mit dem Ahnenkult der Königsfamilie assoziiert und Inschriften zufolge scheint die Familie der Herrschers „Ein Tiger" besonders bedeutend gewesen zu sein.

Rechts: *Monte Albán war das Zentrum der zapotekischen Zivilisation und beherbergte eine große Bevölkerung. Zusätzlich diente es einem riesigen ländlichen Gebiet als Mittelpunkt der religiösen Verehrung. Dieses Bild zeigt die Terrassenanlage, die die Tempel stützte.*

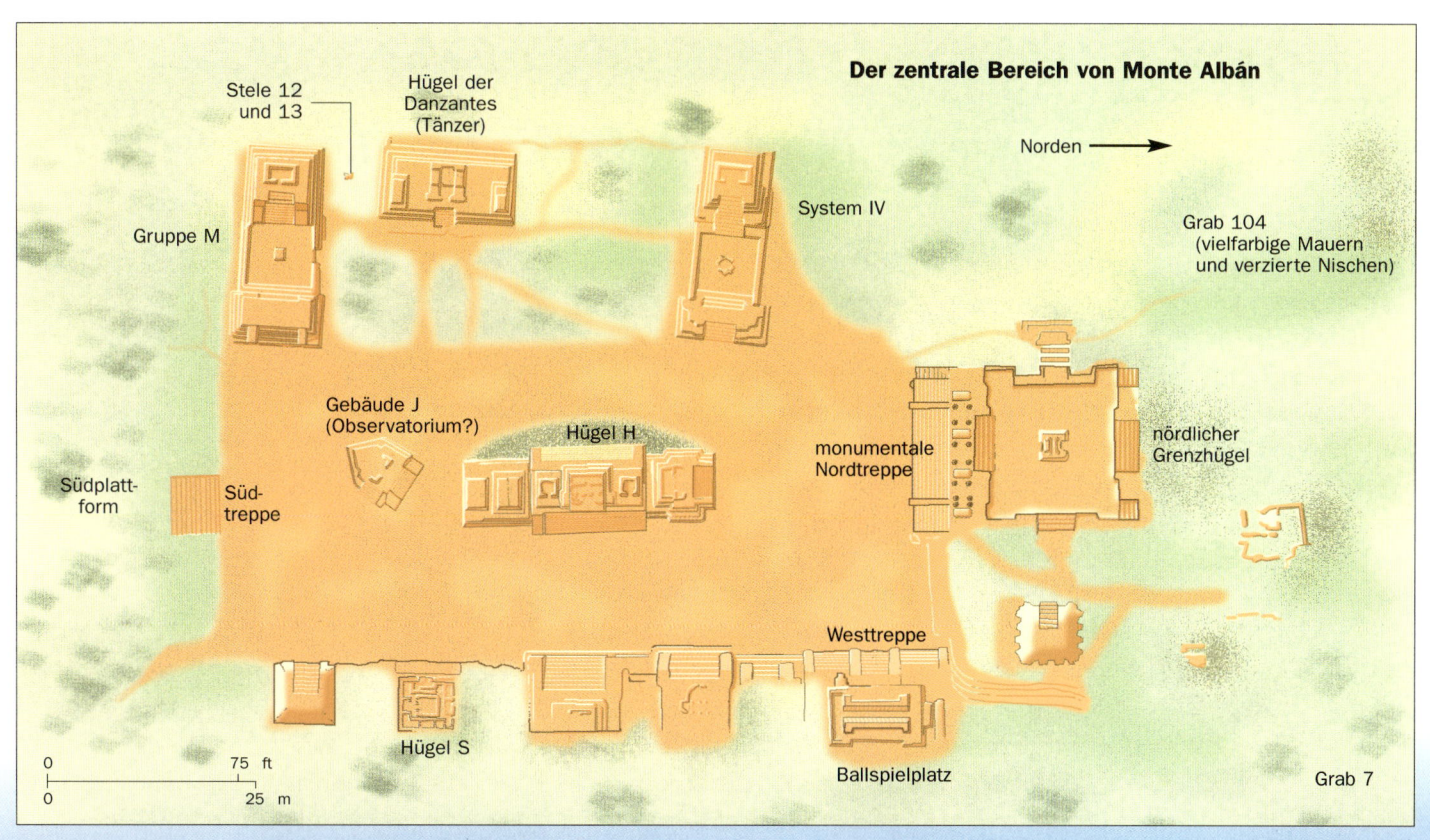

Der zentrale Bereich von Monte Albán

Norden →

Stele 12 und 13

Hügel der Danzantes (Tänzer)

System IV

Grab 104 (vielfarbige Mauern und verzierte Nischen)

Gruppe M

Gebäude J (Observatorium?)

Hügel H

monumentale Nordtreppe

nördlicher Grenzhügel

Südplattform

Südtreppe

Westtreppe

0   75 ft
0   25 m

Hügel S

Ballspielplatz

Grab 7

CERROS
Ein Mikrokosmos mittelamerikanischer Stadtentwicklung

Die vorklassische Stadt Cerros liegt an der Mündung des Neuen Flusses im östlichen Yucatán. Die Einwohner waren großteils Seefahrer und Händler, die mit Leuten aus entfernten Städten und Dörfern in Kontakt standen. Obwohl es einstmals nur ein kleines Dorf mit verstreuten Hütten war, hat Cerros archäologische Bedeutung, da man dort die Entwicklung vom Dorf zur Stadt zurückverfolgen kann. Im Fall von Cerros dauerte diese Entwicklung etwa 100 Jahre.

Die „Verstädterung" begann gegen 50 v. Chr. Es gibt Beweise für zahlreiche Tieropfer, die zu dieser Zeit im alten Dorf stattfanden. Die Gefäße, in denen große Festmähler serviert wurden, wurden mit Steinen zertrümmert und die Bruchstücke wurden zusammen mit zertrümmerten Jadestückchen auf das Fundament der Hütten gestreut. Das Dorf wurde daraufhin verlassen. In Halbkreisen um den alten Standort wurden neue Häuser errichtet.

Das alte Dorf wurde nun für rituelle Zwecke genutzt. Der Boden wurde mit Schichten von feiner, weißer Erde bedeckt und mit Tonscherben, Jade und Baumknospen bestreut. Die gesamte Oberfläche wurde anschließend mit flachen Steinen bedeckt, die das Fundament für einen Tempel bildeten. Der Großteil des Baumaterials stammte aus der

Umgebung, in Cerros selbst gibt es große Gruben, aus denen Kalkstein gewonnen wurde.

Geschulte Künstler und Baumeister aus anderen Gebieten überwachten die Erbauung des Tempels und der Pyramide, auf der dieser stand. Auch wurden vier große Steinmasken gefertigt, die den Stufenaufgang der Pyramide flankieren. Das gesamte Gebäude wurde abschließend mit weißem Kalksand verputzt und leuchtend rot bemalt. Die Masken und anderen Reliefe, welche Pyramide und Tempel verzierten, waren in Rot, Schwarz und Gelb gehalten. Die Reliefe und ihre Glyphen zeigten und beschrieben den Jaguar-Sonnengott.

Verherrlichung

Das Dorf Cerros entwickelte sich vom kleinen Handelshafen zum symbolischen Wohnort des Sonnenkönigs oder *Ahau*. Dazu war die Zusammenarbeit der ganzen Gemeinde notwendig. Inzwischen nahm der Herrscher von Cerros halbgöttlichen Status an. Dieser wurde vom

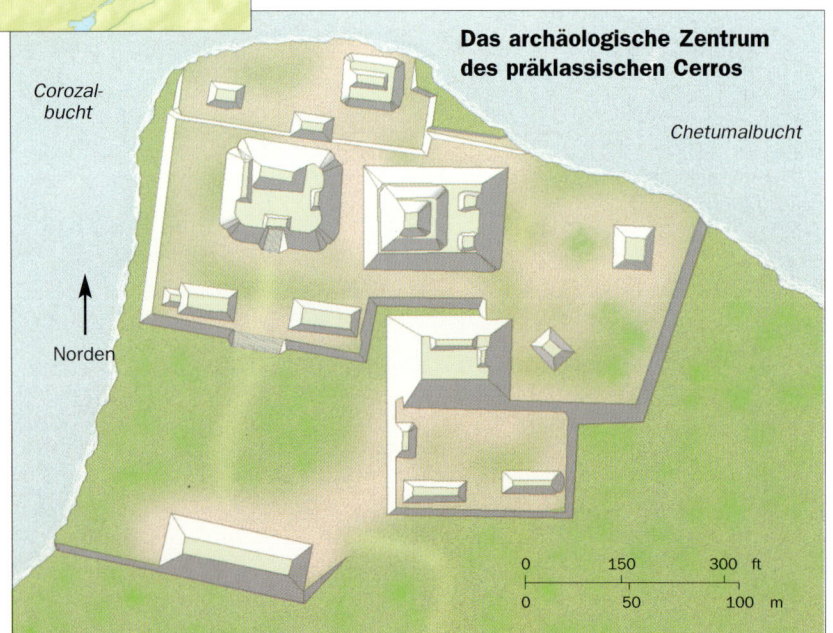

Das archäologische Zentrum des präklassischen Cerros

Corozalbucht

Chetumalbucht

Norden

0	150	300	ft
0	50	100	m

Chichén Itzá

Uxmal

HALBINSEL YUCATÁN

Cozumel

Chetumalbucht

Corozalbucht

Cerros

PETÉN

Tikal

KARIBISCHES MEER

Volk durch Anbetung anerkannt. Innerhalb der nächsten 50 Jahre wurden in Cerros weitere bedeutende Gebäude errichtet wie etwa der große Palastkomplex für den Herrscher und eine zweite, noch größere Pyramide. Unglücklicherweise wurde diese Pyramide schwer beschädigt, was die archäologische Forschung erschwert. Einer Theorie zufolge wurde sie vom Nachfolger des ersten Königs erbaut.

Tief im Inneren des Fundamentes befinden sich eine Reihe von Jadeverzierungen. Es handelt sich um königliche und göttliche Symbole, die der zweite Herrscher wahrscheinlich in die neue Pyramide einbauen ließ, um sich selbst in die königliche Linie zu stellen.

Das Bauprogramm in Cerros wurde unter dem dritten Herrscher fortgesetzt, der eine Reihe von Tempelterrassen um den rituellen Ballspielplatz errichtete. Viele der dort gefundenen Symbole beziehen sich auf die Heldenhaften Zwillinge, die der Mayalegende nach der Unterwelt entflohen und zu Sonne und Mond wurden. Im Inneren der Akropolis wurde eine Kammer errichtet, die als letzte Ruhestätte des dritten Herrschers gedacht war, jedoch nie benutzt wurde.

Unklar ist, was mit dem dritten Herrscher geschah; sein Nachfolger scheint wesentlich schwächer gewesen zu sein. Er ließ zwar einige neue Gebäude errichten, die jedoch nicht fach-

männisch gefertigt wurden. Sie wurden nie durch Opfergaben eingeweiht, und bald nach ihrer Fertigstellung beschädigte ein Feuer die Masken und Verzierungen. Die Symbole der Ahnen wurden entstellt und zerstört. Cerros wurde verlassen und die Einwohner kehrten zu ihrem alten Leben als Fischer und Händler zurück.

MITLA
Hauptstadt der Zapoteken

Die ältesten archäologischen Funde aus Mitla stammen aus der Zeit um 500 v. Chr., als der Ort eine kleine Bauerngemeinde war. Bis zum Beginn der christlichen Zeitrechnung hatte Mitla sich erheblich vergrößert. Es erstreckte sich über einen Kilometer nach beiden Seiten des Flusses, der die Stadt teilt. Das Zeremonienzentrum umfasste etwa 2 km². Das historische Mitla im Tal von Oaxaca in Südmexiko ist heute in die gleichnamige moderne Stadt eingebettet, deren Bevölkerung großteils Zapotekisch spricht. Früher war sie die zweitwichtigste Stadt der Region.

Die Geschichte von Mitla ist eng verknüpft mit der ihres mächtigen Nachbarn, Monte Albán. Als Monte Albán sich zur Hauptstadt der Zapoteken ernannte, wurde die Bevölkerung von Mitla deutlich geringer – ein Ausdruck für den untergeordneten Stellenwert. Im Gegensatz zu Monte Albán wurde Mitla jedoch nie verlassen. Es ist möglich, dass die gemischte zapotekisch-mixtekische Kultur nach dem Fall von Monte Albán Mitla wieder besiedelte und sogar als rituelle Hauptstadt betrachtete.

Architektonisch ist Mitla im Mixteka-Puebla-Stil erbaut, der durch geometrische Muster und kreuzförmige, unterirdische Gräber gekennzeichnet ist. Dieser Stil ist für Mitla sowie für die benachbarten Zapotekenstädte Yagul und Zaachila einzigartig. Die Städte bestehen aus flachen Gebäuden, die offene Höfe flankieren. Die Dächer werden von Balken getragen, die ihrerseits von Steinsäulen gestützt werden.

Die Mäandermuster auf den Fassaden sind aus Steinmosaiken gefertigt. Das beeindruckendste Beispiel hierfür ist die Halle der Säulen, deren Mauern innen wie außen 150 Paneele mit solchen geometrischen Mustern aufweisen. Diese Verzierungen bestehen aus acht verschiedenen horizontal angeordneten Formen, die der Architektur von Mitla eine einzigartige Regelmäßigkeit verleihen.

Zapotekisch oder Mixtekisch?

Obwohl Mitla vielleicht immer von den Zapoteken besetzt war, ist die Architektur der Stadt eher mixtekisch. In den Gräbern wurden mixtekische Grabbeigaben gefunden. Einige schwer beschädigte Fresken im Kirchenkomplex sind im realistischen erzählerischen Stil der mixtekischen Manuskripte gefertigt.

Diese verschiedenen Einflüsse bei Mitla sind verwirrend und es ist nicht sicher, ob die Stadt als zapotekisches oder mixtekisches Zentrum betrachtet werden sollte. Auch ist unklar, ob die Einwohner ein zapotekisch-mixtekisches Mischvolk waren. Dies ist nicht unrealistisch, da die beiden Volksgruppen, die eigentlich bittere Rivalen waren, möglicherweise Bündnisse geschlossen hatten. Kurz vor der Eroberung Mexikos durch die Spanier verbündeten sie sich gegen die Azteken. Vielleicht gab es schon vorher ähnliche Bündnisse bei Mitla. Auch ist wahrscheinlich, dass die Mixteken durch

Unten: *Steinmosaike in geometrischen Gittermustern sind typische Verzierungen an Gebäuden in Mitla. Das hier gezeigte Beispiel stammt aus einer Wand der Säulenhalle.*

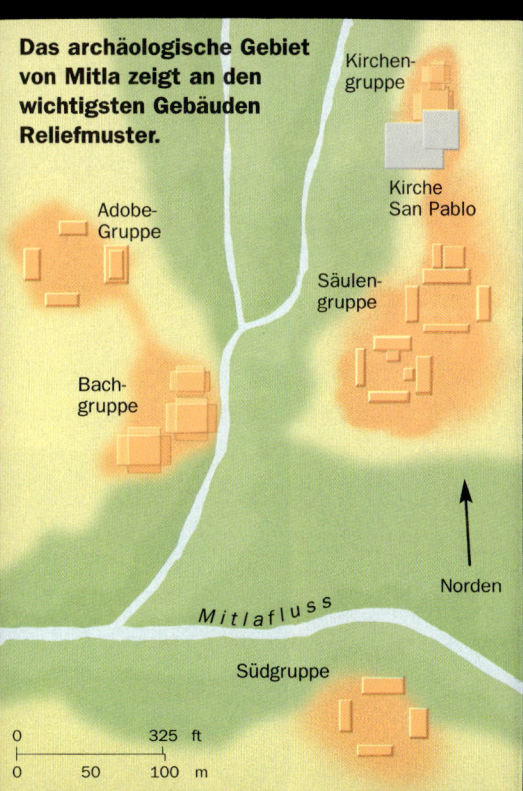

strategische Hochzeiten, die die politischen Bande stärkten, Oberhand über die Zapoteken gewannen. Sollte das in Mitla der Fall gewesen sein, so heirateten mixtekische Landherren zapotekische Frauen, deren Familien weiterhin dort lebten.

Eine Legende sorgt für weitere Verwirrung. Die Zapoteken behaupten, dass sich in Mitla eine unterirdische Geheimkammer befindet, in der die bedeutendsten Zapotekenherrscher begraben seien – es ist unwahrscheinlich, dass sie zu diesem Zweck einen Ort wählten, der von ihren Rivalen dominiert war. Diese Kammer

wurde bis jetzt nicht entdeckt und alle bisher gefundenen Grabbeigaben hatten mixtekischen Ursprung. Es kann jedoch nicht ausgeschlossen werden, dass eine solche Kammer existiert.

Oben: *Innenansicht der Säulenhalle: Lange offene Höfe mit Dächern, die durch Reihen steinerener Säulen gestützt werden, sind einzigartig für Mitla und die Nachbarstädte Yagul and Zaachila.*

Das archäologische Gebiet von Mitla zeigt an den wichtigsten Gebäuden Reliefmuster.

Kirchengruppe

Kirche San Pablo

Adobe-Gruppe

Säulen-gruppe

Bach-gruppe

Norden

Mitlafluss

Südgruppe

0   325 ft

0   50   100 m

DIE MIXTEKEN
Das Volk aus dem Wolkenland

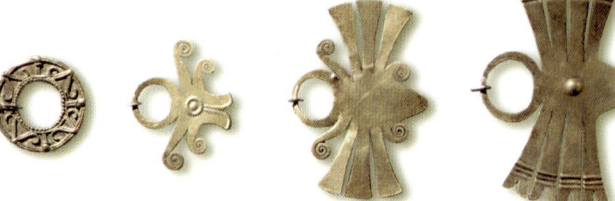

Eine der besonderen Errungenschaften der Mixteken war ihre Fähigkeit, Gold zu kunstvollem Schmuck zu verarbeiten. Schmuck wurde von Frauen und Männern getragen – die Qualität der Verarbeitung spiegelte den Wohlstand und Status der Person wider. Goldene Anhänger (oben) und ein goldenes Pektoral – ein Brustschmuck (unten).

Die Mixteka ist ein gebirgiges Gebiet im westlichen Teil des südmexikanischen Staates Oaxaca. Es ist eine raue und unwirtliche, jedoch sehr schöne Gegend, deren Bewohner einen ähnlichen Charakter hatten.

Die mixtekischen Hauptsiedlungen wurden auf Verteidigungswällen errichtet und die Hieroglyphen für die Ortsnamen enthalten meist ein Zeichen mit der Bedeutung „Berg". Sie nannten sich selbst Mixteken, das „Volk aus dem Wolkenland". Neben ihrer kriegerisch-aggressiven Haltung ihren Nachbarn gegenüber sind sie auch für den feinsten Goldschmuck bekannt, der je in Mittelamerika gefertigt wurde.

Die späte Geschichte der Mixteken kennen wir durch acht Bücher, die sie selbst auf Rehhäuten geschrieben haben. Wir erfahren über die Dynastien, die die Mixtekenregion beherrschten, ihre frühe Geschichte liegt jedoch im Dunklen. Zwar ist bekannt, dass die Mixteken schon in der Antike lebten, es gab jedoch keine bedeutenden archäologischen Funde aus dieser Zeit.

750 n. Chr. begannen die Mixteken ins Tal von Oaxaca vorzudringen und gerieten dort an die Zapoteken, die sie schließlich im 14. Jahrhundert besiegten. Wegen der Übergriffe der Mixteken verließen die Zapoteken ihre Hauptstadt Monte Albán 900 n. Chr. Die kriegerischen Erfolge der Mixteken spiegeln sich in der Karriere des Kriegshäuptlings „8 Hirsch Ozelot Kralle" wieder. Er soll für den Fall von 75 weiteren Königreichen im Tal von Oaxaca verantwortlich sein, darunter Mitla und Monte Albán. „8 Hirsch Ozelot Kralle" war außerdem der spirituelle Lehrer von „9 Bewegung", einer Personifizierung der Sonne. Ein Knabe wurde als Repräsentant von „9 Bewegung" in dieser Inkarnation auserwählt. An seinem 52. Geburtstag wurde er bei der Einweihung eines *temazcalli* – eines Schwitzhauses, das üblicherweise Heilzwecken diente – geopfert. Sein Körper wurde in die Gewänder eines Ozelot-Häuptlings gehüllt und anschließend verbrannt.

Gemalte Geschichte

Als man die Asche zu „8 Hirsch Ozelot Kralle" brachte, schmückte er sie mit einem Kopfschmuck aus Federn und einer Türkismaske. Auch wurde eine Wachtel – ein Symbol des Sonnenaufganges – geopfert. „8 Hirsch" selbst wurde im (tatsächlichen oder rituell angenommenen) Alter von 52 Jahren von Rivalen gefangen genommen und geopfert. „9 Bewegung" wurde ebenfalls mit 52 Jahren geopfert.

Nachdem die Zapoteken Monte Albán verlassen

hatten, nutzten die Mixteken ihr Zentrum als königlichen Friedhof. Grabkammern mixtekischer Adeliger mit über 500 kostbaren Gegenständen wurden dort gefunden. Später zogen sie in den mexikanischen Staat Pueblo. Dort erbauten sie Cholula und entwickelten eine neue Kunstrichtung, Mixteka-Puebla. Später verbündeten sie sich mit den rivalisierenden Zapoteken im Kampf gegen die Vormachtstellung der Azteken.

Zu den eindrucksvollsten künstlerischen Leistungen der Mixteken zählen ihre Türkismosaike und der filigrane Goldschmuck. Es wäre jedoch ein Fehler, die Arbeiten nach den Gesichtspunkten europäischer Ästhetik zu beurteilen, da die mittelamerikanischen Völker eine andere Auffassung davon hatten, was für ihre Kunstwerke wesentlich war.

Auch entwickelten sie ihren eigenen Stil der bildhaften Kommunikation sowie eine Reihe von Hieroglyphen. Diese unterschieden sich deutlich von den Hieroglyphen der Maya. Sie wurden auch gemalt und nicht in Stein gehauen. Das System der Mixteken wurde später von den Azteken übernommen und für die Aufzeichnungen ihrer Kalender und gemalten Tagebücher abgewandelt.

CHOLULA
Kurzporträt einer heiligen Stadt

GOLF VON MEXIKO

• El Tajín

• Cholula

Monte Albán

• Mitla

PAZIFIK

YUCATÁN

Unten: *Cholula war immer ein Pilgerort – als die spanischen Eroberer kamen, zerstörten sie zahlreiche alte Tempel und errichteten ihre eigenen Kirchen. Die Kirche der „Nuestra Señora de los Remedios" steht am Gipfel der Großen Pyramide, wo einst ein mixtekischer Tempel stand. Im Hintergrund sieht man den Vulkan Popocatepetl, von dem man annahm, dass er die Wohnstatt von Tlaloc und anderen Göttern sei.*

Nach dem Zusammenbruch vieler klassischer Zentren zogen kriegerische Stämme ins Tal von Oaxaca. Darunter auch die Mixteken, die sich zuvor den Herrschern von Monte Albán als Händler vorgestellt hatten. Sie betrachteten die Hauptstadt als heiliges Zentrum, das sie später als letzte Ruhestätte ihrer Herrscherdynastie nutzten.

Meistens erbauten die Neuankömmlinge ihre eigenen Städte, doch manchmal besetzten sie bereits existierende. Einer dieser Orte, der von einfallenden Stämmen zunächst besetzt, dann eingenommen wurde, war Chololan, heute Cholula. Archäologische Untersuchungen bestätigen die Ankunft fremder Eroberer im neunten Jahrhundert n. Chr. Sie gründeten einen starken Militärstaat, der viele schwächere Nachbarn dominierte.

Die Besonderheit Cholulas besteht darin, dass es lange ein heiliger Pilgerort war. Seine große Pyramide, die größte Mexikos (nicht jedoch die größte Mittelamerikas), wurde Schicht für Schicht über lange Zeit und von vielen Kulturen aufgestockt, bis sie eine Fläche von 100.000 m² bedeckte und 61 m hoch war.

Vielleicht wegen seiner Funktion als Schmelztiegel verschiedener Kulturen zog Cholula die Mixteken und andere Wandervölker an, darunter die Tolteken und Azteken. Studien ergeben, dass Cholula im Verlauf seiner abwechslungsreichen Geschichte auch eine Kolonie von Teotihuacán war. Mixtekische Überlieferungen sprechen von über 400 Tempeln, die Pilger aus ganz Mittelamerika anzogen. Diese Tatsache wird von den Aufzeichnungen der spanischen Eroberer bestätigt. Die Große Pyramide wurde zum Zentrum mixtekischer Gottesverehrung.

Aus Alt wird Neu

Kurioserweise ist Cholulas Ruf als Pilgerstätte Schuld daran, dass es unter den mittelamerikanischen Archäologen nur wenig bekannt ist. Seit der Zeit von Teotihuacán – und vielleicht sogar schon vorher – bis zum heutigen Tag ist es ständig bewohnt. Dieser Umstand ist natürlich hinderlich für Ausgrabungsarbeiten vor Ort. Bei den verlassenen Stätten, die tief im Dschungel begraben liegen, besteht das größte Problem im Zugang, jedoch gibt es keinerlei Probleme, die ehemaligen Stätten freizulegen. In Cholula hingegen ist es fast unmöglich, die alten Ruinen zu untersuchen, ohne moderne Wohngebiete zu stören.

Auch wurzelt das Problem der Archäologen in Cholulas Bedeutung als Pilgerstätte. Als Fremde nach Cholula kamen, benutzten sie häufig Baumaterial von bereits existierenden Gebäuden, um neue zu errichten. Die Bauwerke umfassen also eine Mischung aus Kulturen und Stilrichtungen aus verschiedensten Zeiten. Die unterschiedlichen Baustile der großen Pyramide wiederholen sich in den bislang untersuchten, rituellen Bauwerken in ganz Cholula.

Auch die Spanier versuchten, Cholulas Status als heiligen Ort aufrechtzuerhalten, wenngleich sie in großem Ausmaß ihren katholischen Glauben einfließen ließen. Hernán Cortés übergab die Stadt seinem Leutnant Pedro de Alvarado, der die meisten Tempel niederreißen ließ, um auf ihren Fundamenten und mit ihren Steinen Kirchen zu erbauen.

Heute gibt es in Cholula über 300 christliche Kirchen, die die Tempel der Antike ersetzen und von der spanischen Eroberung zeugen. In diesem Sinne ist das architektonische Erbe von Cholula, das bis zum heutigen Tag ein Pilgerort ist, für Mexiko einzigartig. Sogar die große Pyramide, die nun nicht mehr als ein riesiger, jedoch formloser Hügel aus Erde und Schutt ist, trägt eine Kirche auf ihrem Gipfel.

Oben: *Dieses Keramikgefäß um 1200 n. Chr. zeigt die kniende Gestalt des mixtekischen Regengottes.*

Links: *Zu den bedeutendsten vorspanischen Zeitdokumenten Mittelamerikas zählen die mixtekischen Kodizes oder Manuskript-Illustrationen. Die abgebildete Darstellung kommt aus dem Wiener Kodex und zeigt Priester in einem mixtekischen Tempel.*

EL TAJÍN
Zeremonien- und Regierungszentrum einzigartiger Künstler

Gegenüber oben:

*Totonakische Keramik-
figur eines Knaben mit
erhobenen Armen, um
700 n. Chr.*

Unten: *Diese Statue
aus El Tajín stellt den
Gott Ouragon dar.*

El Tajín war ab 100 n. Chr. das Zivilisations-
zentrum der Golfküste, bis es gegen 1100
durch ein Feuer zerstört wurde. Die großen
Gebäude und rituellen Ballspielplätze dieser
Stadt erstrecken sich über 600.000 m², zählt
man die umliegenden Hügel hinzu, erreicht die
Gesamtfläche fünf Quadratkilometer. Da viele
Teile dieser Stätte noch nicht ausgegraben sind,
ist wahrscheinlich, dass zukünftige Grabungen
ein noch größeres Gebiet ergeben.

Die dort untersuchten Gebäude und Ball-
spielplätze lassen vermuten, dass El Tajín
vornehmlich als Regierungssitz und rituelles
Zentrum diente und nicht als Wohnort. Die
Stadt befindet sich im Norden der
Region Veracruz, wo hauptsächlich
Brandrodungslandwirtschaft
betrieben wurde. Es liegt der
Schluss nahe, dass die

bäuerliche Bevölkerung bei den Adeligen und
der Kriegerelite in El Tajín Schutz und
spirituelle Stärkung suchte.

Die Blütezeit von El Tajín wird zwischen 600
und 900 n. Chr. vermutet. Zu dieser Zeit wurde
der Großteil der Monumente errichtet und die
Stadt war die führende politische Macht im
östlichen Mexiko. Die Kunst der dort ansässigen
Totonaken beeinflusste viele andere Stätten
dieser Epoche und es wird deutlich, dass El
Tajín einen bedeutenderen Status hatte als
andere Zentren.

Der charakteristischste – und einflussreichste
– Aspekt des Kunststils von El Tajín lag in den
Strukturelementen der Gebäude: Nischen, die
einstmals Götterstatuen beinhalteten, falsche
Bögen und auf Säulen gestützte Dächer sind
für die Stadt genauso typisch wie verflochtene
Schnörkel und Mäander.

**Das archäologische Gebiet
von El Tajín**

Norden

Hügel der
Säulengebäude

Tajín Chico

nördlicher
Ballspielplatz

Pyramide
der Nischen

südlicher
Ballspielplatz

GOLF VON MEXIKO

El Tajín

YUCATÁN

Monte Albán

Mitla

PAZIFIK

| 0 | 250 | 500 ft |
| 0 | 100 | 200 m |

Nischengötter

Das eindrucksvollste Bauwerk der Stadt El Tajín ist die Nischenpyramide, eine Stufenkonstruktion aus vier Ebenen und einem nach Osten ausgerichteten Aufgang. Dieses wahrscheinlich älteste und bedeutungsvollste Gebäude der Stadt weist auf allen vier Seiten 60 cm tiefe Nischen auf. Die Anzahl dieser Nischen stimmt mit der Zahl der Tagesgötter im Jahreszyklus der Totonaken überein. Wahrscheinlich stand in jeder Nische eine entsprechende Götterstatue, wie aus überlieferten Legenden hervorgeht; heute sind die Nischen jedoch leer.

Weiters gibt es in der Stadt den Platz von Tajín Chico, einen Komplex aus 18 noch nicht vollständig ausgegrabenen Gebäuden. El Tajín ist einzigartig für seine Säulenarchitektur. Die Säulen sind mit Reliefarbeiten verziert, die Priester, geflügelte Tänzer, Tagesinsignien, Adlerkrieger und Zahlenzeichen darstellen.

Die Totonaken, die El Tajín besetzten, behaupten, Teotihuacán erbaut zu haben, wofür sie später von den Azteken auch anerkannt wurden. Wahrscheinlicher ist allerdings, dass die ehemaligen Bewohner von El Tajín die Ritualstätte bei Teotihuacán erbauten. In Teotihuacán gibt es in der Nähe der Straße der Toten eine Tempelplattform, deren architektonischer Stil für El Tajín typisch ist. El Tajín selbst scheint jedoch nie unter den Einfluss von Teotihuacán geraten zu sein.

Ob der Grund hierfür in der geografischen Entfernung lag oder an der politischen Stärke El Tajíns, das sich der Unterjochung durch Teotihuacán erwehren konnte, ist eine Streitfrage. Vielleicht stand El Tajín auch unter der Herrschaft von Teotihuacán und uns fehlen die Beweise dafür, da über die Stadt erst sehr wenig bekannt ist.

Unten: *Die Pyramide der Nischen ist vermutlich das eindrucksvollste Bauwerk in El Tajín.*

DAS BALLSPIEL
Regeln und Rituale eines ursprünglichen amerikanischen Sports

Oben: *Dieses Relief zeigt eine Ballspielszene von Juego de Pelot Sur in El Tajín.*

Rechts: *Keramikskulptur eines Ballspielers aus Jaina (siehe Seite 100) in einer für das Spiel typischen Haltung (andere Figuren zeigen dieselbe Haltung): Er kniet auf einem Bein, um den Ball mit seiner Hüfte zu fangen, die stark gepolstert ist, um ihn vor Verletzungen durch den einige Pfund schweren Ball zu schützen.*

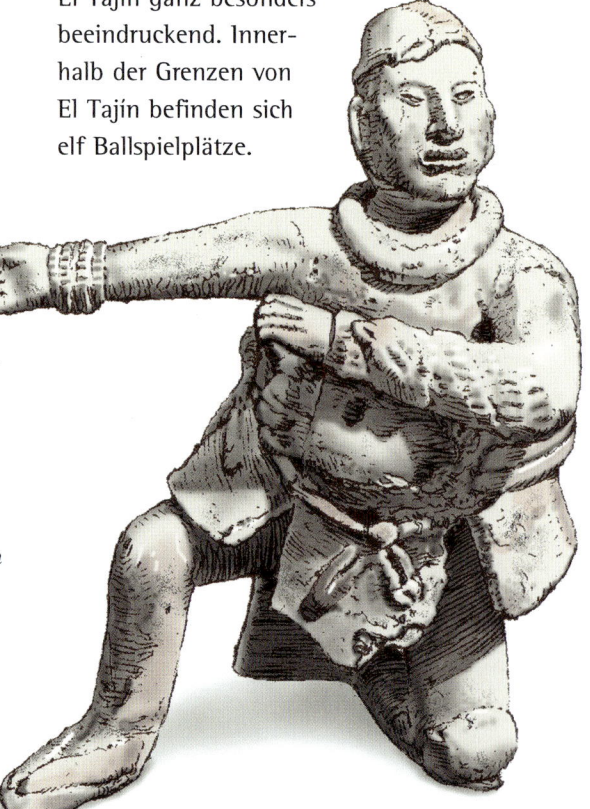

Obwohl das rituelle Ballspiel von den Anfängen der Olmeken bis zu den späten Azteken in ganz Mittelamerika abgehalten wurde (Teotihuacán ist das einzige spirituelle Zentrum, in dem die Ballspielplätze fehlen), ist der zeremonielle Spielplatz der Totonaken in El Tajín ganz besonders beeindruckend. Innerhalb der Grenzen von El Tajín befinden sich elf Ballspielplätze.

Warum für die Bewohner von El Tajín das Ballspiel so bedeutsam war, ist nicht bekannt; eine Reihe von fein gearbeiteten Relieftafeln verrät uns aber Details über den Spielablauf. An den Wänden des Südplatzes erkennen wir die Darstellung von zwei Spielern in rituellen Gewändern, die unter der Aufsicht des skelettartigen Todesgottes das Herz eines Opfers herausschneiden.

Dem Mythos zufolge war dss das Spiel die Nachstellung der Schlacht zwischen den Herren der Unterwelt und den Heldenhaften Zwillingen, es war also keine einfache Zurschaustellung athletischer Künste und ging über den reinen Unterhaltungswert hinaus. Die Ballspielplätze selbst sind nach den Sternen ausgerichtet und dienten als überlieferter Zugang zur Unterwelt, während der im Spiel verwendete Gummiball die Sonne symbolisiert haben soll.

Die Plätze sind längsrechteckig angelegt. Meist befinden sich entlang der Längsseiten abfallende Hänge mit hohen Mauern, in deren Mitte sich ein Steinring befindet. Ein Ziel des Spieles war es, den Ball durch diesen Ring zu werfen, was dem Werfer den Sieg sowie Kleidung und Schmuck der Zuseher einbrachte.

Die genauen Regeln dieses schnellen und gefährlichen Spieles sind uns kaum bekannt.

Wir wissen jedoch, dass die Spieler schwere Schutzanzüge trugen, die sie gegen die Wucht des Gummiballes schützen sollten. Dieser Anzug bestand aus einem dicken Gürtel aus Holz und Leder, Knieschützern, Hüftschonern, Handschuhen und manchmal einem Helm. Die Spieler durften während des Spieles den Ball nicht festhalten.

Das Spiel um die Freiheit

Der mythologische Hintergrund der Kämpfe der Heldenhaften Zwillinge gegen die Unterwelt bringt das Spiel mit Menschenopfern in Verbindung, die auch auf den Paneelen von El Tajín dargestellt sind. Es gab eine Vielzahl akademischer Debatten über den Hintergrund dieser Opfer. Einige Gelehrte meinen, der Mannschaftskapitän der Sieger wurde geopfert, um seine große Leistung im Nachahmen der mythologischen Zwillinge zu ehren. Heute wird jedoch weitgehend angenommen, dass der besiegte Kapitän sowohl das Spiel als auch sein Leben verlor.

Der Stellenwert des Ballspiels wird durch Reliefs angedeutet, in denen die Spieler mit Glyphen betitelt werden, die Herrschaft und Adel andeuten. Sie könnten die Söhne der Herrschaftselite gewesen sein und im weltlichen Leben eine Karriere als Kriegsherren verfolgt haben. Es besteht jedoch auch die Möglichkeit, dass die gegnerische Mannschaft aus Kriegsgefangenen bestand, die um ihre Freilassung spielten. Im Siegesfall wären sie den Opfermessern der Priester entgangen.

Es ist gewiss, dass die Bezeichnung der Spieler als Adelige die gewaltige Ritualmacht des Spieles im Leben der Mittelamerikaner ausdrückt. Auch wird angedeutet, dass die Herrscher – die sich selbst als Abkömmlinge der Götter ansahen – mit der Verantwortung über das weltliche wie spirituelle Wohlergehen ihrer Gemeinde beauftragt waren.

Oben: *Dieser rekonstruierte Ballspielplatz in Yaqun ist in seiner Größe und Gestaltung typisch für viele andere im mittelamerikanischen Raum.*

Unten: *In der späteren Zeit wurde das Ballspiel eine der wichtigsten Zuschauerattraktionen in Mittelamerika und die Ballspielplätze wurden für eine große Zuschauermenge angelegt. Das Beispiel unten zeigt Chichén Itzá.*

KAPITEL DREI

AUFSTIEG DER MAYA

Ursprünge einer mittelamerikanischen Schlüsselkultur

Wohl kein anderes Thema der Geschichte Mittelamerikas entfachte so heftige Debatten, Streitereien und geteilte Meinungen wie die Frage nach der Herkunft und Entwicklung der Maya. Die einzige allgemein akzeptierte Tatsache ist die Entstehung des Reiches von Teotihuacán im Norden zur gleichen Zeit, als sich die Kultur der Maya im Süden entwickelte.

Viele Jahre lang sah man die Kultur der Maya als ein Bündnis von Stadtstaaten an. In diesem Sinne trugen die Händler und Kaufleute Ideen und Kunstrichtungen von einer Stadt in die nächste, sodass gemeinsame Ideale und Glaubenssätze zum Teil des universellen Bewusstseins der Maya wurden. Modernere und genauere Untersuchungen der Hieroglyphen der Maya haben diese Theorie widerlegt und auch die angeblich friedliche Natur der Maya.

Viele Inschriften stellen die Maya eher als wetteifernde denn als kooperative Nachbarn dar, deren Hauptanliegen die Gefangennahme und Opferung der benachbarten Herrschaftselite war. Die gemeinsamen Ideale könnten also das Ergebnis einer gewaltsamen Unterjochung des gegnerischen Adels gewesen sein.

Langsam wird auch klar, dass es innerhalb der Kultur der Maya mindestens zwei Untergruppen gab, die sich voneinander grundlegend unterschieden. Eine lag in den Niederungen der Petén-Yucatán-Halbinsel, die andere siedelte im Hochland von Chiapas und Guatemala. Die Flachlandkultur zeichnet sich durch die Entwicklung der Schrift und durch monumentale Architektur aus. Beides hatte für die Hochlandregionen wenig Bedeutung.

Inspiriert von Olmeken und Teotihuacán

Die Maya entwickelten sich nicht isoliert von anderen mittelamerikanischen Völkern, obwohl fehlende Beweise für Kontakte zu einer solchen Annahme führte. Einige Gelehrte glauben, sie begannen als kleine, einfache Bauerngemeinden, die zufällig Eigenheiten anderer Völker übernahmen und sie für sich anpassten. Auch ist möglich, dass nach dem Fall der Olmeken einige flüchtige Olmekengruppen ins Land der Maya zogen und dort ihre Ideale einführten. Wieder andere glauben, dass die Maya direkte

Nachkommen der Olmeken waren, und weisen auf „neuolmekische" Stätten wie Izapa als Übergangsorte von einer Kultur in die nächste hin.

Obwohl der Einfluss der Olmeken auf die frühen Maya offensichtlich ist, macht die große Zeitspanne zwischen dem Untergang der Olmeken 400 v. Chr. und dem Aufstieg der Maya zu Beginn der christlichen Zeitrechnung eine direkte Beziehung unmöglich.

Das plötzliche Aufblühen der Kultur der Maya und die Errichtung ihrer Stadtstaaten um 200 n. Chr. ist spektakulär. Dies kann teilweise zu Stätten wie Kaminaljuyú und El Mirador zurückverfolgt werden wie auch zu Ideen, die sich von Teotihuacán aus nach Süden ausweiteten und nicht nur das südliche Hochland, sondern auch die Mayastädte in Petén, wie Tikal und Uaxactún, beeinflussten. Obwohl

viele der von Teotihuacán inspirierten Gebäude später unter Bauwerken der Maya begraben wurden, beeinflussten die Ideen von Teotihuacán die Gedanken und die Kosmologie der Maya.

Zwar ist es heute unmöglich, alle Geheimnisse der frühen Geschichte der Maya zu enthüllen und ihre Entwicklung chronologisch genau zu reihen, einige Rückschlüsse können aber aus den archäologischen Funden gezogen werden. So ist wahrscheinlich, dass die Maya sich durch verschiedenste Quellen inspirieren ließen, unter anderem durch die Olmeken und Teotihuacán. Auch ist sicher, dass es einen geeinten Mayastaat niemals gab, dafür gibt es zu große regionale

600 v. Chr.	36 n. Chr.	200	219	300–600	378	400	500
Tikal wird als landwirtschaftliche Dorfgemeinschaft gegründet	Erste Kalendereintragungen der Maya	Die Maya beginnen Stadtstaaten zu bauen	Yax Moch Xocs Herrschaft in Tikal beginnt	Teotihuacán beeinflusst die Maya	Große Jaguarpfote von Tikal wird König über das rivalisierende Nachbarzentrum Uaxactún	Yax Kuk Mo (Grüner Quetzal-Ara) gründet Copan	In Nordamerika bauen die Anasazi Klippenwohnungen

Unterschiede. Auch wird ein solcher Staat in
Reliefs und späteren Aufzeichnungen der
Mayamythologie explizit geleugnet.

◆ **Izapa** bedeutende präklassische Stätte

● **TIKAL** wichtiges regionales Zentrum

◆ **Nakum** bedeutende klassische Stätte

● Xullún andere klassische Stätte

◆ **Naco** bedeutende postklassische Stätte

● Lamanai andere postklassische Stätte

PAZIFIK

562
Eine verbündete
Calakmul-Caracol-
Armee überrennt
Tikal und tötet
dessen Herrscher
Wak Chan K'awiil

UCHT VON CAMPECHE

Campeche

B U C H T   V O N   C A M P E C H E

H A L B I N S E L
Y U C A T Á N

Y u c a t á n

Quintana Roo

KARIBISCHES MEER

T a b a s c o

Chiapas

P e t é n

Guatemala

B e l i z e

H o n d u r a s

GOLF VON
HONDURAS

Isla Mujeres
(Fraueninsel)

Xlacah ● ● Culuba

◆ **Dziblichaltún**
◆ **Izamal**
● Tiho (Mérida)

◆ **Chichén Itzá**
San Gervasio

◆ **Cobá**
Insel
Cozumel

◆ **Mayapán**
Oxkintok ●
● Mani
● Chacchob
Tancah ●
Tulum ●

◆ **Uxmal**
Jaina ●
◆ **Kabah**
Xcalumkin ●
◆ **Sayil**
◆ **Labná**
Muyil ●

● Xcocha
Kiuic ●
● Chacmultún

● Xkichmook

◆ **Xtampak**
Dzibilnocac ●
● Huntichmool

◆ **Edzná**
● Hochob

Chacmool ●

● Pechal

Laguna de
Términos
Silvituk ●
◆ **Becán**
◆ **Xpuhil**
Ichpaatun ●

Atazta Xicalango ●
Hormiguero ●
● Pasión del Cristo
Chetumalbucht

Bellote ●
Candelaria
Uaacbal ●
◆ **Rio Bec**
Kohunlich ●
Cerros ●

◆ **Comalcalco**
Oxpemul ●
● La Muñeca
Nohmul ●

Jonuta ●
El Tigre
(Itzamkanac?)
CALAKMUL ●
● El Palmar
Cuello ●

Grijalva
Balancán ●
● Ucal
● Altamira
Colha ●

Moral ●
● Balakbal
Lamanai ●
Altun Ha ●

◆ **El Mirador** ◆
● Naachtún

Tortuguero ●
Pomoná ●
Xullún ●
◆ **La Honradez**

PALENQUE ●
Chinikha ●
● Baking Pot

El Porvenir ●
San Pedro
◆ **Uaxactún**

◆ **Piedras Negras**
● El Peru
◆ **Nakum**
◆ **Xunantunich**

El Cayo ●
TIKAL ●
◆ **Naranjo**

La Mar ●
Uolantun ●
Yaxhá

◆ **Toniná**
◆ **Yaxchilán**
Tayasal
● Topoxte
Tzimin Kax
(Mountain Cow)

◆ **Chiapa de Corzo**
Lacanhá ●
◆ **Bonampak**
Flores ●
Petén-Itzá-See
◆ **Caracol**
Pomona ●

Poco Uinic ●
Agua Escondida ●
Itzán ●
● El Caribe
Ixkun ●

La Amelia ●
● Dos Pilas
Ixtutz ●
Nim li punit ●

Altar of Sacrifices ◆
◆ **Seibal**
◆ **Machaquilá**
◆ **Lubaatun**

Aguateca ●
Naj Tunich ●
◆ **Pusilha**

◆ **Chinkultic**
Cancuén ●

● Quen Santo
Salinas de los
Nueve Cerros

● Lagartero
Nito ●

● Chamá
Izabal-
see

◆ **Nebaj**
◆ **Naco**

Zacaleu ◆
Negro
◆ **Quiriguá**

● Los Higos
Motagua

◆ **Izapa**
Motagua
San Augustín
Acasaguastlán ●
● El Paraiso

Utalán ◆
◆ **Mixco Viejo**
COPÁN ●

◆ **Abaj Takalik**
Atitlán-
see
◆ **Iximché**
◆ **Kaminaljuyú**

◆ **Chukumuk**
◆ **Asunción Mita**

Tiquisate ●
Amatitlán ●
Lempa

Pantaleon ●
◆ **Tazumal**

Cerén ●
Ilopango-
see

TIKAL
Steile Pyramiden eines konkurrierenden Zentrums

Oben: *Die Wahrzeichen von Tikal sind die hohen, steil abfallenden Pyramiden und Tempel, die größtenteils im 8. Jahrhundert errichtet wurden. Sie sind bis 45 Meter hoch und überragen die Baumwipfel des Regenwaldes.*

Tikal liegt im Herzen des Petén-Regenwaldes und entstand gegen 600 v. Chr., als sich eine kleine Bauerngemeinde auf einem Hügel zwischen den Sümpfen des Flachlandes ansiedelte. Während des nächsten Jahrtausends wuchs diese Siedlung zu einer der wichtigsten Mayastädte an.

Zu seinen Blütezeiten erstreckte sich Tikal über 16 km² und zog als Zeremonienzentrum auch eine große Stadtbevölkerung an. Die Gesamteinwohnerzahl wird auf etwa 40.000 geschätzt. In Tikal herrschen massive Steinpyramiden vor, die zu den steilsten von ganz Mittelamerika zählen. Ihre Gipfel ragen weit über die Baumwipfel des Regenwaldes empor. Es gibt jedoch auch eine Vielzahl kleinerer

Monumente. Bis jetzt wurden dort an die 3000 steinerne Bauwerke entdeckt.

Der Großteil dieser prunkvollen Bauten entstand bereits im ersten Jahrhundert v. Chr., als große Zivilbauten und Tempelterrassen errichtet wurden und die Bevölkerung begann, unterirdische Gewölbe als Grabkammern auszuheben. Die reichhaltigen Verzierungen und Wandmalereien dieser Gräber deuten auf eine Hierarchie mächtiger Herrscher hin, geben jedoch auch Hinweise auf Opfergaben und das Blutvergießen, das Teil der rituellen Praxis von Tikal war.

Interessanterweise spiegeln diese Gräber auch die Stabilität der Herrschaftsfamilien von Tikal wider. Wenngleich er nicht der Begründer der

Deutung passt zu dem luftigen Eindruck, den sie vermitteln, wie auch zu dem Prestige von Yax Moch Xoc und seinen Nachfolgern.

Der Wettstreit mit der rivalisierenden Nachbarstadt Uaxactún brachte nicht nur Kriege mit sich, sondern auch eine prunkvolle Architektur, die dem eigenen König huldigen sollte. Die beiden Zentren liegen nur eine Tagesreise entfernt. Ziel der Kämpfe zwischen Tikal und Uaxactún war die Gefangennahme eines gegnerischen Adeligen, um ihn zu opfern.

Dieser Krieg endete mit der Einnahme Uaxactúns durch den Tikalkönig „Große Jaguarpfote". Auf einer behauenen Stele wird er mit seinen Reichsinsignien dargestellt und hält ein Opfermesser. Vor ihm kniet der König von Uaxactún in unterwürfiger Pose.

Im Gegensatz zu den früheren Kriegen führte Große Jaguarpfote auch einen Eroberungskrieg.

Schließlich riss er am 16. Januar 378 n. Chr. die Herrschaft über Uaxactún an sich.

Der Wettstreit zwischen Tikal und der Nachbarstadt Uaxactún war ernst und endete erst, als Tikal seine Rivalin im 4. Jhdt besiegte. Die Ruinen von Uaxactún, **unten,** *liegen nur 20 Kilometer nordwestlich von Tikal.*

Stadt war, herrschte ein Mann namens Yax Moch Xoc zwischen 219 und 238 n. Chr. und die Familienmitglieder seiner Dynastie herrschten weiter bis zum Fall von Tikal im 9. Jahrhundert. Diese kontinuierliche Nachfolge politischer und religiöser Führer beeinflusste den Großteil der Geschichte Tikals.

Opferungen

Viele Jahre lang nahm man an, dass Tikal lediglich politische und zeremonielle Funktion hatte. Die Pyramiden sind so steil, dass eine auf dem Gipfel stehende Person vom Boden aus nicht gesehen werden kann. Heute scheint es, als ob die Pyramiden heilige Berge darstellen sollten, die sich in den Kosmos erheben. Diese

DIE SICHERUNG DER MACHT IN TIKAL

Krieg und Heirat zur Erhaltung der Vorherrschaft

Unten: *Der Große Platz und Tempel I in Tikal. Zusätzlich zu ihrer Funktion als Zeremonienstätte diente die nördliche Akropolis als Grabstätte für die Könige Tikals. Die zahlreichen unterirdischen Gräber liefern eine der vollständigsten Chronologien mittelamerikanischer Könige.*

Tikal gehört zu den am gründlichsten erforschten Mayastädten. Seine Akropolis im Norden umfasst eine Reihe komplexer Strukturen und könnte als Nekropolis für die Herrscher Tikals gedient haben. Anhand der Ausgrabungen und Übersetzungen der Inschriften dieser Kultstätte kann man eine Herrschaftslinie über 800 Jahre verfolgen. Die Geschichte der Könige von Tikal gewährt Einblick in den ständigen, für rivalisierende Mayastädte typischen Machtkampf.

Im ersten Jahrhundert v. Chr. entwickelte sich Tikal aus einer kleinen Bauerngemeinde und wurde anfangs von seinem mächtigen Nachbarn El Mirador überschattet. Die Beziehung der

Ich'aak (Große Brennende Klaue) betrieb Tikal Handel mit den Hochlandregionen der Maya im Süden und mit dem entfernten Mexiko sowie mit Teotihuacán. Diese Ausweitung ging nicht nur friedlich vonstatten – eine Abbildung zeigt Chak Tok Ich'aak, wie er einen gegnerischen Adeligen zu Tode trampelt.

Er fand sein Ende durch die Hände von Siyaj K'ak (der Feuergeborene), einen Kriegsherrn, der viele Mayastädte stürzte und dort Herrscher aus Teotihuacán einsetzte. Yax Nuun Ayiin (Gerollter Rüssel), der Sohn von Speerwerfende Eule – einer von Siyaj K'aks Leutnants – wurde als Herrscher von Tikal eingesetzt. Während dieser Zeit muteten die Gewänder der Elite

beiden Städte ist unklar, Steleninschriften deuten jedoch darauf hin, dass Tikal unabhängig war und ein eigenes Gebiet kontrollierte.

Tikal blieb vermutlich viele Jahre lang unabhängig, stand jedoch im Schatten von El Mirador, bis es gegen 300 n. Chr. zum fortschrittlichsten und bedeutendsten Mayazentrum wurde. Unter der Herrschaft von Chak Tok

mexikanisch an. Es gibt jedoch Anzeichen dafür, dass die Macht Teotihuacáns über Tikal nicht ausschließlich durch Militärgewalt erreicht wurde, da Yax Nuun Ayiins Mutter, eine Adelige aus Tikal, Speer werfende Eule heiratete. Yax Nuun Ayiin selbst heiratete später eine Frau aus Tikal, um die Verbindung der beiden Blutlinien zu sichern.

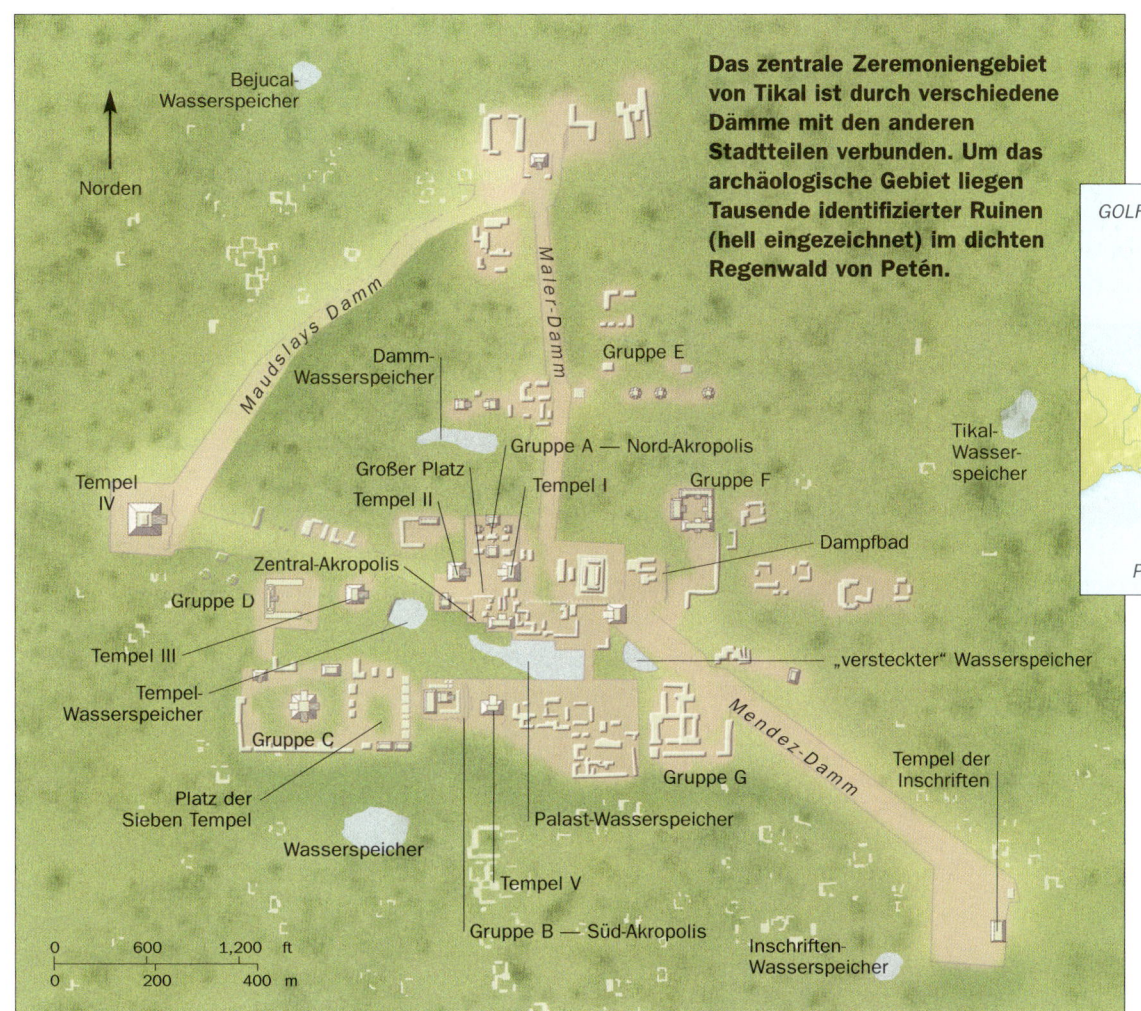

Das zentrale Zeremoniengebiet von Tikal ist durch verschiedene Dämme mit den anderen Stadtteilen verbunden. Um das archäologische Gebiet liegen Tausende identifizierter Ruinen (hell eingezeichnet) im dichten Regenwald von Petén.

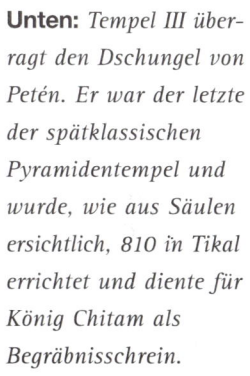

Unten: *Tempel III über-ragt den Dschungel von Petén. Er war der letzte der spätklassischen Pyramidentempel und wurde, wie aus Säulen ersichtlich, 810 in Tikal errichtet und diente für König Chitam als Begräbnisschrein.*

Abstieg

411 wendete sich das Glück für Tikal drastisch durch den Aufstieg von Siyaj Chan (Himmelgeborener), der seine matrilineale Herkunft geltend machte und in den Gewändern eines alten adeligen Maya dargestellt wird. Dies war eine bewusste Behauptung des Mayaadels und der orthodoxen Königsherrschaft. Auch die nächsten Herrscher Tikals, die Söhne und Enkel Siyaj Chans, behielten die Symbolik ihrer mütterlichen Abstammung bei.

In einem Versuch, die Mayaherrschaft über das Gebiert wiederherzustellen, entsandte Tikal Kriegsherren, um benachbarte Städte zu unterjochen. Er begann einen politischen Feldzug, der mit der Rückkehr von Wak Chan K'awiil (Doppelvogel), dem 21. Herrscher Tikals, aus dem Exil intensiviert wurde. In einem aggressiven Feldzug fing und opferte er 556 den Herrscher des entfernten Caracol, den er nur drei Jahre zuvor selbst auf den Thron gesetzt hatte. Caracol hatte jedoch mächtige Freunde in der Stadt Calakmul. 562 stürzte eine kombinierte Caracol-Calakmul-Armee Tikal und opferte Wak Chan K'awiil.

In den nächsten 130 Jahren hörte man wenig von Tikal. Es gibt Namen und Daten von eini-gen wenigen Herrschern, es wurden aber keine Monumente errichtet. Tikal scheint im Nieder-gang begriffen gewesen zu sein. Unter der Füh-rung von Nuun Ujol Chaak gab es eine Reihe von Feldzügen gegen Calakmul, 679 wurden seine Armeen jedoch vernichtend geschlagen.

Sein Sohn Jasaw Chan K'awiil verhalf Tikal wieder zum Aufstieg zur Militärmacht, indem er Calakmul schlug. Interessanterweise stellte er nicht die Linie der Maya wieder her, sondern eher die von Teotihuacán. Sein eigener Sohn Yik'in Chan setzte den Krieg gegen Calakmul fort und schlug auch dessen verbündete Städte Yaxa und Naranjo. Er leitete in Tikal eine architektonische Blütezeit ein, die fast 800 Jahre anhielt.

Zu Beginn des 9. Jahrhunderts jedoch wurden alle Mayastädte der Gegend fluchtartig verlassen. Tikals Herrscher versuchten, ihre alte Autorität beizubehalten, was jedoch miss-glückte. Gegen Ende des Jahrhunderts wurden Tikals prunkvolle Bauwerke lediglich von einigen wenigen Siedlern bewohnt, die im Stadtkern Strohhütten errichteten.

EL MIRADOR
Dschungelstätte der riesigen El-Tigre- und Danta-Pyramide

Im Jahr 1926 wurden bei Ausgrabungen südlich der mexikanischen Grenze in Guatemala die dschungelüberwucherten Ruinen von El Mirador entdeckt, erst 1962 ergaben genaue Vermessungsarbeiten von Ian Graham das Ausmaß der Kultstätte: El Mirador war eine der größten Mayastädte.

Nach Untersuchung einiger Tonscherben schloss Graham, dass El Mirador zur späten präklassischen Epoche gehörte, eine Folgerung, die sofort von anderen Gelehrten in Frage gestellt wurde. Niemand glaubte, dass die Maya zu solch massiven Bauwerken in der Lage gewesen wären. Inzwischen stellte sich Grahams Theorie als wahr heraus.

Die Ausmaße El Miradors entpuppten sich sogar als noch größer, als Ian Graham vermutet hatte. Die zentrale Pyramide, die El Tigre genannt wurde, ist sechsmal größer als die Große Pyramide in Tikal, die zuvor als größte Pyramide der Mayawelt angenommen wurde.

Bei Untersuchungen von El Tigre in den 1980ern und 1990ern fand man weitere Terrassen und Stützsäulen der Pyramide, die sie zu der größten Pyramide der westlichen Hemisphäre machen. Eine zweite Pyramide in El Mirador, die Danta-Pyramide, ist bis heute nicht vollständig ausgegraben, es gibt jedoch Anzeichen dafür, dass sie noch weitläufiger ist.

El Tigre ist das Zentrum eines Straßennetzes, das in die *bajos*, die umliegenden Sümpfe, ausstrahlt. Eine dieser Straßen erstreckt sich 13 Kilometer nach Süden und verbindet El Mirador mit dem Mayazentrum Nak'be. Wie weit sich die anderen Straßen ziehen und wohin sie führen, ist nicht bekannt, es wird jedoch jetzt schon deutlich,

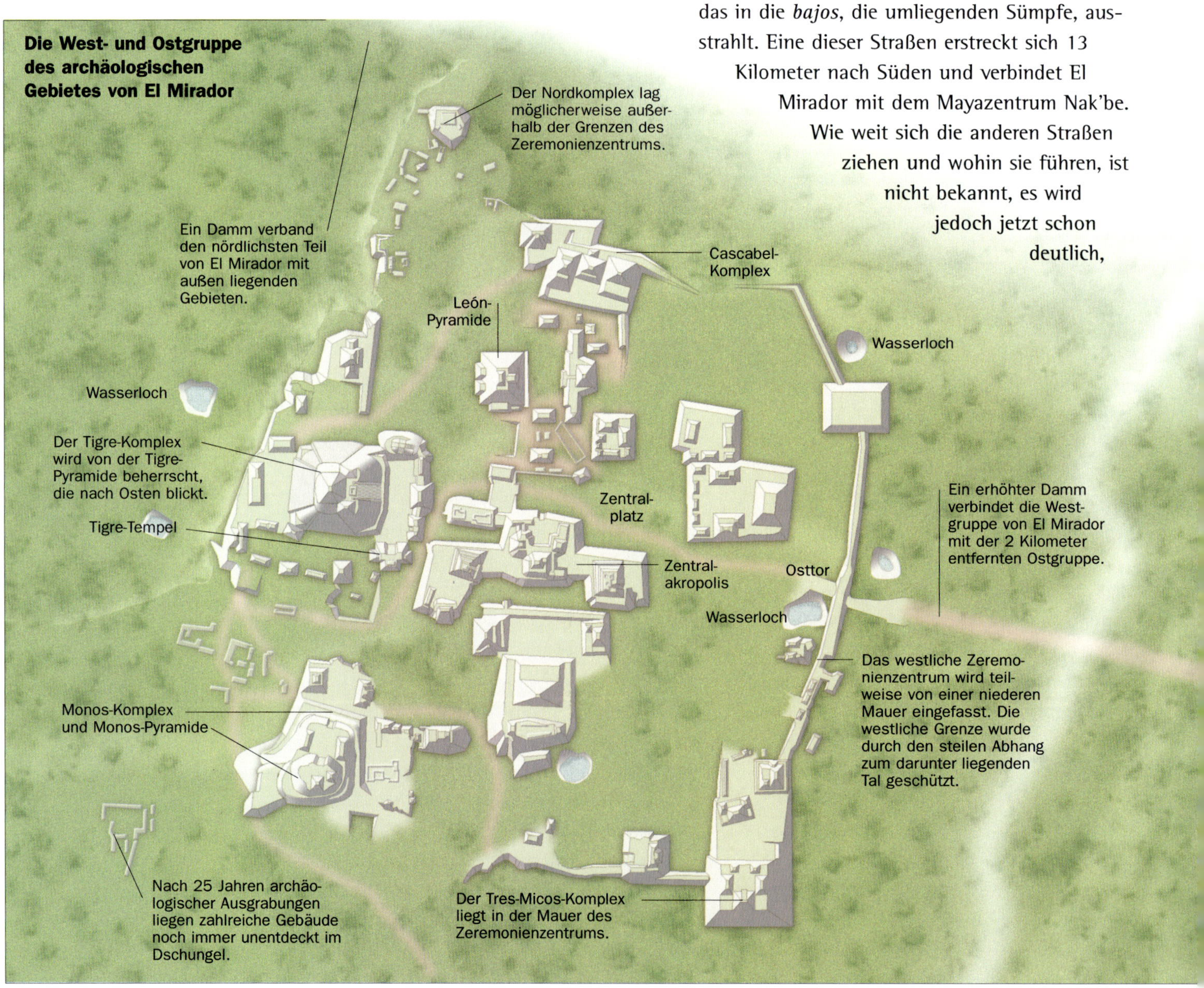

GOLF VON MEXIKO

Bucht von Campeche

HALBINSEL YUCATÁN

La Venta ● ● El Mirador
Tikal ●

Kaminaljuyú ●

PAZIFIK

Die West- und Ostgruppe des archäologischen Gebietes von El Mirador

Der Nordkomplex lag möglicherweise außerhalb der Grenzen des Zeremonienzentrums.

Ein Damm verband den nördlichsten Teil von El Mirador mit außen liegenden Gebieten.

Cascabel-Komplex

León-Pyramide

Wasserloch

Wasserloch

Der Tigre-Komplex wird von der Tigre-Pyramide beherrscht, die nach Osten blickt.

Tigre-Tempel

Zentralplatz

Zentralakropolis

Osttor

Wasserloch

Ein erhöhter Damm verbindet die Westgruppe von El Mirador mit der 2 Kilometer entfernten Ostgruppe.

Das westliche Zeremonienzentrum wird teilweise von einer niederen Mauer eingefasst. Die westliche Grenze wurde durch den steilen Abhang zum darunter liegenden Tal geschützt.

Monos-Komplex und Monos-Pyramide

Nach 25 Jahren archäologischer Ausgrabungen liegen zahlreiche Gebäude noch immer unentdeckt im Dschungel.

Der Tres-Micos-Komplex liegt in der Mauer des Zeremonienzentrums.

dass El Mirador äußerst bedeutsam war. Vielleicht war es das wichtigste kulturelle Zentrum, das die Maya jemals erbauten.

Alleine die Größe der Stätte ist atemberaubend und von Bedeutung für unser Verständnis der frühen Mayakultur in Guatemala. Die für die Errichtung benötigte Arbeitskraft war gewaltig. Wir schließen daraus, dass die Menschen, die El Mirador erbauten und bewohnten, einen Grad sozialer und politischer Zusammenarbeit erreicht hatten, der zuvor unbekannt war.

Die Vogelmasken von Vucub Caquix

Riesige, in El Mirador gefundene Stuckmasken lassen auf weit verbreitete, rituelle Bräuche in der frühen Mayaperiode schließen. Viele dieser Masken stellten Vucub Caquix, eine Vogelgottheit, dar. Ähnliche Masken wurden in Nak'be, Tikal und Uaxactún gefunden. Wir wissen nicht, ob diese Masken einen Hauptgott, ähnlich dem Jaguargott der Olmeken, darstellen, aber sie tauchen mit einer gewissen Regelmäßigkeit auf. Vucub Caquix muss also im Glauben der Maya wichtig gewesen sein.

Untersuchungen von El Mirador verraten uns viel über die Organisation der Mayagesellschaft. In der Mitte der Stadt befindet sich das zivile und zeremonielle Zentrum. Dort wurden die Pyramiden und die sie stützenden Plattformen erbaut. Um sie herum befinden sich ein paar lang gezogene Hügel, die gewöhnlich in

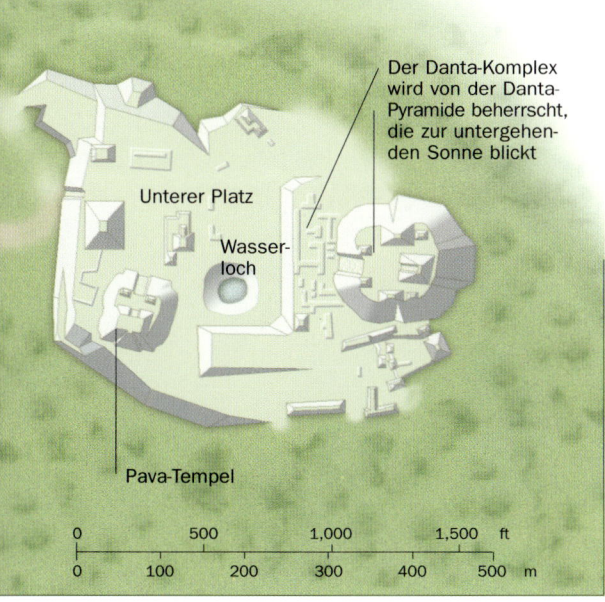

Der Danta-Komplex wird von der Danta-Pyramide beherrscht, die zur untergehenden Sonne blickt

Unterer Platz

Wasserloch

Pava-Tempel

| 0 | 500 | 1,000 | 1,500 | ft |
| 0 | 100 | 200 | 300 | 400 | 500 | m |

Vierergruppen um den zentralen Platz angeordnet sind. Untersuchungen dieser Hügel ergaben, dass es sich um Wohneinheiten handelte, die über mehrere Generationen von den Elitefamilien bewohnt wurden.

Weiter außerhalb liegen kleinere Wohngebäude, die nicht so lange benutzt wurden. Alle Wohnhäuser waren auf Terrassen erbaut, die sie vor einer sommerlichen Flut schützten. Die Wohnungen in den Randgebieten sind weniger aufwendig gebaut als jene im Stadtkern, was die Vermutung nahe legt, dass sie von den Ärmeren bewohnt wurden.

Auch gibt es Behausungen, die nur zeitweise bewohnt wurden, vielleicht von Bauleuten während der Arbeit an einem bestimmten Projekt. Im Großen und Ganzen macht El Mirador eher den Eindruck einer planlos gewachsenen Stadt.

Oben: *Riesige Stuckmaske des Vogelgottes Vucub Caquix. Vucub Caquix wurde in mehreren Stätten im Dschungel von Petén gefunden, so auch in El Mirador, Tikal und Uaxactún, woraus sich ein gemeinsamer Kult um diesen Gott schließen lässt.*

KAMINALJUYÚ
Stätte der Alten

Kaminaljuyú, was so viel bedeutet wie „Platz der Alten", ist ein spätes präklassisches Zentrum, das die Kultur der Izapa mit jener der Maya des Hochlandes von Guatemala vereint. Das genaue Ausmaß von Kaminaljuyú werden wir wohl nie kennen, da die Stätte im Zuge unkontrollierter Immobilien-erweiterung beim Bau der modernen Guatemala City fast vollständig zerstört wurde. Nur ein kleiner Teil blieb relativ intakt. Vermessungen ergaben allerdings, dass das Zeremonienzentrum sich einstmals über 5 km² erstreckt hatte.

Zu seiner Blütezeit zählte die Stadt mindestens 200 Tempelterrassen, die die Basis für auf ihren Gipfeln errichtete Tempelgebäude bildeten und außerdem als Grabkammern der Elite dienten. Schätzungen zufolge gab es einstmals mehrere hundert solcher Hügel. Viele andere Stätten im Tal von Guatemala waren fast sicher Satellitenstädte von Kaminaljuyú und standen unter dessen politischer und wirtschaftlicher Kontrolle.

Wenn auch die Rekonstruktion dieses Zeremonienzentrums nicht mehr möglich ist, geben dort entdeckte Kunstwerke doch Aufschluss über den ehemaligen Einfluss der Stadt. Wie es scheint, diente Kaminaljuyú als rituelles, politisches und wirtschaftliches Zentrum der gesamten Region und verfügte über Handelsnetze, die sich bis nach Zentral-amerika und Mexiko zogen. Mitverantwortlich für den Einflussreichtum dieser Stadt war sicherlich die vorteilhafte Lage zwischen dem Atlantischen und dem Pazifischen Ozean, von

Gegenüber: *Diese Stele aus Kaminaljuyú zeigt eine Figur mit kunstvollem Kopf-schmuck im prä-klassischen Stil. Solcher Schmuck war ein Symbol königlicher Würde. Er wurde ge-meißelt und bemalt, oft mit kostbaren Materialien geschmückt und manchmal mit den Federn des Quetzal oder anderer tropischer Vögel verziert.*

Grasbewachsene Hügel erstrecken sich vom Zentrum des Wohnungstraktes bis in den Osten von Guatemala City. Sie beherbergen die Pyramiden und andere Teile des Maya-zentrums von Kaminaljuyú, das nun in einem archäologi-schen Park liegt.

Hügel C-1-1

Hügel B-I-4

Hügel B-I-2

Norden

Hügel C-I-6

Mongoy-Stätte (Hügel B-I-1)

Hügel C-II-3

Hügel B-II-3

Hügel C-II-4

Hügel C-II-6

Hügel C-II-8

Hügel C-II-12

Hügel C-II-14

Hügel C-II-13

wo aus sie die Nord-Süd-Handelsrouten
kontrollieren konnte.

Aufwendige Bestattungen

Die während der Kanalbauten der modernen
Stadt entdeckten Grabkammern wurden fast
gänzlich geplündert. Die Überreste reichen
jedoch aus um zu beweisen, dass die Herrscher
von Kaminaljuyú mächtiger und prestige-
trächtiger waren als in irgendeinem Königreich
zuvor. Viele der Tempelhügel sind aufwendige
Gräber, die von der Spitze abwärts in stufen-
weise angelegte Kammern unterteilt sind. Die
Verstorbenen wurden rot angemalt und mit
Jade und anderen Halbedelsteinen verziert. Sie
wurden mit Hilfe eines Holzgerüstes ins Grab
hinabgelassen, woraufhin die Kammer mit einer
Tonschicht versiegelt wurde. Ein Großteil der
Bauarbeiten in Kaminaljuyú wurde der
Errichtung neuer stufenförmiger Terrassen auf
bereits vorhandenen Hügeln gewidmet, um
Platz für neue Gräber zu schaffen.

Kaminaljuyús Stellung als erfolgreiche
Handelsmacht zog gegen 400 n. Chr. die
Aufmerksamkeit von Teotihuacán auf sich.
Obwohl die meisten Bauprojekte vor diesem
Datum fertig gestellt worden waren, wurde
unter dem Einfluss von Teotihuacán ein neues
Zeremonienzentrum gegründet. Es weist die
für den Talud-Tablero-Stil von Teotihuacán
charakteristischen Merkmale auf: Niedrige
schräge Wände (taluds) stützten reliefierte und
einst bemalte vertikale Tafeln (tableros). Auch
wurden in Kaminaljuyú Töpfereien im Stil von
Teotihuacán gefunden, die aus der gleichen Zeit
stammen. Der Großteil der Kunstwerke wurde
gemeinsam mit den Verstorbenen begraben.

Dieser starke Einfluss durch Teotihuacán warf
die Frage auf, ob die Stadt noch durch die alte
Elite bewohnt war oder ob Teotihuacán-Krieger
und -Händler in die Stadt gezogen waren.
Sollte dies der Fall gewesen sein, so hätten sie
sicher ansässige adelige Frauen geheiratet, um
ihren Anspruch auf die Vormachtstellung in
Kaminaljuyú und die umliegenden Regionen zu
legitimieren. Obwohl vor Ort einige
beschriebene Stelen gefunden wurden, die
Aufschluss über die Abfolge der Herrscher
und das Vermächtnis der Adelsfamilien geben
könnten, konnten die Hieroglyphen noch nicht
entziffert werden. Mit dem Fall von
Teotihuacán ging auch Kaminaljuyú unter.
Keine weiteren Gebäude wurden errichtet, die
Stadt wurde schließlich verlassen.

DIE HEILIGE ORDNUNG VON RAUM UND ZEIT

Die Zyklen der Maya

Unten: *Terrakotta-Räuchergefäß eines Priesters im Kostüm des Sonnengottes. Er steht auf einer Schildkröte, aus der der oberste Gott der Unterwelt auftaucht.*

Wie die meisten mittelamerikanischen Kulturen betrachteten die Maya die Zeit als eine Aneinanderreihung von zyklischen Gegebenheiten und nicht als lineare Abfolge von Vergangenheit, Gegenwart und Zukunft. Für sie bestand die Welt aus einem Zyklus von Schöpfung und Zerstörung, wie er in der Landwirtschaft zu beobachten ist. Im Wesentlichen zerfiel die Zeit in den Wechsel vom Keimen der Maissaat, dem Heranreifen, der Ernte und der erneuten Aussaat.

Ähnliche Zyklen bestimmen Tag und Nacht sowie den Wechsel der Jahreszeiten und den menschlichen Organismus. Auch längere Zeitspannen können in Zyklen gemessen werden; demnach wurde die Welt alle 52 Jahre angehalten und erneuert. Darüber hinaus gab es den Großen Zyklus der verschiedenen Schöpfungsperioden.

Am Ende jedes Zyklus stand eine Zeit der Zerstörung: Die Sonne „starb" am Ende jedes Tages, Mais wurde nach seiner Reifung geerntet und das Jahresende wurde durch das Auslöschen aller Feuer im Haus gekennzeichnet. Am Ende des Großen Zyklus wurde jedes Geschöpf vernichtet, damit die nächste Schöpfungsperiode beginnen konnte.

Jeder Zyklus bestand aus zwei Teilen. Ein Teil manifestierte sich in der Welt der Menschen, der andere in der Unterwelt Xibalba. Die Sonne kreiste am Tage überirdisch, in der Nacht wanderte sie durch die Unterwelt.

Auch hier gibt es Parallelen zum Landwirtschaftszyklus: Der Bauer schickt die Saat in die Unterwelt. Dort wächst der Same, bis er als junger Spross von Chac, der den Frühlingsregen bringt (Seiten 98-99), zum Leben erweckt wird, um den Zyklus oberhalb der Erde zu beenden.

Hun Nal Yeh schafft Bewegung

Dieses Konzept von Raum und Zeit bedingt, dass sich alles ständig in Bewegung befindet. Hun Nal Yeh (der auferstandene Maisgott) schuf Wakah Chah, den Weltenbaum, und ließ die Sterne ständig um ihn kreisen. Als König Pakal, der Führer von Palenque im siebten Jahrhundert, starb und in die Unterwelt hinabstieg, wurde sein Gesicht mit der grünen Jademaske des Maisgottes bedeckt, damit er später über den Weltenbaum in den Himmel fahren konnte.

Dieses Prinzip von ständiger Bewegung und übergreifenden Zyklen verlieh der Mayawelt einen Grad an Vorhersehbarkeit und Sicherheit. Die abwechselnden Bewegungen von Sonne und Mond – die Heldenhaften Zwillinge Hunapu und Xbalanque, die die Herren der Unterwelt vernichteten – sind beobachtbar und vorhersehbar. Die Priester-Astrologen der Maya verbrachten viel Zeit damit, Himmelskörper zu beobachten und Zyklen zu bestimmen. Wahrscheinlich wegen dieser Suche nach vorhersehbarer Ordnung war es für sie von Bedeutung, zukünftige universelle Geschehnisse wie Sonnenfinsternisse zu bestimmen.

Ordnung scheint das führende Prinzip ihrer Vorstellung von Raum und Zeit gewesen zu sein. Alles war festgelegt und hatte seinen Platz. Da sie prinzipiell eine vorhersehbare Struktur gefunden hatten, schien es logisch, dass auch scheinbar zufällige Ereignisse ihre Ordnung hatten und kontrolliert wurden. Sogar Xibalba verfügte über Ordnung und Struktur, wenngleich sie jener der Welt genau gegengleich war.

Die Ursprünge dieser Vorstellungen liegen weit in der Vergangenheit bei den Bauern und Sammlern. Für sie war es überlebensnotwendig, vorherzusehen, wann eine Pflanze Früchte tragen würde. Einige Anhaltspunkte, wie der Kreislauf der Sonne und der Wechsel der Jahreszeiten, boten ihnen wichtige Hinweise und die Sicherheit, die sie brauchten. Die Priester-

Astrologen der Maya schufen eine Kosmologie, in der die Ordnung der Ober- und Unterwelt entgegengesetzt waren und Sonne, Mond und andere Himmelskörper vergöttert wurden.

Oben: *Reliefdarstellung des Sonnengottes der Maya, um 500–800 n. Chr. Die Sonne war eine bedeutende Gottheit für die Maya. Man glaubte, dass sie am Tag über den Himmel wanderte und in der Nacht eine ähnliche Reise durch die Unterwelt antrat.*

Links: *Diese Malerei auf einer Mayavase zeigt die Geburt des Maisgottes aus einem Samenkorn. Das Band unter ihm zeigt Wasserbilder und verkörpert die Unterwelt, das obere Band stellt den Namen des Herstellers oder des Besitzers der Vase dar.*

71

MATHEMATISCHES BEWUSSTSEIN
Das unterschätzte Rechensystem der Händler der Maya

Die Priesterelite der Maya verwendete numerische Symbole, um ihre Beobachtungen über die Wanderung der Gestirne als Teil ihrer Weissagungen aufzuzeichnen. Eine weitere elitäre Gruppe von Steinmetzen und Schreibern nutzte diese Zahlenglyphen, um wichtige Ereignisse, wie die Angelobung der Könige oder das Weihungsdatum bedeutender Monumente, zu dokumentieren.

Sie verwendeten oft anthropomorphe Gottheitsglyphen, bei denen ein Datum durch das Symbol eines der 13 Götter der Oberwelt repräsentiert wurde. Bei diesem Verfahren brachten die Priester und Schreiber Daten mit Göttern in Zusammenhang, die das menschliche Schicksal bestimmten. Mit Hilfe von 260- und 365-tägigen Kalendern konnten Daten mit dem durch die Bewegung von Sonne, Mond und Venus gekennzeichneten Zyklen übereingestimmt werden.

Viele Studien beschäftigen sich mit dem mathematischen Wissen der Maya, da ihre Daten uns helfen, ihre Geschichte sowie ihre religiösen Vorstellungen besser zu verstehen.

Oft außer Acht gelassen wird jedoch das mathematische Wissen der Unterschicht. Händler verwendeten Kakaobohnen als Recheneinheiten und waren begabte Mathematiker. Dennoch glauben viele Gelehrte, dass diese Fähigkeiten wegen der Einfachheit ihrer Methodik unbedeutend sind.

Bei genauerer Betrachtung entpuppt sich jedoch das Rechensystem der Händler als eine der größten Leistungen der Maya. Sie verwendeten nur drei Symbole – Muschel, Punkt und Strich – die die Null, die Eins und die Fünf darstellten. Dies war einfacher und effektiver als das zeitgleiche System der Römer, die sieben Symbole (I, V, X, L, C, D, M), jedoch keine Null kannten, oder das der Araber (Null und weitere neun Symbole).

Stellenschreibweise

Komplizierte Zahlen wurden anhand der Stellen der Muscheln, Punkte und Balken errechnet – ein System, das als Stellenschreibweise bekannt ist. In unserem in Europa gängigen arabischen Zahlensystem wäre ein Beispiel hierfür, dass Zahlen, deren Wert größer als eins ist, links vom

Unten: *Das Zahlensystem der Maya und (rechts) eine einfache Addition, um zu zeigen, wie es funktioniert.*

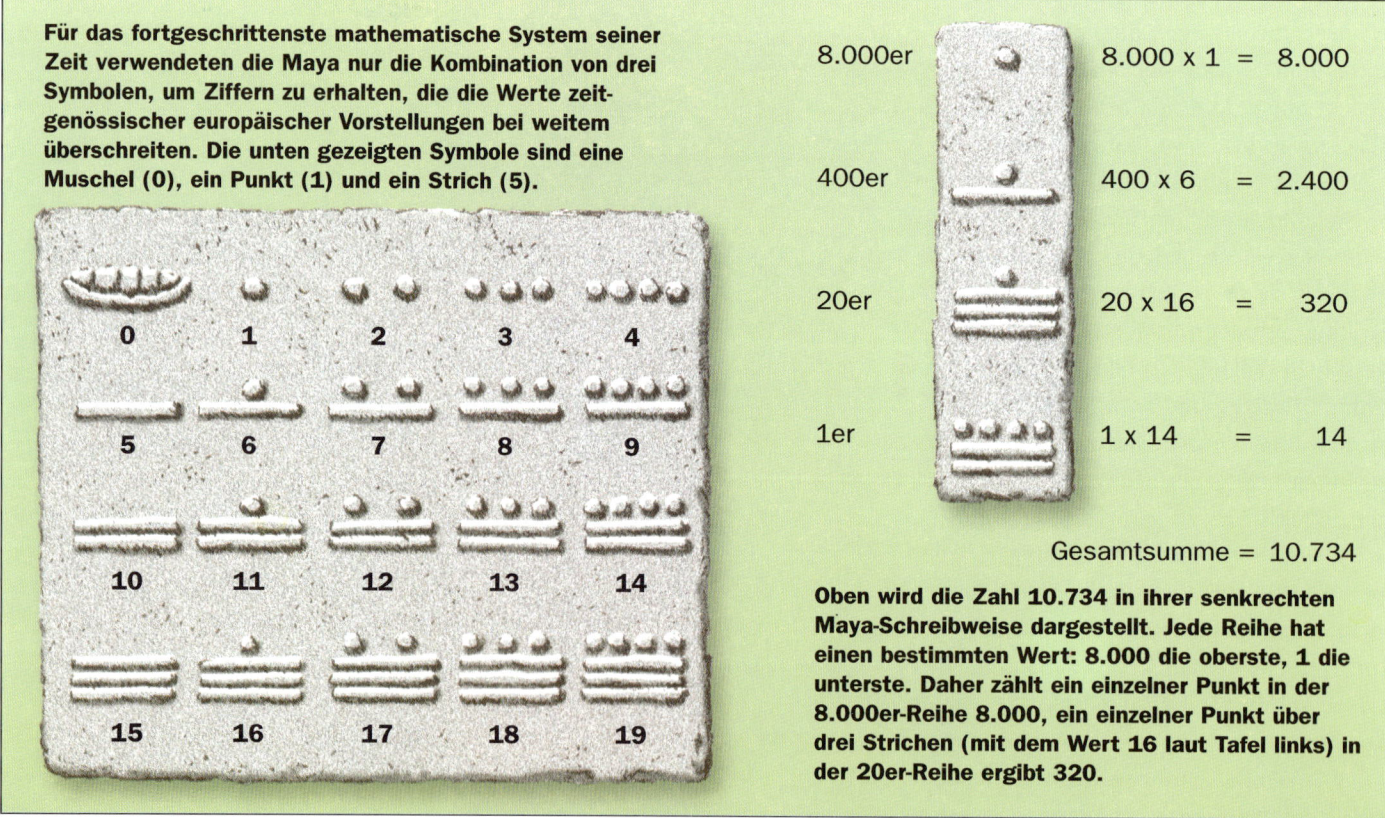

Für das fortgeschrittenste mathematische System seiner Zeit verwendeten die Maya nur die Kombination von drei Symbolen, um Ziffern zu erhalten, die die Werte zeitgenössischer europäischer Vorstellungen bei weitem überschreiten. Die unten gezeigten Symbole sind eine Muschel (0), ein Punkt (1) und ein Strich (5).

0	1	2	3	4
5	6	7	8	9
10	11	12	13	14
15	16	17	18	19

8.000er	8.000 x 1 =	8.000
400er	400 x 6 =	2.400
20er	20 x 16 =	320
1er	1 x 14 =	14

Gesamtsumme = 10.734

Oben wird die Zahl 10.734 in ihrer senkrechten Maya-Schreibweise dargestellt. Jede Reihe hat einen bestimmten Wert: 8.000 die oberste, 1 die unterste. Daher zählt ein einzelner Punkt in der 8.000er-Reihe 8.000, ein einzelner Punkt über drei Strichen (mit dem Wert 16 laut Tafel links) in der 20er-Reihe ergibt 320.

Dezimalpunkt stehen. Zahlen geringeren Wertes stehen rechts davon. Die Maya zählten nicht von links nach rechts, sondern von oben nach unten und ihre Basis war nicht die 10 des Dezimalsystems, sondern die 20.

Erstaunlich für die Maya ist, dass sie die Ersten waren, von denen wir wissen, dass sie eine Null kannten und die Stellenschreibweise verwendeten. In anderen Worten ausgedrückt, nutzten die Maya im Alltag das bis heute weltweit fortschrittlichste und ausgeklügeltste mathematische System, dessen Prinzipien denen der modernen Mathematik gleichen. Seine Einfachheit war die Grundlage seiner

Wirksamkeit und keineswegs ein Anzeichen für Unterentwicklung. Wenn wir uns vor Augen führen, dass dieses System bereits im neo-olmekischen/Mayazentrum Tres Zapotes (Seiten 30–31) Verwendung fand, wird diese Leistung noch erstaunlicher.

Da auch die Händler und Kaufleute sich der Mathematik bedienten, wird angenommen, dass ihr Rechensystem auch von den Kunden der Unterschicht verstanden wurde. Die allgemeine Vermutung, dass der Großteil der Bevölkerung aus dummen Landarbeitern bestand, muss daher überdacht werden. Obwohl sie Bauern waren, waren sie wohl dennoch gebildet.

DER MAYAKALENDER
Zeitmessung und Geschichtsschreibung

Die Maya entwickelten ein Schrift- und Kalendersystem, das für die Neue Welt der Antike einzigartig war. Sie konnten die subtilsten Nuancen sprachlich ausdrücken und die Zeit bis ins Detail genau dokumentieren – vom kürzesten Augenblick der Gegenwart bis in unfassbare Vorzeiten.

Die meisten Inschriften und Daten der Maya handeln jedoch nicht von weltlichen Belangen. Sie hielten bedeutungsvolle Momente in der Geschichte des Adels und dem Leben der Götter fest. Die Tatsache, dass es eine eigene Kaste der Schreiber – die *ah dzib* – gab, erklärt die Bedeutung dieses Systems. Ihr Schutzgott war Itzamna, der Schöpfergott. Ihm standen die Affengötter zur Seite, die ihrerseits Halbbrüder der Heldenhaften Zwillinge waren, die die Herren der Unterwelt Xibalba besiegten.

In vielen der Maya-Schriften geht es um Geburt und Tod, Aufstieg und Fall sowie die Siege der Herrschaftsdynastien. Auch schufen die Schriften soziale Ordnung, indem sie die Führungsfamilien nach ihrem Verwandtschaftsgrad zu den Ahnen reihten. Gleichermaßen

bedeutsam wie die Kaste der Schreiber waren die Priester, deren astronomische Beobachtungen erstaunlich genau waren. Ihre Berechnungen der synodischen Periode der Venus ergaben zum Beispiel 584 Tage, im Vergleich zum modernen Stand von 583,92 Tagen.

Das Leben nach dem Ritualkalender

Die Priester gaben sich jedoch nicht mit der schlichten Dokumentierung der Zeit zufrieden. Jedes Datum im Mayakalender hatte heilige Bedeutung und enthielt Omen für Erfolg oder Niederlage. Tatsächlich führten die Maya viele ihrer Eroberungen an geeigneten Tagen durch, als sie auf die Unterstützung besonders mächtiger Götter zählen konnten.

Die Mayapriester bezogen sich auf zwei ineinander greifende Kalendersysteme. Es gab ein Landwirtschaftsjahr von 365 Tagen und außerdem ein rituelles Jahr von 280 Tagen.

Diese wurden wiederum in Zyklen von 52 Jahren zusammengefasst, was es den Maya ermöglichte, genauestens mehrere Jahrtausende zurückzurechnen. Einige Daten gehen zu grauer Vorzeit zurück, sie beschreiben jedoch die göttlichen Vorfahren der Herrschaftsfamilie und keine tatsächlichen Ereignisse.

In den historischen Aufzeichnungen gibt es Hinweise darauf, dass das Datum der Angelobung eines neuen Führers sorgfältig ausgewählt wurde, um sicherzustellen, dass seine Herrschaft unter dem wohlwollenden Schutz der Götter stand.

Es wird klar, dass die Schrift der Maya sowie die Aktivitäten der Schreiber und Priester eher astrologische als astronomische Bedeutung hatten. Dennoch entwickelten sie eine echte Wissenschaft aus ihren Beobachtungen und Aufzeichnungen über die Zyklen von Sonne und Mond. Auch konnten sie Mondfinsternisse vorhersagen. Dass diese Beobachtungen mit Hunderten von Göttern in Zusammenhang standen, die auf komplexe Weise interagierten, unterstreicht die Leistungen der Schreiber und Priester zusätzlich.

Links: Diese große Skulptur zeigt den Kopf von Itzamna, dem Schöpfergott. Sie wurde in den Ruinen von Copán gefunden. Itzamna war der Schutzpatron der Schreiber.

Links: Datumsglyphen auf einer umgefallenen Stele der Mayaruinen von Yaxchilán.

XIBALBA
Die Heldenhaften Zwillinge in der Unterwelt der Maya

Unten: *Xibalba, der Ort des Todes, war der schreckliche Wohnsitz von teuflischen Göttern und dämonischen Monstern. Die Seelen der Verstorbenen wurden hier geprüft, bevor sie wiedergeboren werden konnten. An allen Mayastätten wird auf Xibalba hingewiesen, wie dieser Schädel aus einer Wand in Chichén Itzá zeigt.*

Die Unterwelt der Maya war ein Furcht erregender, von Dämonen und Todesgöttern bevölkerter Ort. Die Hauptgötter Hun Came (Eins Tod) und Vucub Came (Sieben Tod) regierten dieses Reich, in dem Monster Krankheit und Tod kontrollierten.

Die Heldenhaften Zwillinge Xbalanque und Hunapu waren auserwählt, diese beiden Götter zu schlagen. Sie waren von den Todesgöttern herausgefordert worden, die sich durch den Lärm ihres Ballspieles gestört fühlten. Obwohl ihre Mutter sie aufhalten wollte, stiegen sie vom Ballspielplatz – der den Eingang zu Xibalba darstellte – in die Unterwelt hinab.

Sie überquerten Flüsse aus Eiter und Blut, bis sie zu einer Kreuzung kamen, an der Holzbildnisse der Todesgötter unachtsame Wanderer täuschen sollten. Hunapu jedoch riss sich ein Haar aus seinem Schienbein und formte daraus einen Moskito, der die echten Todesgötter suchte und biss. Sie riefen ihre Namen aus, und Xbalanque und Hunapu konnten sie dadurch überraschen, dass sie sie persönlich ansprachen.

In Xibalba mussten die Zwillinge mehrere Prüfungen im Haus der Düsterheit, dem Haus der Messer, dem Haus der Kälte, dem Haus der Jaguare und dem Haus des Feuers bestehen. Diese Prüfungen überlebten sie, doch als sie ins Haus der Fledermäuse kamen, wurde Hunapu

unachtsam und die Mörderfledermaus
Camazotz schlug seinen Kopf ab.

Auferstehungstricks

Xbalanque ersetzte den Kopf seines Bruders
durch einen Kürbis, der sich auf wundersame
Weise mit dem Körper verband, sodass er hören
und sprechen konnte. Nun stellten sich die
Zwillinge der Herausforderung des Ballspieles.
Die Todesgötter warfen anstatt eines Balles den
Kopf von Hunapu, doch Xbalanque konnte ihn
fangen und seinen Bruder wiederherstellen.

Obwohl die Zwillinge aus dem Spiel als Sieger
hervorgingen, planten die Todesgötter, ihre
Feinde umzubringen. Sie entfachten ein Feuer,

in das hineinzuspringen die Zwillinge
gezwungen waren. Sie mahlten ihre verbrannten
Knochen zu Staub, den sie in den Todesfluss
streuten, welcher durch Xibalba floss. Nach drei
Tagen erstanden die Zwillinge jedoch auf und
kehrten als Bauern, die magische Tricks
beherrschten, zu den Todesgöttern zurück.

Die Todesgötter wiesen die verkleideten
Zwillinge an, einen Hund zu töten und wieder
zu erwecken, was sie auch taten. Dann opferten
sie einen Mann und schließlich köpfte
Xbalanque seinen Bruder, nahm sein Herz heraus
und erweckte ihn wieder zum Leben.

Hun Came und Vucub Came waren von diesen
Darbietungen entzückt und baten die Zwillinge,
sie zu töten und wiederherzustellen. Die
Zwillinge töteten einen von ihnen, erweckten
ihn aber nicht mehr. Daraufhin flehten die
anderen Unterweltgötter um Gnade und verspra-
chen, die Menschheit nie wieder zu belästigen.

Oben: *Die Schädel-
wände der Maya
bestehen oft aus zahl-
reichen Einzelblöcken,
von denen jeder eine
individuelle Reliefie-
rung aufweist. Dieser
Schädelblock kommt
aus Copán, Honduras.*

HANDELSBEZIEHUNGEN DER MAYA
Jade, Harz, Salz und Kakao

Unten: *Schematische Zeichnung der Gesellschaftstruktur der Maya. An der Spitze steht der König oder Herrscher, erkennbar an seinem kunstvollen Kostüm und den Insignien. Unter ihm stehen die Priester, gefolgt von den Adeligen. Die vierte Schicht der Pyramide zeigt die Beamten, wie z. B. Schreiber; unter ihnen stehen die Händler und Bauern.*

Der Handel der Maya bestand aus dem Erwerb und Austausch von Gütern und Rohstoffen und wurde durch die landschaftliche Vielfalt der Mayaregion sowie deren strategisch günstige Lage entlang den Handelsrouten, die Mexiko im Norden mit Zentralamerika im Süden verbinden, begünstigt.

Im Gebiet der Maya fand ein Austausch von Gütern des Hoch- und des Flachlandes statt. Vornehmlich wurden Obsidian, Jade und andere Edelsteine des Hochlandes gegen Regenwaldprodukte der Ebene wie Kopalharz eingetauscht. Dieses Harz war als reinigendes Räuchermittel für die Rituale der Maya gebräuchlich. Die meisten Handelsgüter wurden auf den Rücken langer Kolonnen von Trägern transportiert, da die Maya zwar Räder kannten und Spielzeuge mit Rädern anfertigten, die Umgebung für den Gebrauch von Rädern jedoch ungeeignet war und die Maya keine domestizierten Lasttiere kannten.

Ein Großteil des Handels zog sich entlang der

Die Küste war auch eine wichtige Salzquelle. Yucatán war der größte Salzproduzent Mittelamerikas und die Salzpfannen bei Orten wie Dzemul stammen aus dieser Epoche.

Salz und andere Luxusgüter, vor allem Kakao – der im immer feuchten Boden der versiegten *cenotes* (Quellen) angebaut wurde – aus Santa Lucia und Yucatán vervollständigten den Handel, der sich sonst auf Gebrauchsgegenstände beschränkte. Da die Handelsgüter der Maya ebenso in weit entfernten Regionen gefragt waren, betrieben sie auch Fernhandel.

Gelehrte glauben, dass dieser Fernhandel für die Entstehung der städtischen Zentren der Maya wie El Mirador und Tikal wesentlich war und dass dadurch Elemente anderer Kulturen, etwa die von Teotihuacán, die Maya beeinflussten. Auch gibt es Vermutungen, aber keine

Küste und den Flusssystemen des Inlands, war jedoch nicht minder arbeitsintensiv. Selbst entlang den Flüssen mussten die ausgehöhlten Kanus und ihre Fracht immer wieder getragen werden, wofür zusätzlich viele starke Männer benötigt wurden.

Beweise, dass die Vorherrschaft El Miradors zu Ende ging, als sich die Handelsrouten leicht verschoben und Tikal ins Spiel kam.

Ek Chuah, Schutzpatron der Händler

Der Fernhandel wurde von einer kleinen Gruppe wohlhabender Händler kontrolliert, die unter dem Schutz ihres eigenen Patrons, Ek Chuah (Schwarzer Gott) standen. Die Maya hatten jedoch keine eigene Klasse von Kaufleuten – so wie die *pochteca* der Azteken (Seiten 164–165) – und die meisten Händler waren nur den Herrschern ihres Heimatortes gegenüber verantwortlich. Es ist wahrscheinlich, dass die Händler führende Mitglieder dieser Herrscherelite waren und nicht nur für die Handelsaktivitäten der Mayazentren, sondern auch für diplomatische Kontakte zu Nachbarstädten zuständig waren.

Wenngleich viele Händler die großen Märkte und Stadtzentren außerhalb des Mayareiches sicher kannten, wissen wir nicht, ob regelmäßige Märkte ein Teil ihrer eigenen Kultur waren. In den spanischen Berichten über die Flachlandmaya werden sie nicht erwähnt; es gibt jedoch Andeutungen auf einen „großen und gefeierten" Markt im Hochland von Guatemala.

In Tikal, der bedeutendsten der klassischen Mayastädte, gibt es einen umschlossenen, rechteckigen Platz mit vielen Eingängen, den einige Archäologen als Marktplatz identifiziert haben. Es handelt sich jedoch nur um Vermutungen und dieser Platz hätte auch andere Funktionen haben können.

Dennoch ist wahrscheinlich, dass Märkte an rituell wichtigen Kalendertagen abgehalten wurden, als man in den Stadtzentren eine große Anzahl an Pilgern auf dem Weg zu ihren heiligen Kultstätten erwartete. Hier hätten – im Gegensatz zu den elitären Fernhändlern – lokale Verkäufer gemeinsam mit Künstlern und Bauern, die die Produkte aus den umliegenden *milpas* brachten, ihre Ware angepriesen. Zweifellos gab es auch Imbissstände, fahrende Musikanten, Akrobaten und andere Unterhalter.

Unten: *Eine Mayafrau stillt ihr Kind, während sie auf Touristen wartet, die ihre Waren an der Straße neben dem Atitlánsee in Guatemala kaufen.*

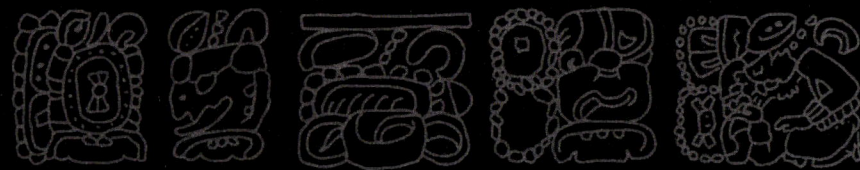

KAPITEL VIER

DIE KLASSISCHEN MAYA
Das plötzliche Ende einer Kultur

Gegenüber: *Türsturz 24, eines der drei Paneele aus Gebäude 23 in Yaxchilán, gilt als ein Meisterstück der Mayakunst. Schild-Jaguar II., der König von Yaxchilán, hält eine brennende Fackel über seine Frau, K'ab'al Xook, während sie ein blutiges Ritual durchführt: Sie zieht eine mit Dornen gespickte Schnur durch ihre Zunge. Um ihren Mund kann man tropfenförmige Gebilde erkennen. Die Glyphen am oberen Rand geben das Datum des Rituals mit 709 n. Chr. an. Andere Glyphen benennen Yaxchilán und K'ab'al Xook.*

Der Einfluss des Nordens auf die Maya endete 534 n. Chr. plötzlich mit dem Zerfall und Verlassen von Teotihuacán. Nach diesem Datum gedieh die Kultur der Maya im Flachland. Hunderte von Pyramiden, Palästen, Straßen und städtische Zentren wurden geschaffen und bereits existierende Stätten ausgebaut. Die Stadtstaaten beheimateten mehrere tausend Menschen, denen Priester und Adelige physischen und spirituellen Schutz boten. Die Kultur der Maya bestand bereits seit 300 v. Chr., doch während der Klassik fand ein in ihrer Geschichte einzigartiges Wachstum statt. Gegen 900 n. Chr. ging die klassische Mayakultur plötzlich unter. Der Grund dafür ist bis heute eines der größten Rätsel Mittelamerikas.

Die klassischen Maya (200-900 n. Chr.) sind die einzige vollalphabetisierte Kultur der Neuen Welt. Während der letzten 30 Jahre fanden Fortschritte im Übersetzen ihrer Hieroglyphen statt, die uns helfen, ihre Geschichte und ihren Glauben zu verstehen. Die Texte erzählen von einer Kultur, die viel Wert auf Rang, Status, Abstammung und Vorrechte legte. Herkunft und königliche Abstammung, die oft bis zu einer Gottheit zurückverfolgt wurden, waren die treibende Kraft hinter den meisten Errungenschaften der klassischen Maya.

Stelen wurden behauen, um die Geburt eines Herrschers festzuhalten sowie seinen Aufstieg auf den Thron und seine Siege über rivalisierende Herrscher. Große Paläste und Tempel wurden Königen geweiht und von ihren Nachfolgern vergrößert und renoviert.

Mit Hieroglyphen behauene Stiegenaufgänge zu Tempeln und Pyramiden erzählen von erfolgreichen Kriegen und anderen bedeutenden Ereignissen im Leben der Herrscher. Ausgedehnter Handel versorgte die Herrscherfamilien mit kostbaren Gegenständen und Stoffen, mit deren Hilfe sie ihren Wohlstand und ihren Rang demonstrierten.

Himmlische Herkunft

Sogar der Kalender wurde benutzt, um die Bedeutung der königlichen Linie aufzuzeigen: Die Geburtstage der Prinzen wurden „angepasst", sodass sie auf günstige Tage fielen, an denen sie unter dem Schutz der Götter standen. Auch Kämpfe gegen Rivalen wurden nur an Tagen ausgetragen, die von den Priestern nach Beobachtung der Bewegungen und Absichten der Sternengötter festgelegt wurden.

Künstlerisch erreichten die Maya beachtliche Fertigkeiten, da die Nachfrage an feinen Kunstwerken, die den Status der Herrscher unterstrichen, sehr groß war. Demnach beschäftigte jede Stadt eine Vielzahl an Künstlern und Handwerkern, die hoch spezialisiert waren und ihren Wohnsitz im Geschäftsviertel der Stadt hatten. Begabte Handwerker wurden oft aus anderen Gemeinden eingeladen, um die Auswahl der für die Führungselite gefertigten Gegenstände zu vergrößern. Die meisten dieser Gegenstände waren dazu bestimmt, den Adeligen bis ins Grab zu folgen, damit diese auch während ihres Aufenthaltes in der Unterwelt nicht auf Luxus verzichten mussten.

Im Gegensatz zum Adel ist über das gewöhnliche Volk erstaunlich wenig bekannt. Sie werden in den vielen Steinbildnissen nicht dargestellt und ihre einfache Bestattung fand wahrscheinlich unter ihren Häusern statt. Es gab eine Vielzahl an Bauern, da die Stadtstaaten durch eine erfolgreiche Landwirtschaft getragen wurden. Auch der Glaube an einen Regen-, Mais- und Fruchtbarkeitsgott weist auf die wesentliche Bedeutung der Landwirtschaft für die riesige Bevölkerung hin.

Die Aufzeichnungen enden nach 900 n. Chr. Keine weiteren Reliefe wurden angefertigt, keine Gebäude errichtet, keine Grabkammern angelegt. Obwohl einige wenige Menschen in den Städten zurückblieben, verschwand die Herrschaftselite. Wohin sie gingen und was mit ihnen passierte, wissen wir nicht.

COPÁN
Aufzeichungen der Maya auf der Hieroglyphentreppe

Oben: *Diese Säule, die eine Figur darstellt, steht vor der Hiero- glyphentreppe in Copán. Die Figuren dahinter, die in gewissen Abständen zueinander auf der Treppe stehen, sind Porträts der ver- schiedenen Herrscher von Copán.*

Copán liegt in einem Tal im Westen von Honduras im Motaguabecken und erstreckte sich ursprünglich über ein Gebiet von etwa 13 mal 3 Kilometern. Nur ein Bruchteil davon besteht heute noch. Das Tal liegt in einem der schönsten Gebiete der Maya und wurde von John Lloyd Stephens 1893 als „Tal der Romantik und des Wunders, das wohl von den Künstlern König Salomons geschaffen wurde" bezeichnet. Es ist berühmt für seine Gebäude aus grünem Vulkangestein statt des sonst üblichen Sandsteins.

Die Stätte wurde zu Beginn des fünften Jahrhunderts n. Chr. von Yax Kuk Mo (Grüner Quetzal-Ara) gegründet; ihr ältestes Monument ist eine Bodenmarkierung in einem Tunnel unter einem Stiegenaufgang, der mit Hieroglyphen reich verziert wurde. Der östliche Rand der Stätte wurde durch den Fluss Copán abgetragen – es entstand eine etwa 30 Meter hohe Wand.

Im Zentrum befindet sich die Akropolis, die aus einem Gebäudekomplex aus Tempeln, Höfen und Terrassen bestand. Viele davon wurden unter der Aufsicht von Waxaklahun Ubah K'awil, Achtzehn Kaninchen, erbaut, der im 13. Jahrhundert in Copán herrschte. Das Stadtzentrum liegt auf einem künstlich angelegten Hügel, der auch Anzeichen früherer Bauaktivität aufweist. Wie viele andere Maya- herrscher war Waxaklahun Ubah K'awil bemüht, auf seine göttliche Abstammung hinzuweisen. Steinbildnisse stellen ihn im Jadekostüm des Maisgottes dar.

Die bedeutendste Sehenswürdigkeit Copáns ist die Hieroglyphentreppe aus dem achten Jahrhundert n. Chr. Ihre 63 Stufen führen auf den Tempel 26 im Nordosten der Akropolis und sind mit 2500 Hieroglyphen verziert, die von den Herrschaftsdynastien erzählen. Es handelt sich um die längste kontinuierliche Auf- zeichnung der Maya, doch viele der Reliefe wurden bei Restaurierungsarbeiten in den 1830ern beschädigt und durcheinander gebracht. Die Balustraden sind mit himmlischen Vogel-Schlangen-Wesen verziert und auf jeder zehnten Stufe sitzt eine Steinfigur.

Zahlreiche Höfe

Nördlich der Treppe befindet sich ein Ball- spielplatz mit steinernen Papageienköpfen auf den Zuschauerbänken. Es ist der besterhaltene Ballspielplatz der klassischen Maya. Die Steinreliefe verleihen ihm das für die Maya typische barocke Aussehen.

Darunter befindet sich ein früherer Platz, in dessen Boden man drei Markierungssteine fand, die Ballspieler darstellen. Unter diesem zweiten Platz liegt ein dritter, der zeitgleich mit der Akropolis errichtet wurde. Auf dem oberen und mittleren Ballspielplatz fand man behauene Altäre und Säulen aus dem siebenten und achten Jahrhundert. Die detailgetreuen

Links: *Diese Ansicht von Copán zeigt die Stätte während Restaurierungsarbeiten in den 1980er Jahren.*

Links unten: *Diese Säule wurde in Copán im Haupthof gefunden und zeigt den 13. Herrscher von Copán, Achtzehn Kaninchen.*

Darstellungen in Hochreliefen sind typisch für die Kunst von Copán.

Im Gegensatz zu anderen Mayastätten blühte Copán in der vorklassischen Epoche und ging während der Klassik unter. Die Stätte wurde 800 n. Chr. verlassen. Davor diente sie als Zeremonienzentrum der südlichen Maya. Spätklassische Funde lassen darauf schließen, dass sie danach wieder besiedelt wurde.

Selbst zu seiner Blütezeit schwankte Copán jedoch zwischen Reichtum und Unglück. Waxaklahun Ubah K'awil wurde am 3. Mai 738 von Kawak Himmel aus der Nachbarstadt Quirigua geköpft. Im folgenden Monat jedoch kam Rauch-Affe an die Macht und stellte die Vormachtstellung Copáns wieder her.

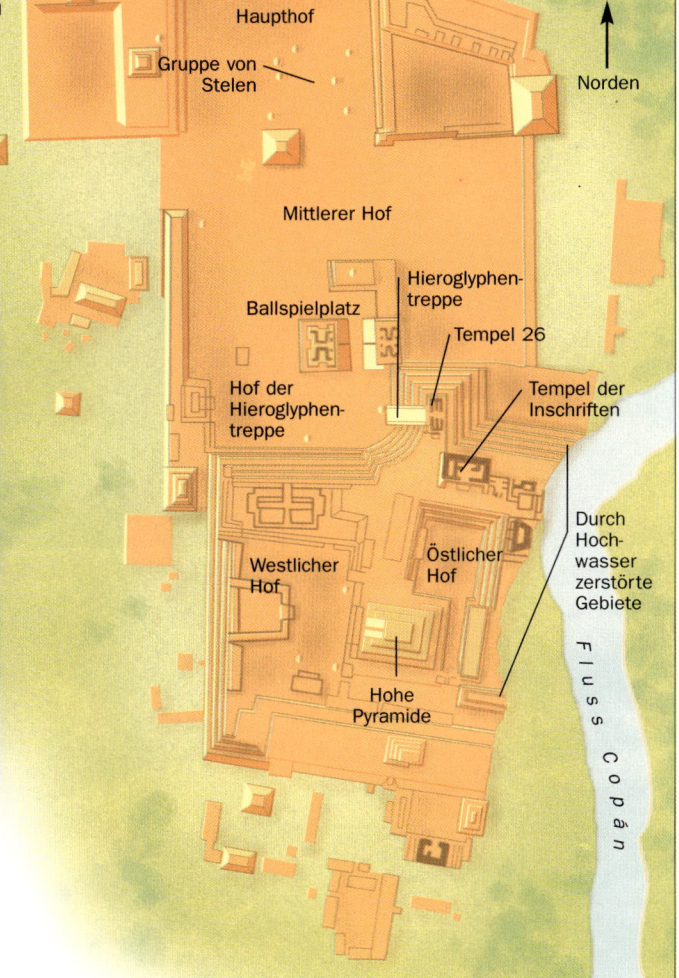

Die Akropolis von Copán

Haupthof

Gruppe von Stelen

Norden

Mittlerer Hof

Hieroglyphentreppe

Ballspielplatz

Tempel 26

Hof der Hieroglyphentreppe

Tempel der Inschriften

Westlicher Hof

Östlicher Hof

Durch Hochwasser zerstörte Gebiete

Hohe Pyramide

Fluss Copán

Catherwood und Stephens

Die Väter der mittelamerikanischen Archäologie

Zwei der bedeutendsten Namen, die mit dem Studium der mittelamerikanischen Geschichte in Zusammenhang gebracht werden, sind John Lloyd Stephens und Frederick Catherwood. Der Amerikaner Stephens traf 1836 den Briten Catherwood in London, der dort sein Panoramagemälde „Jerusalem" ausstellte. Catherwood war Architekt, hatte aber eine Vorliebe für Reisen und Entdeckungen. 1824 war er lange in Ägypten gewesen. Der Anwalt Stephens war noch weiter herumgekommen und hatte in Catherwood einen Gefährten gefunden. 1838 trafen sie einander in New York wieder und schmiedeten Pläne, nach Mittelamerika zu reisen, um die Ruinen der Maya zu erkunden. Zu dieser Zeit waren nur drei Mayapyramiden bekannt: Copán in Honduras, Palenque in Chiapas und Uxmal in Yucatán – und nur wenige Gelehrte zählten sie zur gleichen Kultur.

Im Oktober des folgenden Jahres brachen sie von New York auf, heuerten in Honduras Führer an und gingen nach Copán, das Stephens um 50 $ kaufte, damit die beiden dort ungestört arbeiten konnten. Von Copán aus gingen sie nach Palenque, bevor sie nach New York zurückkehrten und dort ihre Reiseberichte aus Mittelamerika veröffentlichten, die mit Zeichnungen und Holzschnitten von Catherwood illustriert waren.

Zwei Jahre später verließen sie abermals New York, um nach Yucatán zu reisen. Diese Reise wurde zum Meilenstein der Mittelamerikastudien. Catherwood und Stephens verbrachten unter widrigsten Umständen zehn Monate in Yucatán auf der Suche nach Überresten der Mayakultur.

Sie baten Einheimische, sie zu den „Häusern der Alten" zu führen, und stellten sie ein, um den Dschungel begehbar zu machen. Stephens schrieb seine Eindrücke über die Ruinen nieder und ordnete Ausgrabungen an. Er scheint als der Vermittler dieser kleinen Entdeckergruppe agiert zu haben, während Catherwood in Tausenden von Skizzen die Monumente detailgetreu festhielt. Catherwoods Zeichnungen sind so genau, dass man sogar die Inschriften der Maya daraus ablesen kann.

Verhöhnte Pioniere

Als sie zehn Monate später nach New York zurückkehrten, brachten sie Zeichnungen und Beschreibungen von 44 Mayastädten mit sich, von denen nur eine, Uxmal, zuvor bekannt war. Stephens schrieb den Reisebericht „Incidents of

Travel in Yucatán", der mit 85 Zeichnungen von Catherwood illustriert war. Er wurde zum Bestseller und regte das allgemeine Interesse an den Maya an.

Mit gutem Grund werden Catherwood und Stephens als die „Väter der mittelamerikanischen Archäologie" bezeichnet. Sie waren die Ersten, die den vielen großen Städten einen Mayaursprung zuordneten. Auch waren sie die Ersten, die darauf hinwiesen, dass die Städte von den Vorfahren der dort noch immer lebenden Bevölkerung erbaut worden waren.

Als die Reiseberichte aus Yucatán 1843 zum ersten Mal veröffentlicht wurden, gab es noch Akademiker, die meinten, die Einheimischen wären nicht befähigt gewesen, solch großartige Monumente zu errichten. Sie nannten Catherwood und Stephens „Amateure" und taten ihre Theorien als einfallsreiche Fantasien ab. Die Zeit lehrte jedoch, wie Recht die beiden hatten.

Beide Abenteurer fanden ein tragisches Ende: Stephens' letztes Projekt war 1852 die Überwachung des Baues der ersten Eisenbahnlinie in Südamerika über den Isthmus von Panama. Eines Tages fand man ihn bewusstlos neben einem Baum. Man brachte ihn nach New York, wo er am 13. Oktober starb, ohne das Bewusstsein wieder erlangt zu haben.

Zwei Jahre später war Catherwood an Bord der S.S. Arctic auf dem Weg von London nach New York, als das Schiff vor der Küste von Neufundland mit einem zweiten kollidierte. Die Arctic sank sofort und forderte zahlreiche Tote. Die Zeitungen von New York listeten die Namen der Toten und Überlebenden auf. Sie endeten mit dem erschütternden Satz: „Mr Catherwood wird ebenfalls vermisst."

Oben: *Catherwood und Stephens heuerten Arbeiter zur Rodung der Vegetation an, um das Ausmaß der Maya-Stätten erkennen zu können. Dieses Bild zeigt die Arbeiter vor der „Burg" in Tulum, einer Stadt an der Ostküste der Halbinsel Yucatán.*

Gegenüber: *Catherwood und Stephens waren die ersten Entdecker der Mayastätten in Yucatán. Ihre Arbeit in der Mitte des 19. Jahrhunderts inspirierte andere zu genauen Untersuchungen der Maya und etablierte die Mayakultur als Ausdruck der einheimischen mittelamerikanischen Völker. Dieses Bild ist Catherwoods „Pyramide von Kukulcan" (Siehe auch die Fotos auf den Seiten 7 und 134).*

PALENQUE
Ein Traum wird wahr

Oben: *Luftbild von Palenque mit dem Palast im Zentrum und dem Tempel der Inschriften direkt rechts dahinter.*

Gegenüber oben:
Eine Treppe führt im Inneren des Tempels der Inschriften zu einer Grabkammer, die die Überreste von König Pakal beherbergt.

Rechts: *Der Palastkomplex diente als Sitz für alle bekannten Herrscher Palenques.*

Der Mayalegende nach verließ der geheimnisvolle Votan sein Heimatdorf Valum Chivim und reiste den Fluss Usumacinta hinauf, um in den Wäldern der Sierra de Chiapas eine Metropole zu gründen, die über die Ebene von Tabasco und Campeche in der Provinz Yucatán im heutigen Mexiko blickte. Er baute einen großen Zeremonienkomplex als Zentrum der religiösen Aktivitäten der Flachlandmaya von Yucatán.

Votan verwirklichte seinen Traum mit der Gründung dieser Stadt, die von Archäologen als Palenque bezeichnet wird. Es handelt sich um eine spätklassische Stätte mit Tempeln, Pyramiden, Ballspielplätzen und Höfen, deren Hauptgebäude zwischen dem siebenten und dem zehnten Jahrhundert n. Chr. errichtet wurden. Einige Bauten sind jedoch älter. Verstreute Funde innerhalb von Palenque deuten darauf hin, dass die Stätte schon vor der klassischen Epoche bewohnt war. Die Pyramide, die laut Inschrift einer Säule aus dem Jahr 692 n. Chr. stammt, dient als Fundament des Tempels

und wurde auf einer wesentlich älteren, achtstufigen Hügelterrasse erbaut. Die meisten Gebäude dienten der Erinnerung an den großen Chan Balam (Schlangenjaguar) und sind mit Inschriften über seinen Werdegang als Herrscher von Palenque 683 n. Chr. verziert.

Chan Balam identifizierte sich selbst mit dem Jaguargott der Unterwelt. Daher scheint es passend, dass die große Pyramide am Ostrand der Stadt (die für die Maya heiligste Stelle) einen Tempel trägt, der dieser Gottheit geweiht ist. Heute ist nur noch ein Bruchteil der einstmaligen Metropole vorhanden. Es existieren noch mehrere Tempelpyramiden, ein gewölbtes Aquädukt sowie ein Ballspielplatz und die Fundamente verschiedener Gebäude. Der Verwendungszweck mehrerer Gebäudekomplexe mit kleinen Zimmern und Innenhöfen ist unbekannt. Zu den wichtigsten Gebäuden zählen der Tempel des Kreuzes, der Sonnentempel, der Tempel des Blattkreuzes, der Tempel der Inschriften, der Tempel des Grafen und der Große Palast, der vielleicht nicht nur Wohnsitz der Führungselite, sondern auch Sitz des Gerichtes war.

Befreit vom Dschungel
Wie die meisten Stätten der Maya wurde auch Palenque kurz nach 800 n. Chr. aus uns unerklärlichen Gründen verlassen. Obwohl kleinere Pilgergruppen immer wieder

dorthin zurückkehrten, war es kein Zeremonienzentrum mehr und viele der Gebäude wurden vom Dickicht des Dschungels überwuchert. Palenque blieb daher 900 Jahre lang verborgen, bis es 1773 von mexikanischen Indianern entdeckt wurde.

1805 und 1807 wurde es von Kapitän Guillaume Dupaix besucht, 1831 reiste Juan Galindo in diese Stadt. Seither steht Palenque im Mittelpunkt großen archäologischen Interesses und sein Zentrum wurde aus dem Dschungel freigelegt. Einige Bauwerke wurden teilweise restauriert und die Stadt verfügt nun über ihr eigenes Museum mit einer beachtlichen Sammlung von Skulpturen und Töpferarbeiten. Zu den Besonderheiten dieser Sammlung zählen mehrere Räuchergefäße, auf denen der Jaguargott der Unterwelt dargestellt ist. Dieses Vermächtnis von König Chan Balam ist ein schönes Beispiel für die Handwerkskunst der klassischen Mayakünstler.

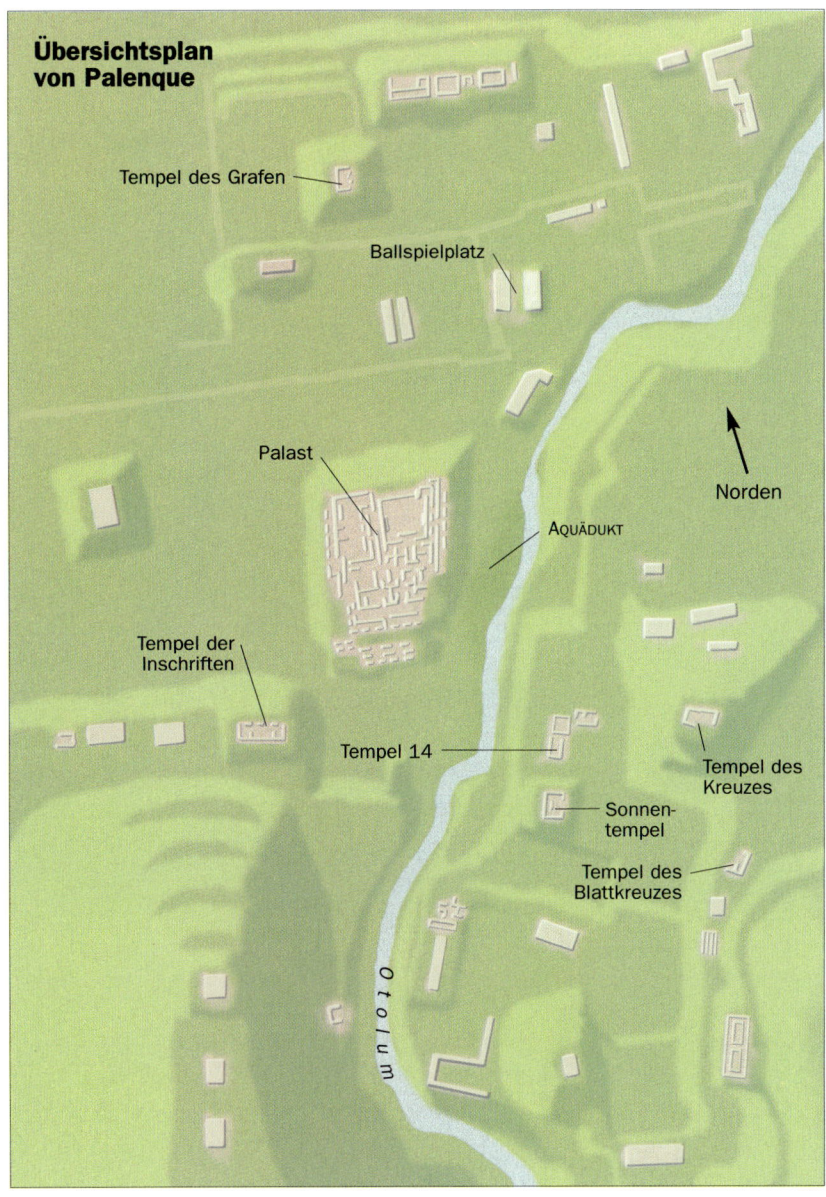

Übersichtsplan von Palenque

Tempel des Grafen

Ballspielplatz

Norden

Palast

ÁQUÄDUKT

Tempel der Inschriften

Tempel 14

Tempel des Kreuzes

Sonnentempel

Tempel des Blattkreuzes

Otolum

KÖNIG PAKAL
Religiöses Zentrum der Mayakultur

Im Jahr 1949 führte der Archäologe Alberto Ruz Untersuchungen in Palenque durch. Er wollte sich während seines Besuches im Tempel der Inschriften niederlassen und ordnete an, den Fußboden von Schmutz und Schutt zu befreien. Zu seiner Überraschung bestand der Boden nicht, wie für die Mayatempel üblich,

drei Jahren wurde dieser Schutt sorgfältig entfernt und 1952 konnte Ruz eine kleine Grabkammer betreten. Einer seiner Arbeiter bemerkte, dass eine Seitenwand der Krypta hohl klang. Ruz schlug ein kleines Loch in diese Wand und leuchtete mit einer Taschenlampe hinein. Er war der erste Mann, der das Grab von König Pakal zu Gesicht bekam, der dort 683 n. Chr. bestattet worden war.

In der Mitte stand ein Sarkophag, in dem sich noch immer Jademasken, Halsketten, Ohrringe und Schmuck-stücke aus Perlmutt befanden.

Stuckreliefe verzierten die Wände und auf dem Boden verstreut lagen Tonscherben und die Skelette von fünf Menschenopfern. Am beeindruckends-ten war der 4 mal 2 Meter große Sarkophagdeckel: Er ist übersät mit Darstellungen von König Pakal, der durch den Kosmos der Maya reist. Abgebildet ist auch ein fantastischer kosmischer Baum, der mit Juwelen, Spiegelchen und Opfergefäßen geschmückt ist. Auf seiner Spitze sitzt ein himmlischer Quetzal. Pakal fällt rücklings durch die Mäuler von Schlangenskeletten in die Unterwelt Xibalba. Dieses Bildnis bringt Pakal mit der Gefiederten Schlange in Zusammenhang, die unter dem Schutz des Jaguargottes aus der Unterwelt emporstieg und zum Schutzpatron der mittelamerikanischen Herrscher und Priester wurde. Die Grabinschriften erzählen von Pakals Laufbahn: Er soll seit seinem 12. Labensjahr in Palenque geherrscht haben, bis er im Alter von 81 Jahren starb. Untersuchungen an dem im Grab gefundenen Skelett ergaben jedoch, dass der Tote ein etwa 40-jähriger Mann war. Skeptische Archäologen und Anthropologen schlossen daher, dass das gefundene Skelett nicht von Pakal stammte; eine genauere Studie der Hieroglyphen ergab jedoch, dass die Daten auf Grund ihrer kosmologischen und spirituellen Bedeutung gewählt worden waren und sich nicht auf das tatsächliche

aus einem soliden Zementblock, sondern aus einer Steinplatte mit eingelassenen Ringen.

Neugierig auf das, was sich darunter befand, ließ er die Platte entfernen. Er erkannte Reste einer Steintreppe, die ins Innere der Pyramide hinabführte, der Weg war allerdings durch Unmengen von Schutt blockiert. Im Laufe von

Links: *Das Grab König Pakals, das tief unter dem Tempel der Inschriften in Palenque versteckt liegt. Der massive steinerne Sarkophagdeckel trägt Reliefe von Pakals Abstieg in und Aufstieg aus der Unterwelt.*

Unten: *Dieses Basrelief von König Pakal wurde mit vielen anderen in seiner Grabkammer entdeckt.*

Geburtsjahr bezogen. Den Inschriften zufolge fiel das Geburtsdatum Pakals mit dem der göttlichen Urmutter zusammen.

Göttliches Recht

Es ist bedeutsam, dass neben den Glyphen der Urmutter auch der Name von Pakals biologischer Mutter, der Königin Zac Kuk, Weißer Ara, die vor ihm in Palenque herrschte, niedergeschrieben wurde. Die ins Grab gemeißelten Daten scheinen Pakals göttliches Herrschaftsrecht zum Ausdruck zu bringen und anzudeuten, dass er von einem der Hauptgötter der Maya abstammte. Auch seine Übernahme

des Thrones fand an einem astrologisch bedeutenden Tag statt und sicherte ihm zukünftigen Reichtum.

Seit ihrer Entdeckung durch Ruz lieferte die Grabkammer von Pakal eine Fülle an Informationen für mittelamerikanische Gelehrte. Im Gegensatz zu fast jedem anderen Mayagrab war es nicht von Räubern geplündert worden, die einen illegalen, jedoch lukrativen Handel mit Mayakunstwerken trieben. Dieses Grab liefert uns einen vollständigen Bericht über Geburt, Aufstieg, Führung und Vergötterung eines Herrschers aus der Weltanschauung der Maya, was bei keiner anderen Fundstätte möglich war.

HEILIGE ARCHITEKTUR
Die Tempel des Kreuzes, des Blattkreuzes und der Sonne

Unten: Der Sonnentempel: Reliefe im pib na *oder Heiligtum zeigen einen Schild mit dem Sonnenjaguar, der, gestützt auf gekreuzte Speere, auf einem mit Jaguar- und Schlangenköpfen verzierten Thron sitzt.*

Im Glauben der Maya war die Welt der Götter mit jener der Menschen untrennbar verbunden und die Architektur der Bauwerke in den zu Ehren der Götter errichteten Zeremonienzentren spiegelt diese Einheit wider. Obwohl dies für die meisten Stätten der Maya gilt, vor allem in der klassischen Periode, ist dies nirgendwo so deutlich erkennbar wie in den von Chan Balam (Schlangenjaguar) errichteten Gebäuden in Palenque.

Am Ostrand der Stadt befindet sich ein Platz, der auf drei Seiten von Stufenpyramiden mit Tempelaufsatz umgeben ist. Es handelt sich um den Tempel des Kreuzes, den Tempel des Blattkreuzes und den Sonnentempel. Diese Tempel sind in ihrer Bauweise sehr ähnlich und bestehen aus einem inneren und einem äußeren, gewölbten Raum mit Mansardendach – vierseitig und doppelwinkelig, der obere Winkel ist spitzer als der untere. An der hinteren Wand des Innenraumes befindet sich in jedem Tempel ein Altar in der Form einer Miniaturnachbildung des Tempels selbst. Mit Flachreliefen verzierte Tafeln tragen lange hieroglyphische Inschriften.

Aus Übersetzungen dieser Inschriften geht hervor, dass die Tempel 683 n. Chr. dem Herrscher Chan Balam geweiht wurden. Reliefe im Inneren und Äußeren der Tempel stellten ihn als 6-jährigen Knaben dar sowie als erwachsenen Mann von 49 Jahren. Auch bringen ihn die Inschriften in Zusammenhang mit Vucub Caquix (Großer Quetzal-Ara), dem Jaguargott der Unterwelt Xibalba, und einem Gott, der heute nur als Gott L (Schutzpatron der Krieger und Händler) bekannt ist.

Die heiligen Richtungen

Die Inschriften erklären jedoch eher die Ausrichtung der Tempel als die Verbindung der Herrscherelite zu den Göttern. Der Nordtempel – der Kreuztempel – ist etwas höher erbaut als die anderen und erzählt die Geschichte der Palenque-Dynastie und des Weltenbaumes. Der Tempel des Blattkreuzes im Osten beschreibt den Berg der Nahrung und den Maisbaum, während der westliche Sonnentempel Inschriften über Kriege und den Jaguargott trägt.

Diese Anordnung sowie die detailgetreuen Tempelreliefe stimmen mit der Vorstellung der Maya von der Struktur des Universums überein: Der erhöhte Nordtempel steht für die Bedeutung des Nordens in der Kosmologie der Maya. Daher ist es angemessen, dass er vom Weltenbaum, dem *axis mundi*, erzählt. Der Tempel des Blattkreuzes liegt im Osten, der Richtung der aufgehenden Sonne; während der Sonnentempel im Westen die untergehende Sonne markiert, die im Glauben der Maya für Krieg, Tod und Blutopfer stand.

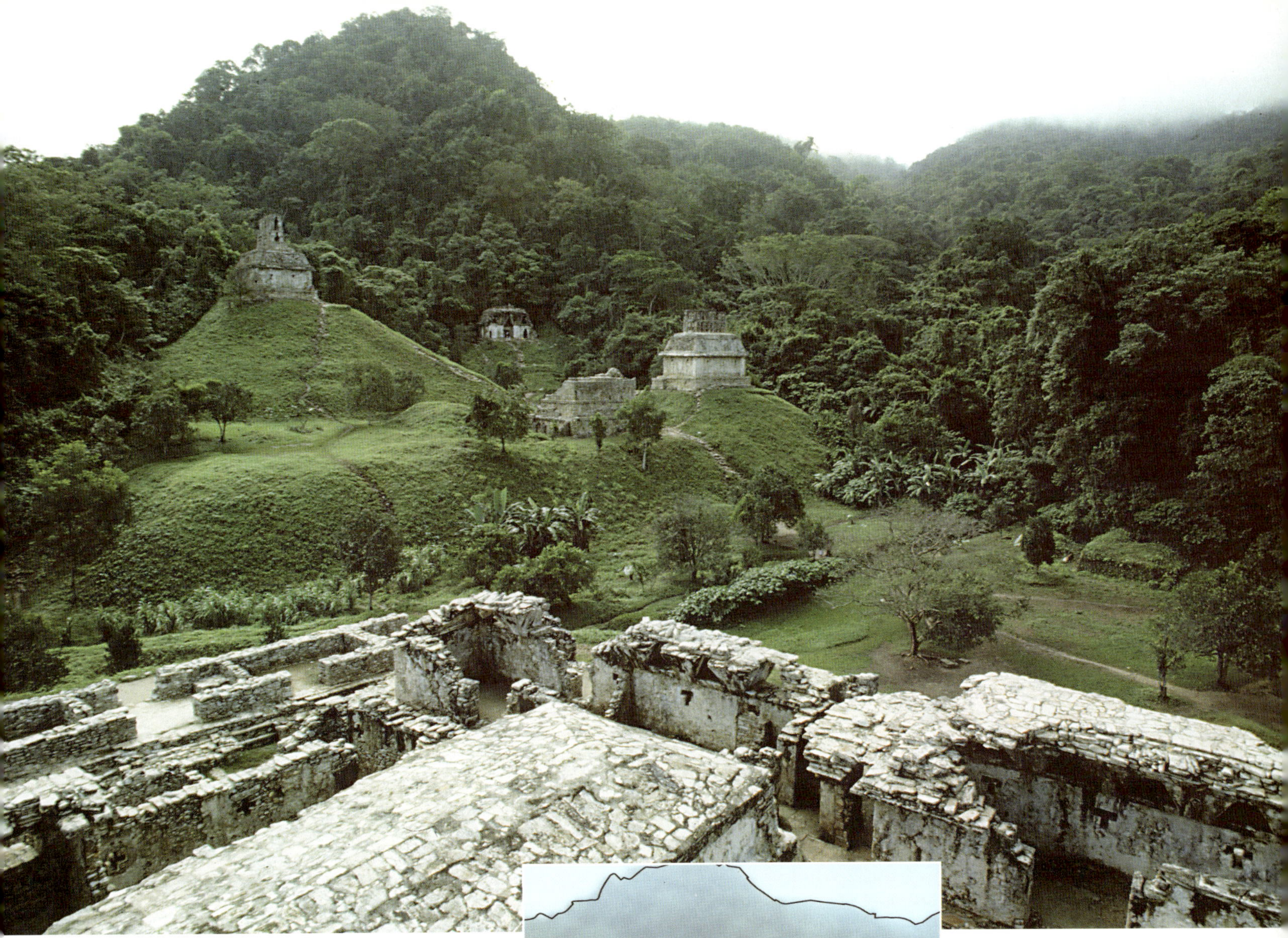

Obwohl diese Tempel oft als die „Triade von Palenque“ bezeichnet werden, ist auch die vierte, offene Seite des Platzes von Bedeutung. Sie zeigt in die Richtung der Leere und symbolisiert Mitternacht, eine Zeit, in der die Sonne in der Unterwelt Xibalba weilt. Die drei Tempel und die offene Seite spiegeln daher die vier heiligen Richtungen im Weltbild der Maya genau wider.

Zusätzlich zu diesen Grundbedeutungen wurde das Altarheiligtum im Inneren der Tempel von den Maya *pib na* genannt, was so viel bedeutet wie „Schwitzbad“. Mayapriester nutzten ein Schwitzbad zur rituellen Reinigung, daher ist diese Bezeichnung für die Altäre passend.

Schwitzbäder waren auch für die Rituale direkt vor und nach der Säuglingsgeburt wichtig, das *pib na* im Tempel ist also auch ein Symbol für die Geburt jenes Gottes, dem der Tempel geweiht war.

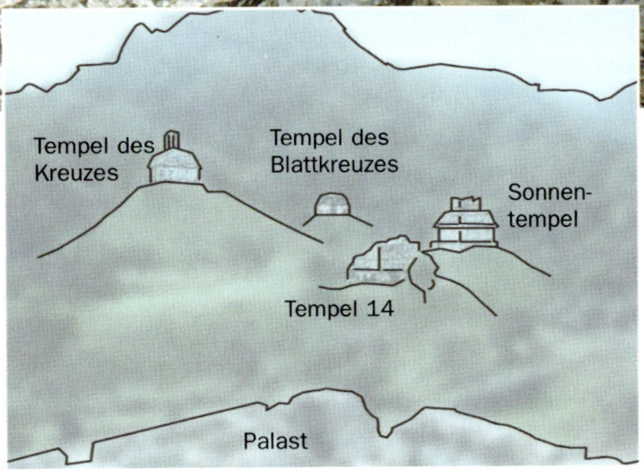

Tempel des Kreuzes
Tempel des Blattkreuzes
Sonnentempel
Tempel 14
Palast

Oben: *Betrachtet man den östlichen Tempelkomplex vom Palast aus, werden die künstlich angelegten Terrassen deutlich erkennbar.*

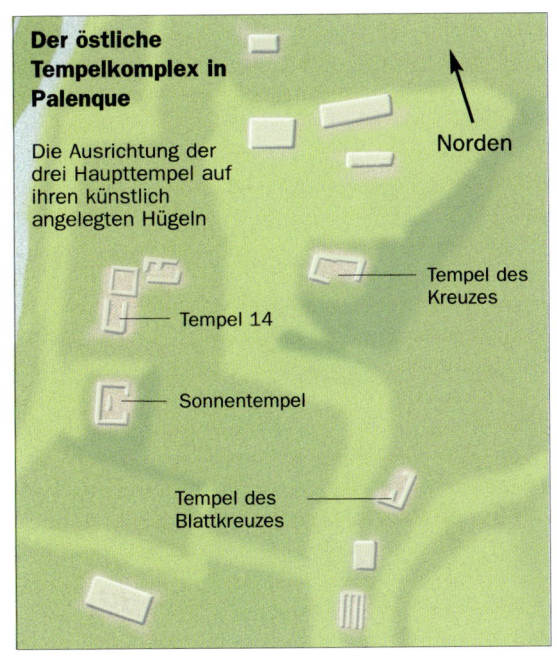

Der östliche Tempelkomplex in Palenque

Die Ausrichtung der drei Haupttempel auf ihren künstlich angelegten Hügeln

Norden
Tempel des Kreuzes
Tempel 14
Sonnentempel
Tempel des Blattkreuzes

JAGUARTHRONE
Der Abstieg in die Unterwelt

Oben: *Die Besucher von Chichén Itzá, die trotz extremer Hitze und Luftfeuchtigkeit (und Klaustrophobie auslösender Enge) die Stufen in der Pyramide von Kukulcan erklimmen, werden mit dem Anblick dieses Jaguarthrons belohnt. Er ruht auf der Spitze einer früheren, niedrigeren Pyramide, die überbaut wurde.*

Kukulcan (Quetzalcoatl), die Gefiederte Schlange und Schöpfer der Menschheit, steigt durch die Kiefer des Jaguargottes in die Welt hinauf und am Ende jedes Tages steigt K'inich Ahau, der Sonnengesichtige Herr, in die Unterwelt hinab. In Gestalt eines Jaguars unternimmt er die Reise durch die Nacht.

Der Mayalegende nach wurden der Jaguar als Herr der Erde und Wächter der Unterwelt sowie der Adler, der Herr der Lüfte, wegen ihrer herausragenden Tapferkeit auserwählt. Zunächst mussten sie ins heilige Feuer springen, aus dem die Sonne geboren worden war. Daraufhin trugen sie in ihrem Fell und Federkleid die Zeichen des Mutes. Um den Jaguar zu ehren,

trugen die Götter ihm auch die Wache über die Priesterherrscher der Maya auf. Sowohl Jaguar als auch Adler wurden mit den Heldenhaften Zwillingen Hunapa und Xbalanque in Verbindung gebracht. Hunapa, die Sonne, wurde zum Symbol des Lebens und der himmlischen Kraft. Xbalanque, der Morgen- und Abendstern (Venus), war Gott der Unterwelt und wachte über Tod und Auferstehung. Außerdem repräsentieren sie die göttliche Dualität des Himmels und der Erde und als solche die beiden Aspekte, die allem Glauben der Maya zu Grunde liegen.

Die Priesterherrscher als irdische Inkarnation der Götter, durch die die Gebete der Menschen erhört wurden, sahen sich selbst als mit dem Planeten Venus verbunden an – in seiner Gestalt als Morgen- und Abendstern – sowie mit dem Jaguar, der irdischen Gestalt Xbalanques. Als Jaguarpriester konnten sie mit Xbalanques Zwillingsbruder Hunapa kommunizieren, um die Wünsche der Menschen mit den Ansprüchen der Götter in Einklang zu bringen.

Dennoch galt der Jaguar als Hüter der Unterwelt und Wächter über Tod und Auferstehung, was für die Priester von größtem Interesse war. Für sie entsprang alles Leben dem Tod: Die Maispflanze wächst, gedeiht und stirbt, um neu ausgesät zu werden und neues Leben zu bringen. Ähnlich steigt die Sonne am Abend nach Xibalba hinab, um am nächsten Morgen wiedergeboren zu werden.

Schutz des Jaguars

Der Übergang vom Leben zum Tod und zur Wiedergeburt ist jedoch gefährlich und bedarf besonderen Schutzes. Wegen seiner Tapferkeit wurde diese Rolle dem Jaguar zugewiesen. Die Priester sorgten für die genaue Ausführung der Rituale, Bußen und Opfer, die jedem gläubigen Beteiligten Heil bringen sollten. Die Priester stellten die Reise von Xbalanque und Hunapa in die Unterwelt nach, aus der sie wieder auferstanden waren. Diese Zeremonien standen unter der Führung und dem Schutz des Jaguargottes. In Tikal gibt es einen geschnitzten Türsturz, der den Herrscher von Tikal, Ah Cacau, auf seinem Thron sitzend vor einem riesigen Jaguar darstellt.

Die vielleicht aussagekräftigste Verbindung zwischen den Priestern und dem Jaguar als Wächter der Unterwelt findet man in Chichén Itzá. Tief unter einer der zu vortoltekischen Zeiten errichteten Pyramiden befindet sich eine kleine Kammer, in der ein gemeißelter, bemalter Jaguarthron steht. Seine Bestattung in der Tiefe ist sicher symbolträchtig für die Unterwelt. Bis andere Throne dieser Art gefunden werden, können über seine genaue Bedeutung jedoch nur Vermutungen angestellt werden. Vielleicht

Unten: Der Jaguargott forderte Menschenopfer, um seinen Appetit auf Seelen zu stillen und um seinen Schutz des Eingangs zur Unterwelt zu sichern. Dieses Basrelief zeigt einen Jaguar, der ein menschliches Herz verspeist.

zogen sich die Priester dorthin zurück, um mit den Herrschern der Unterwelt in Verbindung zu treten oder um den Jaguargott bei Gefahr um Unterstützung zu bitten.

UXMAL
Nonnenkloster und Pyramide des Wahrsagers

Unten: *Die Pyramide des Magiers, der Adivino, beherrscht das Zentrum von Uxmal. Sie besteht aus einer hohen, runden Terrasse, die zwei Tempel trägt. Der untere zeigt eine riesige Monstermaske, deren Mund den Eingang formt, den man über die hier abgebildeten steilen westlichen Stufen erreicht. Zum oberen Tempel führt eine andere Treppe an der Ostseite der Plattform.*

Die Puuc, eine Hügelkette in Südwest-yucatán, war Schauplatz der spät-klassischen Mayaarchitektur. Die Gebäude im Puuc-Stil bestanden aus einer Mischung aus Zement und Bruchsteinen und waren mit einer dünnen Schicht aus fein verziertem Kalkstein überzogen. Der Großteil der äußeren Fassaden besteht aus zwei unterschiedlichen waagrechten Strukturen: Der obere Teil ist reihenweise mit Säulen und freskenförmigen Reliefen verziert, die vernetzte Muster, menschliche Gestalten, himmlische Schlangen und Gesichtsmasken des Langnasigen Regengottes darstellen.

Die größte und atemberaubendste Puuc-Stadt ist Uxmal, die ihre Blütezeit zwischen dem siebenten und dem elften Jahrhundert erlebte.

Uxmal ist berühmt für zwei herausragende Pyramiden: die Große Pyramide und die Pyramide des Magiers.

Heute ist die Große Pyramide eine Ruine, die Pyramide des Magiers jedoch ist gut erhalten. Sie hat einen elliptischen Grundriss und ihr Tempelaufsatz ist durch ein Tor in Form einer Monstermaske zugänglich. Dieser Torbogen unterstreicht ihre heilige Bedeutung und bringt sie mit den Göttern der Maya in Verbindung.

An die Pyramide des Magiers grenzt das von den Spaniern so getaufte Nonnengeviert. Dieser riesige Komplex besteht aus vier lang gezo-genen Gebäuden um einen trapezförmigen Innenhof. Einzigartig für das Nonnengeviert sind seine Steinfriese von zauberhafter Schönheit. Genauere Untersuchungen ergaben, dass die Anordnung der Gebäude kosmo-logische Bedeutung hatte.

Links: *Einer der Flügel des Nonnengevierts, das um einen etwa 76 mal 60 Meter großen Hof gebaut wurde. Die Fassaden dieser Gebäude spiegeln den Stil der Puuc-Maya.*

Mexikanischer Einfluss

Die nördliche Gruppe ist höher angelegt als die anderen und verfügt über 13 äußere Eingänge, die die 13 Ebenen des Mayahimmels widerspiegeln. Auch schlangenförmige Ornamente stellen einen Bezug zur Himmelssphäre dar. Das Westgebäude hat sieben Eingänge – die mystische Zahl der Erde – und beschreibt den Erdgott in Form einer Schildkröte, während das Ostgebäude Reliefe trägt, die es mit den Kriegsgöttern von Teotihuacán in Zusammenhang bringen. Das Südgebäude liegt tiefer als die anderen und weist neun Eingänge auf, die die neun Schichten der Unterwelt symbolisieren.

Unter der Großen Pyramide befindet sich auf einer künstlich angelegten Terrasse der Regierungspalast, der sich durch wunderschöne Reliefe im Puuc-Stil auszeichnet. Der Regierungspalast wirkt wie ein lang gezogenes, flaches Gebäude, tatsächlich besteht er aber aus drei Einheiten, die durch ein fantastisches Bodenmosaik miteinander verbunden sind.

Uxmal könnte ein politisches und zeremonielles Zentrum für die umliegenden Gemeinden gewesen sein, da eine fast 18 Kilometer lange Straße die Stadt mit kleineren Orten wie Nohpat und K'abah verbindet. Unglücklicherweise gibt es in Uxmal nur wenige Inschriftensäulen und keine Wandmalereien, die uns Aufschluss über seine Beziehung zu anderen Städten geben könnten.

In späterer Zeit wurde Uxmal von der Familiendynastie Xiu regiert. Obwohl die Familie Xiu Ahnenrechte in Uxmal beanspruchte und sich als Stadteigentümer bezeichnete, konnte sie nicht der Gründer gewesen sein: Die Xiu waren mexikanischen Ursprungs und stammten nicht aus Yucatán.

Ihre Herrschaft verlieh Uxmal dennoch ein kosmopolitisches Flair. Zu ihrer Blütezeit beheimatete das Stadtzentrum von 3,8 km² 20.000 Menschen, in der ländlichen Umgebung lebten noch viele Tausende mehr.

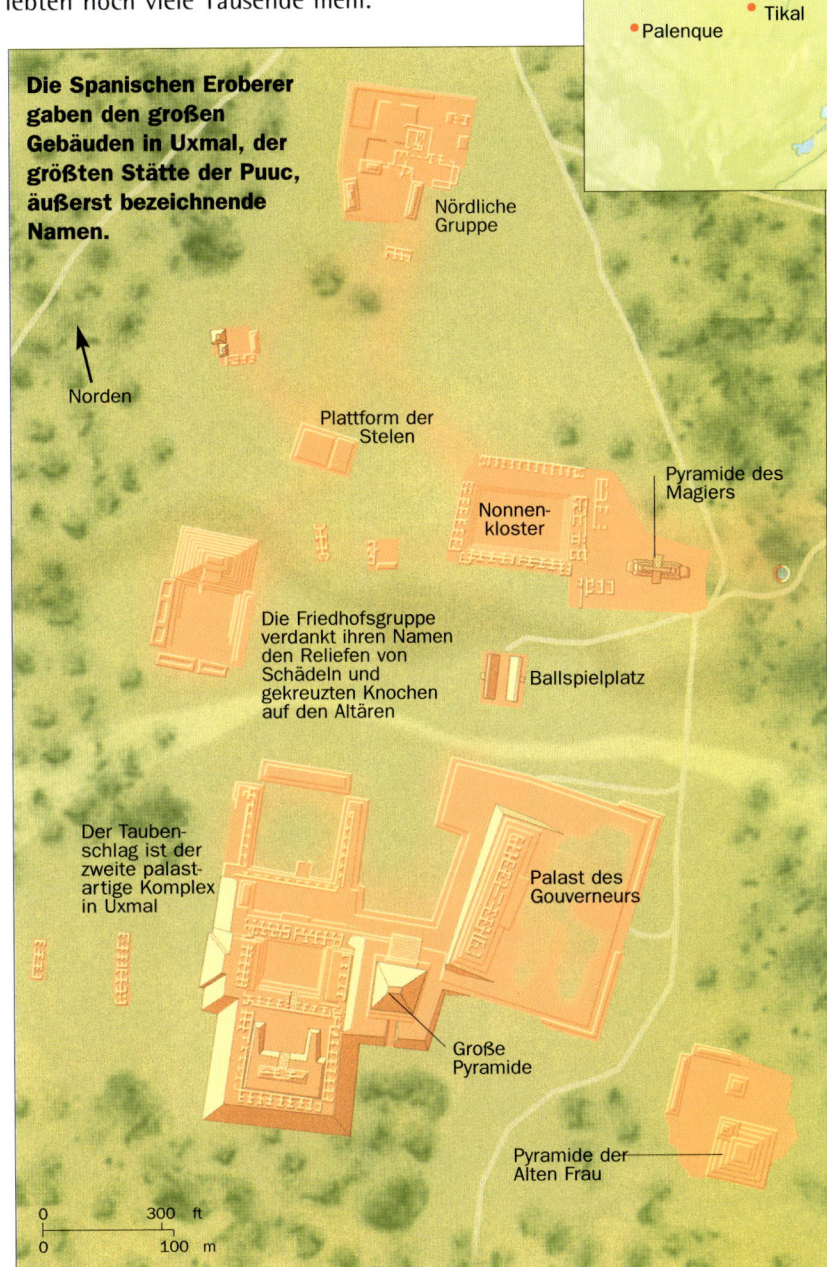

GOLF VON MEXIKO

Chichén Itzá

Puuc

Uxmal

Bucht von Campeche

HALBINSEL YUCATÁN

KARIBISCHES MEER

Palenque

Tikal

Die Spanischen Eroberer gaben den großen Gebäuden in Uxmal, der größten Stätte der Puuc, äußerst bezeichnende Namen.

Nördliche Gruppe

Norden

Plattform der Stelen

Pyramide des Magiers

Nonnenkloster

Die Friedhofsgruppe verdankt ihren Namen den Reliefen von Schädeln und gekreuzten Knochen auf den Altären

Ballspielplatz

Der Taubenschlag ist der zweite palastartige Komplex in Uxmal

Palast des Gouverneurs

Große Pyramide

Pyramide der Alten Frau

0   300 ft
0   100 m

DIE MAUERN VON BONAMPAK
Eine Geschichte von Krieg und Feierlichkeiten

Im Februar 1946 führten Mayaindianer zwei amerikanische Abenteurer zu einer entlegenen Ruine bei Usumacinta. Diese Stätte war zu frühklassischer Zeit von Bedeutung gewesen, später aber unter die politische Kontrolle von Yaxchilán geraten. Im Mai 1946 gelangte der Fotograf Giles Healey an denselben Ort und wurde zum ersten Weißen, der die atem-beraubenden Wandmalereien eines Gebäudes in Bonampak zu Gesicht bekam.

Diese Wandmalereien erzählen die Geschichte einer Schlacht, der Gefangennahme des gegnerischen Herrschers sowie dessen Opferung während der Siegeszeremonie in Bonampak. Die Malereien geben Aufschluss über die Sitten und Gebräuche der Maya. Wir sehen die Elitesoldaten von Bonampak in ihren Uniformen, wie sie ermutigt durch Musiker, die in ihre langen hölzernen Kriegshörner blasen, in die Schlacht ziehen.

Ihr Erfolg ist in einer Malerei verewigt, in der den Besiegten die Nägel aus den Fingern gezogen werden. Ein scheinbar hochrangiger Gefangener wurde bis zur Erschöpfung gefoltert und kauert auf den Stufen einer Pyramide. Der abgetrennte Kopf eines Adeligen liegt in Blätter eingebettet daneben.

In der Mitte dieser Wandmalerei, umgeben von seinen hochrangigsten Offizieren, befindet sich der große König von Bonampak, Chan

GOLF VON
MEXIKO

Chichén Itzá •
• Uxmal

Cozumel

HALBINSEL
YUCATÁN

Bucht von
Campeche

KARIBISCHES MEER

PETÉN
• Tikal

Palenque •

• Yaxchilán
Bonampak

• Copán

Muwan, der in sein Kriegsgewand aus Jaguarfell
gekleidet ist. Er stellt eine Autoritätsfigur dar,
die offensichtlich von seiner Gefolgschaft
bewundert wird. Unter seinen Zuhörern
befindet sich seine Hauptfrau wie auch eine
Gruppe von als Wassergötter verkleideten
Tänzern aus Yaxchilán. Sie werden von einem
Orchester aus Rasseln, Trommeln, Schildkröten-
panzern und Trompeten begleitet.

Kriegerische Maya

Die Schlussszene des Wandgemäldes bildet der
große Opfertanz. Mayafrauen in weißen
Gewändern sitzen auf Thronen; sie opfern Blut
aus ihren Zungen, um die Götter zu ehren, die
Bonampak diesen ruhmreichen Moment
bescherten. Andere tanzen zur Musik der
Trompeten, die von den Herrschern von
Bonampak – geschmückt mit pompösem
Kopfschmuck aus Quetzalfedern – gespielt
werden. Vor der Entdeckung der Wandmalereien
von Bonampak wurde angenommen, dass die
einzelnen Mayastämme friedlich nebeneinander
lebten. Die Gelehrten hatten ihre kriegerischen
Züge übersehen oder nicht beachtet und sich
eher auf die guten Handelsbeziehungen
zwischen den großen Zentren gestützt.

Die bemalten Wände erzählen eine andere
Geschichte: eine Geschichte von Krieg, Rivalität
und Eroberung, die die Maya unter einem
neuen, anderen Licht erscheinen lässt. Es wird
deutlich, dass die Herrscher ständig auf der Hut
sein mussten und versuchten, durch die Unterjochung rivalisierender Nachbarn ihre eigene
Vormachtstellung zu sichern. Durch die
Gefangennahme und rituelle Opferung feindlicher Anführer stärkten sie ihre eigene Position.

Obwohl die Wandmalereien die Herrscherfamilien von Bonampak verherrlichen, steht
fest, dass sie sich gegen die Führungselite von
Yaxchilán nicht zur Wehr setzen konnten.
Vogeljaguar wurde von K'inich Tatb'u Skull 1.,
dem König von Yaxchilán, gefangen
genommen; sein Nachfolger K'inich Tatb'u
Skull ll. war äußerst erfolgreich im Krieg gegen
Bonampak, Lakamtuun und Calakmul.

Bonampaks Tage als Trabant von Yaxchilán
waren gezählt. Noch bevor die Wandmalereien
fertig gestellt worden waren, wurde die Stadt
während der spätklassischen Epoche verlassen.

Oben: *Diese Wand in
Bonampak zeigt adelige
Maya. Sie haben den
Vorsitz über Rituale, in
denen der königliche
Nachfolger des Herr-
schers Chan Muwan
dem versammelten Hof
vorgestellt wird.*

DER REGENGOTT CHAC
Die vielen Gesichter einer beständigen Gottheit

Der gewöhnliche Mayabauer sorgte sich hauptsächlich um das richtige Maß an Regen, da ein Mangel, aber auch ein Überschuss an Regenwasser sich katastrophal auf die Landwirtschaft auswirkte. Obwohl bei öffentlichen Zeremonien um eine gute Ernte gebetet wurde, hatten die Bauern ihre eigenen, kleinen Rituale, um den Regengott Chac zufrieden zu stellen. Die Wichtigkeit von Chac geht aus der Tatsache hervor, dass er zumindest seit den späten Olmeken in der gesamten Mayawelt verehrt wurde. Als Langlippigen Gott findet man ihn in Izapa noch heute. Selbst nach der Einführung neuer Gottheiten – wie in Tikal durch die Teotihuakaner oder in Chichén Itzá durch die Tolteken – büßte Chac nicht an Bedeutung ein. Gelegentlich schien er auch als Gegenspieler des fremden Regengottes Tlaloc auf, aber meist blieb seine Erscheinungsform der Maya erhalten. Da Chac und seine Wohlgesinntheit für die Bevölkerung besonders wichtig war, wurde er stärker verehrt als jeder

Links: *Eine Säule von drei Chacs verziert die Ecke dieses Gebäudes in Xlapac auf der Halbinsel Yucatán. Im Profil ist die gebogene Schnauze des Gottes leicht erkennbar, die typisch für die Mayaabbildungen in Yucatán ist.*

andere Gott der Maya. Auch hatte er den Vorsitz über diverse Zeremonien, die andere Götter ehrten. Chac ist einer der wenigen antiken Mayagötter, die die Eroberung durch die Spanier überlebten.

In verschiedenen Kodizes und Tempelornamenten wird Chac als Reptil dargestellt. Er hat eine charakteristische, unverkennbare Schnauze und lange, gebogene Fangzähne, die an den Seiten des sonst zahnlosen Mundes hinabwachsen. Sein Haar ist stets verknotet. Meist wird er von Schlangen begleitet und in Verbindung mit Glyphen für das Wetter und Symbolen für die vier Himmelsrichtungen dargestellt.

Trotz seiner abschreckenden Darstellung ist Chac ein wohlwollender Gott, der mit der Schöpfung und dem Leben in Verbindung gebracht wird. Wird er allerdings erzürnt, so schlägt er mit seiner Steinaxt zu und erzeugt gewaltige Blitze, um über die Menschheit zu richten.

Ein vielseitiger Gott

Obwohl man von Chac gewöhnlich in der Einzahl spricht, besteht er aus verschiedenen Anteilen. Seine vier Aspekte beziehen sich auf die vier Himmelsrichtungen: Im Osten regiert Chac Xib Chac, der Rote Chac, im Norden Sac Xib Chac, der Weiße Chac. Der Westen ist die Heimat von Ek Xib Chac, dem Schwarzen Chac, und im Süden lebt Kan Xib Chac, der Gelbe Chac.

Zusätzlich zu seiner Bedeutung als Regengott wird Chac Xib Chac mit der Venus in ihrer Bedeutung als Abendstern assoziiert und steht für die Herrschaft. Jeder Chac wird außerdem mit einem der Vier Bacabs (Winde) assoziiert, die je ein Viertel des 260-tägigen Ritenkalenders kontrollieren und die entsprechende Farbe haben: Chac ist der Rote Bacab des Ostens, Sac der Weiße Bacab des Nordens, Ed ist der Schwarze Bacab des Westens und Kan der Gelbe Bacab des Südens.

Das große, jährliche Frühlingsfest zu Ehren von Chac war Ocna (Betreten des Hauses). Es war das Fest der Entstehung und Erneuerung, an dem die Chac geweihten Tempel renoviert

und ihre Inschriften und Räucherhalterungen erneuert wurden. Priester befragten die Vier Bacabs in ihrer Gestalt als Vier Balam (Himmelträger), um einen für das Fest geeigneten Tag zu bestimmen.

Auch während des Märzfestes für Itzamna wurden die Chacs geehrt. Itzamna war der Schöpfer des Universums und Schutzherr der Königsfamilien der Maya. Seine Namensglyphe bedeutet „König", „Monarch" oder „Großer Herrscher". Sein Ehrenfest stärkt auch die Bedeutung der ihm nahe stehenden Chacs.

Oben: *Obwohl diese Statue als toltekische Mayadarstellung von Chac beschrieben wird, stellt sie vielleicht einen Priester dar, der eine Chac-Maske oder einen -Helm trägt.*

JAINA
Der Inselfriedhof

Unten: *Die Figuren der Nekropolis auf der Insel Jaina geben uns einen Einblick in das gewöhnliche Leben und die Kleidung der Maya. Am Ohrschmuck, der Halskette und dem Schultertuch der Weberin erkennt man sie als wohlhabendes Mitglied der Gesellschaft der Campeche-Maya.*

Jaina ist eine kleine Kalksteininsel vor der Küste von Campeche, die bei Flut durch einen Meeresarm vom Festland getrennt ist. Es gibt dort nur wenige, hastig errichtete Tempel, die über das Leben der Maya kaum Aufschluss geben und von Archäologen weitgehend außer Acht gelassen wurden. Für die Puuc-Maya war der Ort jedoch als Begräbnisstätte für ihre Herrscher und Adeligen von großer Bedeutung.

Ganz Jaina ist eine Nekropolis, es ist jedoch unklar, weshalb die Puuc-Maya die Insel als Friedhof auswählten. Archäologen wandten sich diesem Ort erst kürzlich zu, da sie sich zuvor mit den reichhaltigen Funden der Begräbnisstätten des Festlandes zufrieden gegeben hatten. Kriminelle kennen den Ort allerdings schon lange. Die meisten Gräber wurden ausgeraubt und entweiht, ihre Inhalte am Schwarzmarkt verkauft – Jaina liegt nahe am Festland, wo es für Mayafunde einen gewinnbringenden Markt

gibt. Jaina steht heute unter Schutz –
mexikanische Kanonenboote wehren
Eindringlinge ab – und Archäologen haben
begonnen seine Geheimnisse zu lüften.
Ausgrabungen brachten zahlreiche Figürchen
ans Licht, die wohl Porträts der Toten waren.
Sie zeigen wirkliche Menschen: überhebliche
Adelige, stolze Krieger, schöne, junge Frauen
und fette Matronen. Sie lassen erahnen, wie das
Leben der Maya ausgesehen haben könnte.

Fast alle dieser Figuren sind hohl und am
Rücken mit Flöten versehen. Warum die Maya
ihre Toten mit Flöten in Verbindung brachten,
ist Spekulationssache. Vielleicht symbolisieren
sie den Ruf der Eule, der Verkünderin des
Todes. Möglicherweise verbanden die Figuren
die Verstorbenen mit der Unterwelt.

Beständiges Mayablau

Vielleicht stellten die Figuren aber auch eine
Verbindung zu den Göttern dar. Die Figur einer
weiblichen Gestalt, die einen erwachsenen
Mann hält, könnte eine Darstellung der Muttergöttin sein. Auch Skulpturen des bei den Maya
von Campeche sehr beliebten Fetten Gottes
tauchen häufig auf.

Dennoch stellen die meisten Figuren
gewöhnliche Menschen dar, und zwar mit einer
detailgetreuen Lebendigkeit, die auszudrücken
den Künstlern, welche die Zeremonienzentren
gestalteten, nicht gestattet worden war. Es gibt
Nachbildungen von webenden Frauen, von
nachdenklichen Adeligen im Schneidersitz oder
Rednern im ekstatischen Tanz.

Die Figuren von Jaina geben Aufschluss über
die Gewänder und Berufe der spätklassischen
Maya und stellen diese lebhaft und realistisch
dar. Die meisten Figuren sind erstaunlich gut
erhalten und schillern noch immer so bunt wie
zur Zeit ihrer Fertigung.

Eine der verwendeten Farben ist das
berühmte und langlebige „Mayablau", das man
durch Mischen von Indigo mit einer bestimmten
Tonsorte erhält. Im Gegensatz zu den heutigen
Blaupigmenten ist Mayablau sehr widerstands-
fähig gegen Säure und Licht. Es weist also
kaum Alterungserscheinungen auf.

Das verwendete Indigo kommt nur in
Sakalum in Yucatán vor und wurde von dort
entlang der Campecheküste gehandelt. Sein
Vorkommen in Jaina lässt vermuten, dass die
Nekropolis nicht im Besitz eines bestimmten
Königs war, sondern von verschiedenen Puuc-
Maya benutzt wurde.

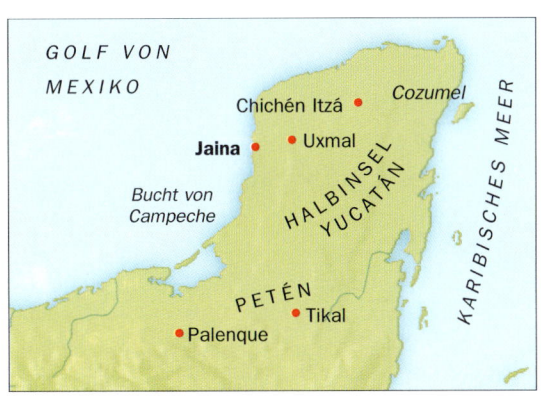

Oben: *Die Künstler,
die die Figuren auf der
Insel Jaina schufen,
hielten den Ausdruck
und die Haltung der
dargestellten Personen
meisterlich fest. Diese
Figurine zeigt den
zurückhaltenden und
herablassenden
Gesichtsausdruck eines
hochstehenden Maya-
adeligen.*

DIE MAYA-KODIZES
Gefaltete Bücher mit gemaltem Wissen

Oben: *Die Kodizes der Maya bestehen aus langen Streifen von Rindenpapier, die auf beiden Seiten bemalt wurden und wie eine Fortsetzungsgeschichte gelesen werden können. Zur leichteren Aufbewahrung wurden sie gefaltet, wie auf diesem Foto des* Codex Fejervary-Mayer *zu sehen ist.*

Ein Heuler und Ein Affe waren die göttlichen Schutzpatrone der *ah dzib*, der Schreiber der Maya. Durch diese hohe Führung erlangten die Schreiber einen Status, der nur durch den *ahau* – den König selbst – in den Schatten gestellt wurde. Unter der Leitung des Affengottes verfassten die *ah dzib* die geschichtlichen Epen, Prophezeiungen und Wissenschaften der Maya und fassten sie in gebundenen Büchern aus Rindenpapier, den Kodizes, zusammen.

Jeder Kodex wurde auf einem langen Stück Rindenpapier niedergeschrieben, das danach ziehharmonikaartig gefaltet und zwischen Tierhäuten gebunden wurde. Die Mayaherrscher besaßen ganze Bibliotheken dieser Kodizes, die von einem *ah k'uhun*, einem heiligen Bibliothekar, beaufsichtigt wurden. Dieser war außerdem Unterhändler für königliche Hochzeiten und diplomatische Abkommen.

Unglücklicherweise überlebten diese Bibliotheken die Spanische Eroberung nicht. Bischof de Landa schrieb:

> *„Wir fanden eine Vielzahl solcher Bücher. Da sie aber nichts enthielten, als Aberglauben und Lügen des Teufels, verbrannten wir sie alle ..."*

Nur drei vorkolumbianische Mayabücher sind heute bekannt: der Dresdner, der Madrider und der Pariser Kodex, benannt nach den Städten, in deren Museen sie sich befinden.

Alle drei handeln von Ritualen der Maya und geben keinen Aufschluss über historische Zusammenhänge. Der Madrider Kodex ist 6,7 Meter lang und beinhaltet Horoskope und Sterntafeln, die die Mayapriester für ihre Vorhersagen nutzten. Der 40 Meter lange Dresdener Kodex ist wesentlich kunstvoller gefertigt und betrifft vorwiegend die Astronomie. Er beschreibt über fünf der gefalteten Seiten einen kompletten Zyklus der Venus. Dargestellt ist die Bewegung der Venus in einem Sonnenjahr, bezogen zu den anderen Sternen.

Bruchstücke von Wissen

Vom Pariser Kodex ist nur noch ein Bruchteil des Originalwerkes erhalten. Er befindet sich in schlechtem Zustand. Es scheint jedoch, als würde sich auch dieses Schriftstück mit Ritualen beschäftigen. Auf einer Seite sind Schutzgötter dargestellt, die anderen beinhalten bruchstückhafte Information über die kaum verstandenen Sternzeichen der Maya.

Ein vierter Kodex ist als Grolier Kodex bekannt, benannt nach dem Grolier Club in New York, wo er erstmals veröffentlicht wurde. Er ist äußerst schlecht erhalten und sein Ursprung ist umstritten, da der einfache

Zeichenstil sich von den anderen grundlegend unterscheidet.

Untersuchte Papierproben ergaben jedoch, dass das Schriftstück aus 1230 n. Chr. datiert. Sollte es echt sein, so wäre es der älteste überlebende Kodex. Es ist gut möglich, dass der unterschiedliche Zeichenstil auf einen unterschiedlichen Herkunftsort schließen lässt. Viele Historiker sind überzeugt, dass der Stil detailgetreu dem der Tolteken-Maya entspricht. Der Grolier Kodex handelt ausschließlich vom Zyklus der Venus, erweitert jedoch kaum unser aus dem Dresdener Kodex gewonnenes Wissen.

Keiner dieser Kodizes wurde bei archäologischen Ausgrabungen gefunden. Jedes vergrabene Buch wäre durch das feuchte Klima der Mayaregionen aufgeweicht und zerstört worden. Die Gräber jedoch enthielten Fragmente solcher Bücher. Der am besten erhaltene Fund ist der Mirador-Kodex und befindet sich heute im Nacional de Antropologia in Mexico City. Das Papier selbst ist bereits verrottet, der Kalküberzug ist jedoch noch erhalten. Bedauerlicherweise ist der Kodex zu einer versiegelten Masse zusammengeklebt, Experimente an Proben ergaben jedoch, dass die Zeichnungen im Inneren noch intakt sind.

Archäologen hoffen auf weitere Funde intakter Kodizes. In trockenen Höhlen wurden große Mengen unbenutzten Rindenpapiers aus vorkolumbianischer Zeit entdeckt, das für Kodizes verwendet werden konnte. Es gibt also noch Hoffnung auf weitere Funde dieser gefalteten Bücher.

Unten: *Diese Seite aus dem* Codex Cospi *zeigt Tlauixcalpantecuhtli, den Planeten Venus, der mit einem Speer das Herz eines Ozelot-Kriegers durchbohrt. Man glaubte, dass Tlauixcalpantecuhtli mit seinem Speer zu bestimmten Zeiten des Venuszyklus unterschiedliche soziale Ordnungen angriff.*

DIE GESELLSCHAFT DER MAYA
Unpraktische Tempel, riesige Paläste und strohgedeckte Holzhütten

Oben: *Der Tempel der Krieger in Chichén Itzá gleicht Pyramide B in der toltekischen Hauptstadt Tula (siehe Seite 125); er ist zwar größer und kunstvoller gebaut, doch vermutlich wurde die Pyramide in Tula als Modell für Chichén Itzá verwendet. Die Säulenhalle rechts neben dem Tempel der Krieger war ursprünglich mit Balken und Mörtel gedeckt und diente möglicherweise als Versammlungshalle.*

Die typische Mayastadt der Klassik wurde durch ihre Pyramiden beherrscht, die von stufenförmigen Terrassen umgeben waren, auf denen wichtige Steingebäude errichtet wurden. In den größeren Städten wie Tikal gab es mehrere dieser Tempelkomplexe, die durch erhöhte Straßen miteinander verbunden waren. Die Enge ihrer Innenräume lässt vermuten, dass diese Tempel rein rituellen Charakter hatten. Obwohl sie hoch waren, ließen die Proportionen es kaum zu, darin zu leben.

Die weit größere Anzahl der Gebäude waren so genannte „Paläste": einstöckige Bauten, die niedriger gelegen waren als die Tempel und über wesentlich mehr Räume verfügten. Diese Räume waren größer und oft um einen offenen, zentralen Hof angelegt. So konnte das Licht bis ins Innere des Hauses vordringen. Wahrscheinlich waren die Wände innen wie außen mit Stuck verziert und bemalt, es sind jedoch kaum Überreste dieser Dekoration erhalten.

Es gibt jedoch eine Vielzahl bemalter Vasen, die Schlüsse über das Leben in diesen Palästen zulassen. Oft wird ein Herrscher auf einem Jaguarthron dargestellt oder ein hochrangiger Adeliger, der von einem Untergebenen Opfergaben annimmt. Wir erhalten den Eindruck, dass ein Palast eine Art Königshof oder ein Verwaltungszentrum war. Die abgebildeten Adeligen verhalten sich sehr vornehm und tragen ihre Statussymbole offen zur Schau.

Aus den Vasenbemalungen geht auch deutlich hervor, dass sie königliche Gefolgschaft genossen. Um sie herum scharen sich oft Gruppen von lasziven Tänzerinnen und Musikern, die mit Muscheln, Trompeten, Rasseln und Trommeln die Stimmung anheizen. Oft gibt es auch einen Sänger oder Geschichtenerzähler, und hinter dem Adeligen sitzen seine Schreiber. Die Malereien hinterlassen einen Eindruck von Üppigkeit und Prunk.

Einfache Behausungen

Die Malerein verraten nichts über das alltägliche Leben, woraus die Gelehrten den Schluss zogen, dass die Paläste lediglich administrative Funktion hatten und die adelige Elite außerhalb in weniger aufwendigen Gebäuden wohnte. Auch gab es Vermutungen, dass die Mayazentren generell nur politischen und zeremoniellen Charakter hatten.

Ausgrabungen brachten jedoch innerhalb der Tempelanlagen eine Vielzahl an häuslichen Gebrauchsgegenständen ans Licht. Diese Haushaltsgegenstände und Nahrungsüberreste deuten an, dass in den Zentren zumindest gegessen wurde. Es kann sich allerdings um Ehrenbankette für fremde Botschafter oder Würdenträger aus anderen Mayastätten gehandelt haben.

Ob die Adeligen tatsächlich in den Palästen wohnten, ist anhand der archäologischen

Hinweise schwer zu sagen. Sollte dies der Fall gewesen sein, müsste es nicht nur Hinweise auf ihre Privatgemächer geben, sondern auch auf die Unterkünfte ihrer Gefolgschaft. Es gibt jedoch keine Anzeichen auf Schlafquartiere oder Küchen.

Es gibt lediglich einige künstlich errichtete Hügel um die Palastanlagen. Die auf ihnen erbauten Häuser bestanden vermutlich aus Holzstangen und Stroh und überlebten nicht.

Die Anordnung der Löcher für die ehemaligen Stützstangen der Wände gibt jedoch Aufschluss über die räumliche Aufteilung. Die Häuser waren in verschiedene Zimmer mit unterschiedlichen Funktionen unterteilt. Einige dienten zweifellos als Küchen, da es Anzeichen für eine Feuerstelle gibt. Diese befanden sich gewöhnlich am Rande des Hauses und in der Nähe eines Kompostplatzes.

Die Mayastädte machen im Allgemeinen den Eindruck eines Zeremonienzentrums, umgeben von Verwaltungsgebäuden sowie einem Viertel für die Privatwohnungen der Adeligen und deren Gefolge. Es ist jedoch nicht immer leicht, die Struktur der Stadt klar zu bestimmen.

Mayastädte waren nicht planmäßig angelegt, sondern wuchsen langsam im Laufe von vielen Generationen. Neuankömmlinge überbauten die alte Gemäuer. Oft rissen sie bestehende Gebäude ab, um Baumaterial für neue Bauwerke zu bekommen.

Oben: *Stein war als Baumaterial vermutlich Gebäuden vorbehalten, die eine rituelle Funktion erfüllten oder als Paläste für die Adeligen dienten. Die gewöhnlichen Maya lebten in strohgedeckten Holzhütten wie die abgebildete aus Mérida im modernen Yucatán. Sie sind oft oval und werden von zwei Hauptbalken gestützt,* **links***. Es gibt darin unterschiedliche Bereiche zum Wohnen und Kochen; zum Schlafen werden Hängematten aufgehängt.*

KAPITEL FÜNF

REICHE ENTSTEHEN

Die Entwicklung von Cuicuilco, Teotihuacán und Tenochtitlan

Die olmekische Tradition der kleinen, verstreuten Zeremonienzentren, die durch Brandrodungslandwirtschaft, *milpa*, ernährt wurden, erfuhr ihre höchste Entwicklung unter den Flachlandmaya. Die Kultur des mexikanischen Hochlandes entwickelte sich jedoch sehr unterschiedlich dazu. In diesen Gegenden gab es einige große Städte, die sowohl weltliche als auch religiöse Funktion hatten und durch intensiven Ackerbau getragen wurden.

Die ältesten archäologischen Hinweise auf die Entstehung einer Stadt gibt es in Cuicuilco, südlich vom heutigen Mexico City. Die dort errichtete große Pyramide ist sehr

bekannt, doch jüngste Ausgrabungen brachten eine Vielzahl an Bauwerken zwischen ihr und der kleineren, drei Kilometer entfernten Pyramide ans Licht. Es handelte sich wohl um eine große Siedlung und nicht, wie zuvor angenommen, um ein kleines Zentrum.

Cuicuilco wurde durch den Ausbruch des Vulkans Xitli zerstört und die Aufmerksamkeit lenkte sich auf Teotihuacán im Nordosten des Tals von Mexiko. Irgendwann zwischen 100 v. Chr. und dem ersten Jahrhundert n. Chr. muss die Bevölkerung Teotihuacáns drastisch angewachsen sein. Zu dieser Zeit lebte die Hälfte der Bevölkerung des

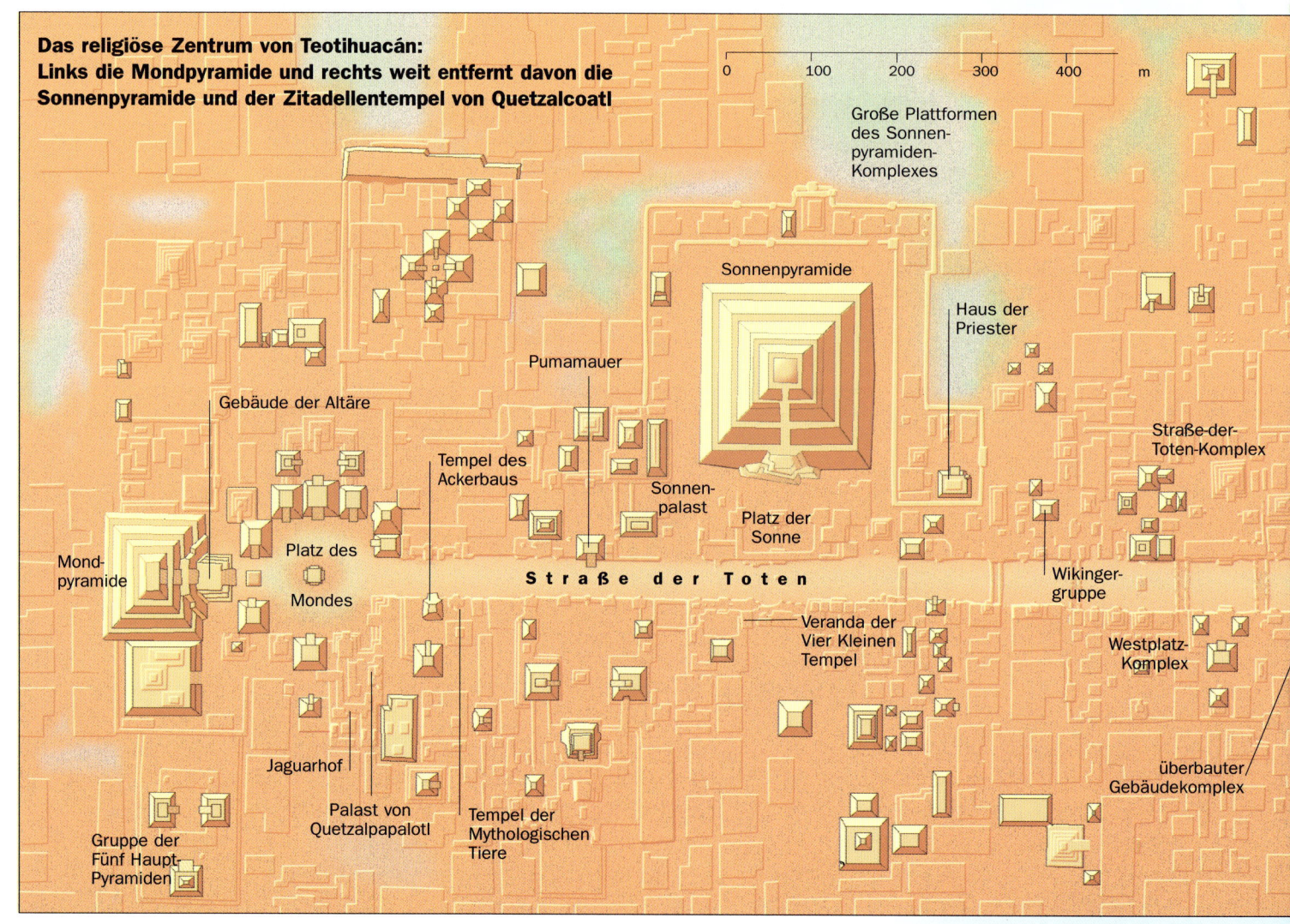

Das religiöse Zentrum von Teotihuacán:
Links die Mondpyramide und rechts weit entfernt davon die
Sonnenpyramide und der Zitadellentempel von Quetzalcoatl

0   100   200   300   400   m

Große Plattformen des Sonnenpyramiden-Komplexes

Sonnenpyramide

Haus der Priester

Straße-der-Toten-Komplex

Pumamauer

Gebäude der Altäre

Tempel des Ackerbaus

Sonnen-palast

Platz der Sonne

Wikinger-gruppe

Mond-pyramide

Platz des Mondes

Straße der Toten

Veranda der Vier Kleinen Tempel

Westplatz-Komplex

Jaguarhof

Palast von Quetzalpapalotl

Tempel der Mythologischen Tiere

überbauter Gebäudekomplex

Gruppe der Fünf Haupt-Pyramiden

200 v. Chr.	100 v.–100 n. Chr.	50 n. Chr.	200	300	350	431	750
Erste Ansiedlungen im Tal von Teotihuacán	Anstieg in der Bevölkerung von Teotihuacán; dauert bis in das 7. Jahrhundert fort	Teotihuacán kontrolliert das Tal von Mexiko	Die Sonnen- und Mondpyramide werden in Teotihuacán erbaut	Beginn der klassischen Mayaperiode; Teotihuacáns Zeremonienzentrum wird erbaut	Teotihuacán kontrolliert das Flachland von Yucatán	Gründer und Herrscher von Palenque, Bahlum Kuk (Jaguar-Quetzal), besteigt den Thron	Teotihuacán wird durch Kämpfe und Feuer zerstört

Tals von Mexiko in Teotihuacán. Obwohl der Großteil der Bauwerke Teotihuacáns von religiöser Bedeutung war, hatte die Stadt auch andere Funktionen. Es gibt Anzeichen auf Marktplätze, Künstlerviertel und Verwaltungsgebäude. Hinweise auf die Kunst von Teotihuacán wurden noch in weit entfernten Gebieten gefunden.

Bedauerlicherweise hinterließen die Einwohner der Stadt keine schriftlichen Aufzeichnungen. Aus den Ausgrabungen lässt sich jedoch schließen, dass die Stadt größer war als die spätere Aztekenhauptstadt Tenochtitlan. Zwischen dem ersten und dem siebenten Jahrhundert dehnte sich die Stadt weiter aus. Zu ihrer Blütezeit beheimatete sie etwa 25.000 Menschen, zählt man die Landbevölkerung dazu, so steigt die Bevölkerung auf 150.000–200.000 Leute an.

Ungeschlagene Städte

Dass Teotihuacán ein Reich geschaffen hat, geht aus den archäologischen Befunden entfernterer Stätten deutlich hervor; zumindest wird der politische Einfluss von Teotihuacán klar. Der Handel spielte bei diesen diplomatischen Beziehungen eine große Rolle. Teotihuacán spezialisierte sich auf den Export fertiger Güter wie Kunstwerke, Töpferwaren und Ähnliches. Importiert wurden hauptsächlich Rohstoffe und Nahrungsmittel. Im ganzen Tal von Mexiko gab es keine Siedlung, die an die Größe von Teotihuacán herankam. Die einzigen Rivalen auf dem Subkontinent waren Cholula im Tal von Puebla, dem Zentrum für religiöse Pilgerreisen, sowie Atzcapotzalco an den Seeufern im Inneren des Landes. Sie beide waren wesentlich kleiner und weniger einflussreich.

Die Gründung von Reichen setzte sich später fort, als die Atzeken Tenochtitlan errichteten. Es gibt klare Anzeichen für eine expansionsorientierte Politik in weiten Gebieten. Obwohl die Azteken behaupten, von Teotihuacán abzustammen, war die Stadt lange vor der Gründung von Tenochtitlan zerstört worden, und es ist unwahrscheinlich, dass die Azteken viel über seine administrative und bürokratische Funktion wussten. Dennoch scheint es, als ob Tenochtitlan seine politische Herrschaft auf ähnliche Weise ausübte wie Teotihuacán.

Die ländliche Bevölkerung fühlte sich damals wie heute durch die Größe und Macht der Städte angezogen. Da auf dem Markt eine geringe Nachfrage an Rohstoffen herrschte, spezialisierte sie sich auf den Großhandel mit Fertiggütern und – was wahrscheinlich bedeutender war – auf einen Austausch politischer und ritueller Ideen. Als die Reiche anwuchsen, wurde es überlebensnotwendig, die umliegenden Gebiete in Schach zu halten. Beide Städte entwickelten also Militärtechnologien zur Sicherung ihres Standes.

Norden

Tempel von Quetzalcoatl (Gefiederte Schlange)

Zitadelle

Nördlicher Hof

SAN JUAN

Großes Lager (Markt)

GOLF VON MEXIKO

El Tajín

Cuitzeo-see

Texcoco-see

Teotihuacán

Cuicuilco

Tenochtitlan

Chalcatzingo

BUCHT VON CAMPECHE

TEOTIHUACÁN
Im Schatten des Cerro Gordo

Obwohl sich die Maya nach dem Fall der Olmeken in den Niederungen ansiedelten, blieb das Tal von Mexiko bis zum christlichen Zeitalter ein provinzielles Nest. Diese Situation änderte sich drastisch mit der Gründung der blühenden Metropole Teotihuacán.

Teotihuacán liegt in einer fruchtbaren Ebene im Nordosten des Tals von Mexiko, nahe dem heutigen Mexico City. Der Fluss San Juan und seine Ausläufer münden dort in den Texcocosee und verstreute Quellen machen das Gebiet besonders fruchtbar für einen Landbau, der eine große Bevölkerung ernähren kann.

Vielleicht siedelten sich Bauern aus diesem Grund in der Gegend an und entwickelten langsam Handelsbeziehungen mit anderen Teilen Mittelamerikas. Das Zeremonienzentrum Teotihuacán war jedoch nicht das Resultat langsamen Wachstums. Es scheint gegen 300 n. Chr. geplant und in einem einzigen umfangreichen Bauprojekt errichtet worden zu sein. Man weiß nicht,

Unten: *Diese Figur aus Teotihuacán hat einen Hohlraum, in dem kleine Gegenstände, die den Hausgöttern geweiht waren, aufbewahrt werden konnten.*

warum es zu diesen plötzlichen Bauten gekommen war, doch die archäologischen Analysen ergaben, dass das Stadtzentrum und seine Randgebiete innerhalb weniger Jahrzehnte fertig gestellt worden waren.

In seiner Blütezeit umfasste Teotihuacán ein Gebiet von etwa 20 km² und war somit um einiges größer als die meisten Städte der Alten Welt zu dieser Zeit. Seine Einwohnerzahl wird auf 25.000 geschätzt. Die Stadt ist somit größer als jede andere klassische Mayastadt und stellt ihre Rivalin Tenochtitlan in den Schatten, die später von den Azteken gegründet wurde und die spanischen Eroberer durch Glanz und Ausmaß beeindruckte.

Das Zentrum Teotihuacáns bildet der Zeremonienkomplex mit den beeindruckenden, Sonne und Mond geweihten Pyramiden. Die Mondpyramide liegt am Nordende der Straße der Toten. Ihre Form erinnert an den Vulkanberg Cerro Gordo. Vom Süden aus betrachtet wird die Pyramide von Cerro Gordo umrahmt. Die

größere Sonnenpyramide ist auf den Punkt des westlichen Horizontes ausgerichtet, an dem Tianquiztli (die Plejaden) liegt. Sie gibt uns Hinweise darauf, weshalb die Stätte so bedeutend war.

Klassentrennung

Bei Ausgrabungen unter der Sonnenpyramide kam ein unterirdischer See zum Vorschein, der von den damaligen Einwohnern so umgestaltet worden war, dass er ein Kleeblatt formte. Er liegt direkt unter dem Zentrum der Pyramide und wurde vielleicht als die Ursprungsquelle oder der Urmutterbauch der Ahnen gesehen, aus dem die Vorfahren aufgetaucht waren.

Auf der Stätte verteilt befinden sich weitere Gebäude von ritueller Bedeutung. Im Zentrum der Stadt liegt der Königspalast, die Ciudadela (Zitadelle), in der Tempel von Quetzalcoatl liegt. In diesem Tempel wechseln sich Relief-figuren der Gefiederten Schlange und der Feuerschlange ab, was eine Gegenüberstellung

der Fruchtbarkeitsgötter mit denen der mexikanischen Wüste zum Ausdruck bringt.

Teotihuacáns religiöses Zentrum zog Pilger und Wanderer aus der Umgebung an, von denen nur wenige Besitztümer bei sich trugen. Es scheint, als ob die Stadt zu schnell anwuchs, um die Bevölkerung zu ernähren. Obwohl die Adeligen Schlemmerorgien veranstalteten, mussten die Ärmeren und die Besucher oft hungern. Im achten Jahrhundert n. Chr. fand die Stadt ein gewaltsames Ende: Die wichtigen Ge-bäude wurden entweiht und niedergebrannt, was die Vermutung nahe legt, dass die ärmliche Masse sich gegen die Hierarchie aufgelehnt hatte.

Dennoch bleibt Teotihuacán ein rätselhaftes Symbol für die aztekischen Ahnen und für das erste mittelamerikanische Reich. Obwohl nur ein kleiner Teil der Stadt ausgegraben und restauriert wurde, flößen seine Ruinen den Besuchern Achtung und Respekt ein und vermitteln die Macht und Autorität, die von den antiken Göttern ausgegangen ist.

Oben: *Blick vom Mondtempel auf Teotihuacán. Die Hauptdurchgangsstraße durch das Ritual-zentrum wurde als Straße der Toten bezeichnet, die von zahlreichen kleinen Pyramiden und Tempelterrassen gesäumt ist. Links von der Straße der Toten erhebt sich die riesige Sonnenpyramide als größtes Gebäude von Teotihuacán.*

DIE STELLUNG TEOTIHUACÁNS
Aussehen und Einfluss eines Handelszentrums

Oben: Eine Terrakotta-maske aus Teotihuacán und die Form, in die sie gegossen worden war.

Wohnungen und Geschäfte der Handwerker aus verschiedenen Gebieten, die unter den Einfluss von Teotihuacán geraten waren. In diesem Bezirk wurde nur mit feinem Handwerk gehandelt.

Obsidian, ein aus den Pachucaminen gewonnenes Vulkangestein, wurde in Handwerkerbuden im Osten der Stadt zu Speerrspitzen und Kultgegenständen verarbeitet. Eine Gruppe von Töpfern aus Puebla arbeitete an der Herstellung von orangen Töpferarbeiten, die als Opfergaben für die Toten weiträumig gehandelt wurden.

Die fremden Händler und Künstler gründeten in Teotihuacán ein eigenes Viertel und die vielen Bauprojekte lassen darauf schließen, dass dieser Zuwachs willkommen war.

Obwohl Teotihuacán teilweise in kriegerische Auseinander-setzungen verwickelt war, war sein Kontakt zu den Nachbarn meist friedlicher Natur. Im Gegensatz zu den Nachbarschaftskontakten der Aztekenhauptstadt Tenochtitlan beruhte er auf Kulturaustausch und nicht auf Steuereintreibungen.

Teotihuacán versuchte sich als Handelszentrum zu etablieren, was auch in seiner Stadtplanung anschaulich wird. Tausende Künstler arbeiteten innerhalb der Stadtgrenzen und ihre Ware wurde bis ins heutige Mexiko, Guatemala und in die Vereinigten Staaten gehandelt. Im Gegenzug erhielten die Kaufleute Kakao, Gummi, Jaguarpelze, Meeresmuscheln, Stachelrochenknochen und bunte Federn.

Untersuchungen ergaben, dass Teotihuacán sowohl Zentrum eines weitläufigen Handelsnetzes als auch das größte Zeremonien-zentrum seiner Zeit war. Seine Hauptgebäude – die Sonnen- und die Mondpyramide und der Quetzalcoatltempel – sind durch eine lange Straße miteinander verbunden, die die Stadt durchkreuzt. Am Stadtrand befanden sich die

Trabantenstädte

Bedauerlicherweise hinterließen die Stadtbewohner keinerlei schriftliche Aufzeichnungen und das Ausmaß ihres Einflusses kann selbst durch archäologische Funde nur erahnt werden. Diese Funde reichen allerdings aus, um festzustellen, dass die Güter Teotihuacáns weit gehandelt wurden und dass viele der späteren Mayastädte in den Einflussbereich der Stadt kamen. Sogar die größte Mayastadt Tikal unterlag eine Zeit lang der Kontrolle Teotihuacáns, ebenso wie die bedeutsamen Kultstätten Cholula, El Tajín, Kaminaljuyú und Monte Albán. Die späteren Azteken behaupteten, ihre Götter stammten aus Teotihuacán. Die Stadt blieb bis zu ihrer Zerstörung 750 n. Chr. ein beliebter Pilgerort.

Ausgrabungen ergaben, dass der Großteil der Handwerkerbehausungen sich im Umkreis von 1,5–2 Kilometer außerhalb des Stadtkerns und den Wohnungen der Adeligen befanden. In dieser Gegend fand man Töpfereien, Obsidianwerkstätten und die Überreste von Webstühlen. Auch befinden sich dort kleine, teilweise restaurierte Tempel, die den Göttern der Kunst geweiht waren. Diese Tempel waren oft mit bunten Wandmalereien verziert und spiegeln die kosmopolitische Natur Teotihuacáns wider, da sie teilweise auch Göttern aus ferneren Gebieten geweiht waren.

In Bezug auf die Architektur unterscheiden sich die Wohnungen der Handwerker und Händler kaum vom Rest der Stadt. Ihre Häuser waren nach den gleichen Prinzipien errichtet wie die Häuser der Adeligen im Tempelbezirk. Es ist daher unwahrscheinlich, dass die Händler erst später zuzogen.

Da uns schriftliche Dokumente fehlen, wissen wir nicht, wer Teotihuacán erbaute oder was der ursprüngliche Name der Stadt gewesen sein könnte, da „Teotihuacán" ein aztekisches Wort ist. Die Ruinen der Stadt sind ein Denkmal für die typische mittelamerikanische Kultur, die den Azteken vorausging.

Unten: Einer der zahlreichen Tempel und Paläste, die die Straße der Toten säumt, ist der Palast von Quetzalpapaloti oder Quetzal-Schmetterling. Im Innenhof sind noch Reliefe und Malereien zu sehen, mit denen wohl auch die Säulen und Wände ursprünglich verziert worden waren.

TEOTIHUACÁNS STADTPLANUNG
Bezirke für Rituale, Wohnungen, Industrie und Landwirtschaft

Unten: *Nahe der Straße der Toten wurden steinerne Wohnungen für den Adel und die Priester gebaut. Dieses Foto zeigt die erhaltenen Überreste der Mauern, auf denen die Wohnungen errichtet worden waren.*

Teotihuacán war die erste Großstadt Mittelamerikas und die erste Stadt, die ein eigenes Reich schuf und andere Städte kontrollierte. Seine Handelsverbindungen und religiösen Einflüsse zogen sich weit nach allen Himmelsrichtungen, und die Ausmaße der Stadt übertrafen alles zuvor Dagewesene. Wahrscheinlich war sie auch größer als die später von den Azteken errichtete Hauptstadt Tenochtitlan (Mexico City).

Fest steht, dass Teotihuacán als Zentrum für Handel und Religion geplant und rasch angelegt wurde, da es keine Anzeichen auf ein graduelles Wachstum gibt. Auch wurden keine bestehenden Gebäude – wie bei anderen Mayastädten üblich – über- oder umgebaut. Die gesamte Stadt wurde gezielt entworfen und in einer einzigen Bauphase errichtet. Die Grundeinheiten waren einstöckige, quadratische, etwa 60 bis 70 Meter lange Häuser mit hohen Außenmauern.

Alle 65 Meter durchkreuzen Straßen die Stadt, und eine Luftansicht macht deutlich, dass sie an der Nord-Süd-Achse der Hauptstraße – der Straße der Toten – ausgerichtet wurden.

Die Stadtplanung sah klar gekennzeichnete Bereiche vor: Im Zentrum befinden sich die Pyramiden und Tempel für Ritualhandlungen, wie etwa die riesige Sonnen- bzw. Mondpyramide, sowie der Quetzalcoatltempel.

Umringt wird dieses Zentrum von mehreren „Palästen" – den Wohnhäusern der Adeligen und Priester. Diese bestehen aus fensterlosen, um einen Innenhof angeordneten Gebäuden. Die Außenmauern dieser Gebäude waren mit Reliefen aufwendig verziert; die Innenwände

wiesen bunte Fresken auf. Sie waren überladen mit Ornamenten und Vogelkäfigen und hoben sich gegen die roten Ocker-Kalk-Stukkaturen der Pyramidenaußenflächen ab. Holzkonstruktionen und Schnitzereien aus Zedern und anderen aromatischen Hölzern verbreiteten einen angenehmen Geruch.

Festmahl mit Steuergeldern

Außerhalb der Wohngebiete des Adels lagen die Unterkünfte der Handwerker, wo Töpfer, Silberschmiede und Obsidian-, Muschel- und Basaltschnitzer ihre eigenen Gemeinden bildeten. Handwerker aus anderen Gegenden wie Oaxaca bildeten eigene Wohnviertel innerhalb der Handwerkerzone. Es scheint auch, als genossen sie eine gewisse Autonomie, da jedes dieser Viertel einen eigenen Tempel hatte. Auch dort gab es geschäftige Märkte.

Noch weiter außerhalb lagen die Wohnungen der Bauern, die die Nahversorgung der Einwohner von Teotihuacán sicherten. Obwohl ihre Häuser einfache Strohhütten waren und es an jeglicher kunstvollen Zierde fehlte, passten auch sie in den Netzplan der Stadt. Die Straßen dieses Viertels waren weit enger und schrumpften oft zu engen Passagen zwischen den übervölkerten Häusern. Dahinter lagen die Felder der Bauern.

Obwohl von diesen Bauernhäusern und umliegenden Feldern nichts ausgegraben wurde, wird angenommen, dass es sich um *chinampas* (Terrassenfelder) handelte, in denen der Schlamm aus Flüssen und Sümpfen aufgehäuft wurde, um kleine fruchtbare „Inseln" zu schaffen. Die Bauern fuhren mit Kanus auf die Felder und brachten ihren Ertrag zu den Straßenmärkten. Wahrscheinlich ging ein Teil der Ernte in Form von Steuerabgaben an die Adeligen, die damit reichhaltige Festmahle veranstalteten, die oft im Rahmen aufwendiger Rituale abgehalten wurden.

Im Gegensatz zu den meisten antiken Städten – wie auch zu den meisten modernen Städten – wurde bei der Gestaltung Teotihuacáns nichts dem Zufall überlassen. Es muss ein geschultes Team von Stadtplanern gegeben haben, wir wissen aber nicht, wer diese Leute waren und welchen Status sie in der Gesellschaft von Teotihuacán genossen. Vermutlich waren es Schreiber, die im Auftrag des Hohepriesters handelten, da der Großteil der Stadt nach Sternenbildern ausgerichtet ist, die verschiedenen Göttern zugeordnet waren.

Oben: *Diese Halskette aus Teotihuacán wurde aus zahlreichen Muschelstücken zusammengefügt. Die dazugehörigen Anhänger sind menschliche Kieferknochen.*

Links: *Figur eines stehenden Mannes aus Teotihuacán*

WOHER DIE GÖTTER KAMEN
Teotihuacáns Götter und ihre Monumente

Der Name „Teotihuacán" ist aztekisch und bedeutet „Woher die Götter kamen". Als die Azteken die Monumentalbauten Teotihuacáns zum ersten Mal sahen, lag die Stadt bereits in Ruinen. Viele der wichtigen Tempel und Pyramiden sowie die Wohnhäuser der Adeligen im Stadtzentrum waren verbrannt und

Erneuerung galt. Quetzalcoatl war außerdem der Herr der Heilung und der Magischen Kräuter sowie der Gott des Lernens und der Dichtkunst.

Das ihm zu Ehren errichtete Hauptmonument befindet sich im Zentrum eines versunkenen Hofes innerhalb einer Zitadelle am Rande der

Oben: *Der Tempel von Quetzalcoatl im Hof der Zitadelle. Die Skulpturen zeigen die Gefiederte Schlange, die dem Tempel den Namen gab, und eine Gottheit mit Fangzähnen und riesigen runden Augen – vermutlich Tlaloc.*

geplündert worden. Dennoch waren die Bauten eindrucksvoll genug, um die Azteken annehmen zu lassen, dass die Stadt von einer Rasse von Riesen erbaut worden war. Auch behaupteten sie, direkt von den Herrschern Teotihuacáns abzustammen.

Aus Teotihuacán bezogen die Azteken einige ihrer erhabensten Gottheiten. Dort war die Gefiederte Schlange Quetzalcoatl Hauptgott, die mit dem Wasser in Verbindung gebracht wurde und als Symbol für Fruchtbarkeit und

Straße der Toten. Dabei handelt es sich um eine kleine Pyramide mit Reliefs von gefiederten Schlangen, die Quetzalcoatl darstellen, sowie von einem Gott mit Reißzähnen, der als der Regengott Tlaloc identifiziert wurde.

Tlaloc taucht in Teotihuacán erstaunlich oft auf. Zusätzlich zu den Reliefen erscheint er in zahlreichen Wandmalereien in verschiedenen Tempeln und Palästen. In einem atemberaubenden Gemälde im Haus Tepantitla, der ehemaligen Residenz des Hohepriesters, wird er mit Regentropfen an den Fingerspitzen dargestellt. Er überblickt einen See, dem zwei Flüsse entspringen und in dem Menschen baden und schwimmen. Inmitten von Obstbäumen fangen andere Figuren Schmetterlinge, schneiden Blumen, tanzen und singen. Diese Szene von Freude und Üppigkeit stellt Tlalocan dar, die irdische Heimat Tlalocs.

Späte Widmung

Ebenfalls bezeichnend für Teotihuacán ist die Wassergöttin Chalchihuitlicue. Auch sie spiegelt Wasser als religiöses Motiv wider.

Pyramiden sind nach den Sternen ausgerichtet. Der große Stiegenaufgang der Sonnenpyramide zum Beispiel blickt nach Westen, genau auf die Plejaden.

Es gibt jedoch keinerlei Hinweis darauf, dass die Pyramiden ursprünglich der Sonne und dem Mond geweiht waren. Dieses Attribut erhielten sie erst später durch die Azteken, die auch glaubten, dass die Pyramiden als Gräber der großen Könige Teotihuacáns dienten. Die seit den 1960ern durchgeführten intensiven Grabungsarbeiten enthüllten jedoch, dass keine der Pyramiden eine Grab-

Sie war sowohl Schwester als auch Gemahlin von Tlaloc und galt als Schutzherrin von Heirat und Säuglingen. Der Legende nach erfand Chalchihuitlicue den Regenbogen als spirituelle Brücke zwischen Himmel und Erde.

Oft wird sie gemeinsam mit Schlangen und Mais dargestellt. Die imposantesten Bauwerke Teotihuacáns sind natürlich die Sonnen- und die Mondpyramide. Die Sonnenpyramide ist stolze 86 Meter hoch und die Seiten ihrer Grundfläche sind 257 Meter lang. Die

kammer war. Stattdessen dienten sie als Tempelterrassen. Die Tempel mit den flachen Dächern sind allerdings nicht mehr erhalten.

Neben Darstellungen von Adler- und Jaguarkriegern wird auch Mictlantecuhtli, der Herr der Unterwelt, die Mictlan genannt wurde, oft abgebildet. Wie auch andere Götter Teotihuacáns wurde Mictantecuhtli von den Azteken übernommen und die Adler- und Jaguarkrieger wurden zu Elitesoldaten der aztekischen Armee.

Oben: *Tlalocan war das irdische Paradies von Tlaloc. Es wird auf den Mauern der Wohnung eines Hohepriesters in Teotihuacán dargestellt. Dieser Ausschnitt der Wandmalerei zeigt spielende Menschen, die Schmetterlinge fangen.*

KOSMISCHE MYTHEN

Distanzierte und schreckliche, kreative und verspielte Götter

Oben: *Diese Maske stellt Xochipilli dar, den Blumenprinzen. Er stand für Tanz, Frühling und Freude. Er war der Gott der Liebe und des Sports und Schutzpatron der Spieler und des Spiels.*

Gegenüber: *Die Architekten von Teotihuacán verwendeten verschiedenfarbige Materialien, wie man in diesem Steinrelief erkennen kann.*

Im Gegensatz zu den Reliefen auf den Monumenten der meisten anderen Mayastädte, die zahlreiche Beschreibungen der Königslinie beinhalten, hat die Kunst in Teotihuacán ausschließlich religiösen Charakter. Es gibt keine Inschriften mit bedeutenden Daten im Leben eines Herrschers. Auch gibt es keine Anzeichen darauf, dass die Herrscherelite sich als direkte Nachkommen der Götter ansah.

Die Götter Teotihuacáns waren „distanziert und zürnend" und auch die Kunst hatte oft Furcht einflößende Qualität. Die Stadtbewohner hinterließen keine Namen dieser Götter, im Vergleich mit den später von den Azteken verehrten Göttern können wir sie aber identifizieren. Die Hauptgottheiten scheinen Abwandlungen des alten Feuergottes

Huehueteotl und des Regengottes Tlaloc gewesen zu sein. Es gibt eine Reihe von Darstellungen der Gefiederten Schlange – wahrscheinlich ein Anzeichen auf den Einfluss des Mayagottes Kukulcan, der später in Tula und Tenochtitlan zu Quetzalcoatl wurde.

Bemerkenswert ist jedoch, dass diese Götter trotz ihrer düsteren Erscheinung schöpferischer Natur waren. Es handelt sich um Götter der Erneuerung und Verjüngung, der Fruchtbarkeit und des Wachstums. Der Sonnengott spendet Licht und Leben; er ist ein animierender Gott, der Geschehnisse lenkt. Im Pantheon der Azteken ist er außerdem der älteste und ehrwürdigste Gott. Tlaloc bringt natürlich den lebensnotwendigen Regen und ist daher der Fruchtbarkeitsgott sowie der Gott der Ernte.

Die künstlerische Darstellung dieser Götter drückt Optimismus aus, was von den archäologischen Befunden bestätigt wird, die zeigen, dass die Stadt vor ihrer Zerstörung wuchs und gedieh. Teotihuacán zog Tausende von Menschen an. Die Händler der Stadt reisten durch ganz Mittelamerika, um das größte uns bekannte Reich der Neuen Welt zu gründen.

Heilige Dreifaltigkeit

In Teotihuacán gibt es keine Anzeichen auf zerstörerische Gottheiten. Kriegsgötter und Kriegsmonumente fehlten gänzlich. Dies führte Historiker zu der Überlegung, dass die Ausweitung Teotihuacáns völlig friedvoll vonstatten ging – obwohl nur durch das Fehlen von Kriegssymbolen ein Krieg nicht auszuschließen ist. Genau genommen gibt es in einigen Städten, wie etwa in Tikal, Anzeichen auf einen plötzlichen Einfall von außen und einen Umsturz des bestehenden Regimes.

Neben den Reliefen zierten auch bunte Fresken die Wände der Tempel und anderer Gebäude im Zentrum von Teotihuacán. Bedauerlicherweise sind viele von ihnen stark beschädigt; die gut erhaltenen reichen für uns jedoch aus, um ihre Bedeutung zu interpretieren. Im Gegensatz zu den Reliefen stellen diese Gemälde wesentlich fröhlichere Szenen mit üppigen Landschaften und heiteren Personen dar.

Bei genauerer Betrachtung zeigt sich jedoch, dass dieser Fröhlichkeit nicht in der irdischen Welt Ausdruck verliehen wird, sondern im Land jenseits des Todes, über das der Regengott wacht. Ein herausragend schönes Gemälde zeigt weite Blumenheiden inmitten von Maisfeldern. Sanfte Flüsse durchziehen diese berauschende Landschaft, in der Männer, Frauen und Kinder Mais essen, Schmetterlinge jagen und in den Flüssen baden (siehe Seite 115).

Wir können es zwar nicht mit Sicherheit feststellen, es scheint jedoch, als ob diese drei Elemente – die Sonne, der Regengott und die Unterwelt – in Teotihuacán eine heilige Dreifaltigkeit bildeten, die die Kräfte der Oberen, der Mittleren und der Unteren Welten vereinte.

TOD EINER STADT
Bevölkerungswachstum stürzt Teotihuacán

Zwischen dem ersten und dem achten Jahrhundert war Teotihuacán in Mittelamerika eine Großmacht. Keine andere Stadt kam an seine Ausmaße heran, keine hatte vergleichbaren Einfluss. Teotihuacáns Güter wurden überall gehandelt und seine Priester und Diplomaten hatten sich in teils weit entfernten Städten angesiedelt. Plötzlich begann Teotihuacáns Abstieg: Ein Jahrhundert lang wurden keine neuen Monumente errichtet, und obwohl die Künstler noch immer ihre Waren produzierten, ließ die Qualität gewaltig nach. Zahlreiche Menschen, gut ein Viertel der Bevölkerung, verließen die Stadt. Im achten oder neunten Jahrhundert geschah etwas Dramatisches. Archäologische Funde deuten auf einen erbitterten Kampf in der Stadt, Monumente wurden zerstört und Tempel geschändet. Es handelte sich nicht um eine rituelle Zerstörung der Stadtheiligtümer, sondern um einen verheerenden Krieg. Danach wurde das gesamte Zentrum Teotihuacáns niedergebrannt.

Wir wissen nicht, was tatsächlich geschah. Manche glauben an einen inneren Konflikt, da Teotihuacán so mächtig war, dass es einen äußeren Einfall mit Sicherheit abgewehrt haben könnte. Da die Stadt keinerlei Verteidigungsmauern hatte, glauben Archäologen, dass Teotihuacán keine äußere Feinde hatte, die eine Bedrohung darstellten.

Der Verfall von Kunst und Architektur lässt darauf schließen, dass etwas geschah, das den internen Ablauf störte. Teotihuacáns Augenmerk auf den Handel kann dazu geführt haben, dass die Priester ihren Einfluss verloren und die Stadt von einem rituellen zu einem kommerziellen Zentrum wurde.

Die heftigsten Kämpfe fanden im Zeremonienzentrum selbst statt. Hier finden wir Anzeichen auf mutwillige Zerstörung, Schändung und Brände. Abgesehen von seiner rituellen Funktion wohnten in diesem Stadtteil von Teotihuacán der Adel und die Priesterschaft. Auch beinhaltete der Bezirk die wichtigen Verwaltungsgebäude. In den Künstlervierteln und Vororten, wo der Großteil der Bevölkerung wohnte, gibt es keine Anzeichen von Kämpfen.

Kampf gegen Steuern

Diese archäologischen Fakten legen die Vermutung nahe, dass Teotihuacán einem kurzen, aber heftigen Volksaufstand zum Opfer gefallen ist. Wir nehmen an, dass die Stadt auf Grund ihrer Größe einen Verwaltungsapparat einsetzte, dessen Einfluss stetig zunahm. Neben der notwendigen Aufsicht über die spektakulären Bauprogramme war auch ein Kontrollorgan für den Landbau vonnöten, um das Tausende Quadratkilometer große Reich zu verwalten. Um einen solchen Verwaltungsapparat zu finanzieren, müssen den Gesellschaftsmitgliedern Steuergelder abverlangt worden sein.

Als der Handel zunahm – sowie der Einfluss der Kaufleute und Handwerker –, ist wohl auch der Widerstand gegen die immer höher

Rechts: Die Straße der Toten wurde irrtümlich so benannt, weil man in den sie säumenden Tempeln und Terrassen zahlreiche Gräber vermutete. Tatsächlich wurden nur wenige Gräber entdeckt, darunter dieses Gefäß, das einen menschlichen Schädel und Knochen enthält.

Links: *Diese Skelette neun geopferter Krieger waren neben der Straße der Toten bestattet worden. Die Halsketten aus Muscheln und menschlichen Kiefern, mit denen sie geschmückt wurden, sind ähnlich jener auf Seite 113 abgebildeten.*

Unten: *Diese steinerne Grabmaske wurde in Teotihuacán gefunden. Sie ist mit sorgfältig geschnittenen und polierten Türkisstückchen verziert.*

werdenden Geldsummen gestiegen, die notwendig waren, um die großzügigen Pläne der Priester, Adeligen und Verwaltungsbeamten zu finanzieren. Das Verkümmern der Bauprojekte könnte einfach daran gelegen haben, dass die Kaufleute sich weigerten, weiterhin Abgaben zu leisten. Sollte Teotihuacán sich tatsächlich zum weltlichen Handelszentrum gewandelt haben, war wohl die von den Priestern ausgesprochene Drohung der Rache der Götter nicht mehr ausreichend, um interne Zwistigkeiten zu zügeln.

Dies erklärt nicht, warum Teotihuacán von der gesamten Bevölkerung verlassen wurde. Wir müssen jedoch bedenken, dass Priester und Adel für eine gewisse Kontinuität sorgten. Die Priester waren es, die sicherstellten, dass die rituellen Kalenderfeste eingehalten wurden, und sie bestimmten die günstigsten Zeiten für Zeremonien. Bei den gefundenen Aufzeichnungen handelt es sich meist nur um historische Daten der Herrschaftslinie. Ohne die stabilisierenden rituellen Elemente war es leicht möglich, dass die Struktur Teotihuacáns rasch zusammenbrach.

JALISCO, NAYARIT UND COLIMA
Unklare Bedeutung grotesker Tonfiguren

Unten: *Die Figuren von Nayarit wurden oft paarweise als Mann und Frau gefunden. Wahrscheinlich waren es eher Karikaturen als Porträts ihrer Besitzer.*

Obwohl sich die Mittelamerikastudien hauptsächlich auf die Entwicklung der großen Stadtstaaten und Zeremonienzentren sowie deren heilige Rituale konzentrieren, bringen große, in den westlichen Staaten Nayarit, Jalisco und Colima entdeckte Tonfiguren einen starken Hang zu Humor und Karikaturen zum Ausdruck. Diese Figuren waren in Familiengräbern tief im Vulkangestein vergraben.

Leider sind diese Figuren unter den Touristen sehr beliebt und werden am Schwarzmarkt gut bezahlt, was dazu führte, dass keine unangetasteten Gräber mehr gefunden werden konnten. Alle Gräber waren geplündert worden, und obwohl die Skelette unberührt blieben, wurden die Figuren entwendet, um illegal verkauft zu werden. Man findet sie nur noch in Museen und Privatsammlungen – ohne nähere Angaben über ihren Ankauf. Es ist schwierig, sie genau zu datieren, man nimmt jedoch an, dass sie aus der Zeit von Teotihuacán stammen.

Die ältesten stammen wohl aus Nayarit und sind im Chinesko-Stil gefertigt. Sie stellen meist groteske Frauengestalten mit riesigen Genitalien und schrägen Augen dar. Viele haben lange Nasen und lächerlich kurze Arme. Später kommen die Nayarit-Figuren in männlichweiblichen Paaren vor, die in diverse Gruppenaktivitäten involviert sind. Es gibt Liebende, Tänzer, Krieger, Ballspieler sowie Bankettszenen, oft durch kleine Tonhäuser und -tempel ergänzt. Manche dieser Figuren stellen den

Liebesakt oder gebärende Frauen dar, andere wirken entstellt, wie etwa Bucklige oder Zwerge.

Die Figuren aus Jalisco sind wohl weniger alt und detailgetreuer gefertigt. Ihre menschlichen Züge sind ebenfalls übertrieben, wie etwa die lang gezogenen Köpfe und spitzen Nasen. Sie wirken wie Karikaturen, sehen jedoch weniger grotesk aus als die Figuren aus Nayarit. Vielleicht stellten sie eine Übergangsform zwischen den Figuren von Nayarit und denen aus Colima dar.

Haarlose Hunde

Die Figuren aus Colima sind am raffiniertesten gearbeitet, deshalb wird angenommen, dass es sich um die jüngsten handelt, obwohl diese Begründung für eine Datierung am wenigsten haltbar ist. Vielleicht stammen sie aber auch lediglich von einer anderen Kultur.

Wieder beschreiben sie eine ungewöhnliche Bandbreite menschlicher Aktivitäten, es tauchen jedoch zusätzlich neue Gestalten auf: die techichi (haarlose Hunde). Es handelt sich um Darstellungen einer bestimmten Hunderasse, die im antiken Mexiko verbreitet war. Mit Mais wurden sie gemästet, da sie eine wichtige Fleischquelle waren. Die techichi wurden in menschlichen Posen dargestellt: Sie tanzen und raufen, sitzen oder stehen auf ihren Hinterläufen, schlafen, küssen sich wie Liebende oder verharren in lächerlichen Stellungen mit ihren Läufen in der Luft.

Es gab langwierige Debatten darüber, welche Bedeutung diese Tonfiguren für die Bewohner von Nayarit, Jalisco und Colima gehabt haben könnten. Früher wurde angenommen, das es sich um Grabbeigaben handelte, die die Verstorbenen bei ihrer Reise in die nächste Welt bei guter Laune halten sollten. Diese Ansicht ist noch heute weit verbreitet.

Der Anthropologe Peter Furst sieht jedoch eine andere Bedeutung: Er meinte, dass die eigenartig anmutenden Haltungen der Figuren an Schamanen erinnern, die gerade mit den Geistern kämpfen. Die Hunde sollten die Toten auf ihrer Reise über den Fluss des Todes auf dem Weg in die Unterwelt begleiten.

Da die Gräber geplündert wurden, werden wir die genaue Bedeutung dieser Tonfiguren wohl nie kennen. Sie vermitteln aber dennoch einen guten Eindruck vom Alltag der mittelamerikanischen Kulturen und geben Aufschluss über Kostüme und Gesichtsmalereien. Am meisten werden sie jedoch wegen ihres lebhaften Charmes und ihrer Ausdruckskraft bewundert.

Oben: *Obwohl die Figuren aus Jalisco künstlerisch raffinierter sind als jene aus Nayarit, sind sie noch immer Karikaturen.*

Links: *Darstellungen von* techichi *waren eine Spezialität der Keramik-künstler von Colima. Die haarlosen Hunde wurden mit Mais gemästet, wie man hier deutlich erkennen kann.*

KAPITEL SECHS

DIE TOLTEKEN

Sieg und Niedergang eines Kriegerstammes

Im neunten Jahrhundert n. Chr. fiel ein Kriegerstamm aus dem Norden in das Hochland von Mexiko ein. Die durch interne Kämpfe bereits geschwächten Kulturen dieser Region leisteten den Eindringlingen kaum Widerstand. Unter der Führung von Mixcoatl (Wolkenschlange) und seinen Nachfolgern drangen sie weiter nach Süden vor, bis sie nicht nur die Hochebene, sondern auch Yucatán eingenommen hatten. Die Rede ist von den Tolteken.

Wo die Tolteken herkamen, ist unklar. Fest steht nur, dass sie keine nördlichen nomadischen Jäger und Sammler waren, da sie über ein vollständig entwickeltes Militärwesen verfügten. Ihre ursprüngliche Heimat könnte La Quemada gewesen sein, eine Festungsstadt nahe dem heutigen Zacatecas.

Der Einfall der Tolteken brachte eine Veränderung der sozialen Struktur mit sich. Zuvor wurde die Gemeinschaft von einer elitären Priesterschaft regiert. Sogar Kriege wurden von Priestern geplant, die ihre Schriften befragten, um die Schlachten an besonders vorteilhaften Tagen im Venuszyklus anzusetzen. Unter den Tolteken wurde der Staat jedoch von einer militärischen Aristokratie regiert.

Ihre Städte verzierten sie mit Insignien der Kriegerkaste und Darstellungen heldenhafter Kämpfer. Ihre Wandmalereien im Mayazentrum Chichén Itzá stellen die Invasion und Eroberung von Yucatán dar. Die Mythen über die Tolteken sind vielfältig und teils widersprüchlich; sie handeln jedoch alle von der Unterdrückung des priesterlichen Kultes um Quetzalcoatl (Gefiederte Schlange), der durch Tezcatlipoca (Rauchender Spiegel) ersetzt und später von den Azteken als Kriegsgott übernommen wurde.

Koalition kleiner Gruppen

Dennoch mussten sich die Tolteken an ihre neue Umgebung anpassen. Zu diesem Zweck übernahmen sie viele der Symbole für die älteren mittelamerikanischen Götter, insbesondere die von Teotihuacán. Teotihuacán war auch Vorbild für ihre Hauptstadt Tula. Es scheint, als ob sie durch diese Eingliederung bereits existierender Elemente ihre Herrschaft legitimieren wollten. Interessanterweise – und

trotz ihrer Unterdrückung der Priesterschaft – benannte sich der Toltekenherrscher Ce Acatl Topiltzin in Quetzalcoatl um. Die Gefiederte Schlange wurde sogar als Schutzpatron der Stadt verehrt.

Die Tolteken waren zahlenmäßig gering, und der Staat, den sie schufen, bestand aus einer Koalition mehrerer Gruppen, die kaum zentral regiert wurden. In diesem Sinne unterschied er sich grundlegend von Teotihuacán und dem später gegründeten Aztekenreich. Unstimmigkeiten und kriegerische Auseinandersetzungen scheinen die Herrschaft der Tolteken gekennzeichnet zu haben.

Nacheinander erklärten die einzelnen Gruppen innerhalb des Reiches ihre Unabhängigkeit, bis die Tolteken selbst schließlich von neuen Eindringlingen aus dem Norden weiter nach Süden verdrängt wurden. 1156 n. Chr. wurde Tula

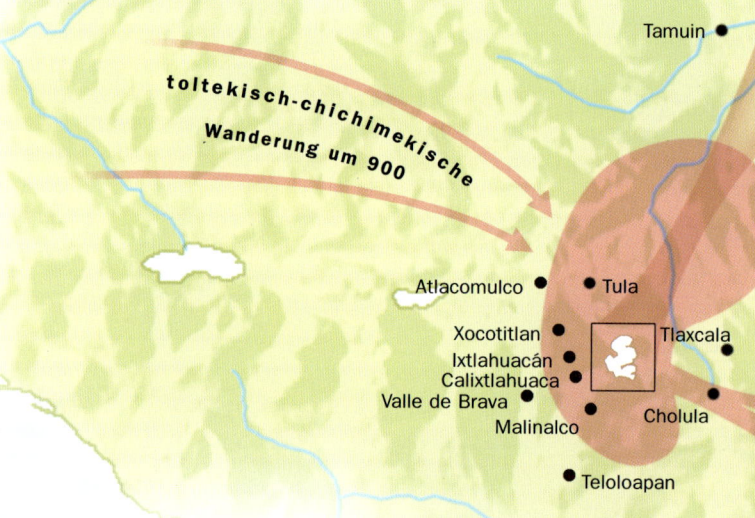

angegriffen und zerstört – wahrscheinlich von den Azteken.

Dennoch darf das Vermächtnis der Tolteken nicht unterschätzt werden. Später bezeichneten die Azteken Tula als ihre Ursprungsheimat. Sie beschrieben sie als Juwelenstadt; Aztekenfamilien heirateten in königliche Toltekenfamilien ein, um sich mit ihnen zu vermischen. Auch fanden viele der religiösen Anschauungen der Azteken, wie etwa die Menschenopfer, für die sie so berüchtigt sind, ihren Ursprung in Tula.

100 v. Chr.	534	683	800	850	900	950	1156
Die ersten Pyramiden werden im Tal von Mexiko errichtet	Teotihuacán wird nach und nach verlassen	Der verehrte Herrscher von Pakal und Vater von Chan Balam, Hanab Pakal, stirbt 80-jährig	Metallbearbeitungstechniken aus Südamerika kommen nach Mittelamerika	Die Tolteken erobern Mexiko unter Mixcoatl	Tula wird als Hauptstadt des Toltekenreiches gegründet	Der toltekische Einfluss erstreckt sich über ganz Mittelamerika	Die toltekische Hauptstadt Tula wird erobert und zerstört

Gebiet um den Texcocosee

Teloyucan
Zumpanco-see
Xaltocansee
Teotihuacán
Chiconautla
Tenayuacan
Xaloztoc
Tapetlaoztoc
Texcocosee
Los Remedios
Tenochtitlan
Chapultepec
Chimalpan
Culhuacan
Huitzquilucan
Xochimilco-see
Xico
Chalco-see

Sowohl im toltekischen Kernland als auch überall, wo der toltekische Einfluss vorherrschte, wie in Uxmal und Chichén Itzá im Gebiet der Maya (*siehe Seite 131*), wurden Statuen von Chac Mool (Rote Hand) gefunden. Möglicherweise dienten sie als Opferaltäre (daher der Name). Dieses Beispiel stammt aus dem Quemado-Palast in Tula.

GOLF VON MEXIKO

Motul
Izamal
Chichén Itzá
Mayapan
Balankanché
Cozumel

Tiayo

El Tajín

Toltekenreich um 1200

Toltekische Wanderung um 980–1200

Villa Rica

Cempoala

Isla de Sacrificios

BUCHT VON CAMPECHE

KARIBISCHES MEER

Santa Rita

Mixtlan

Teotitlan

Chiapa de Corzo

Monte Albán

Mitla

GOLF VON HONDURAS

GOLF VON TEHUANTEPEC

Quirigua

1200
In Peru etabliert sich das Inkareich in Cuzco

1250
Chichén Itzá wird durch die rivalisierende Stadt Mayapan zerstört

1325
Die Azteken gründen Tenochtitlan im Tal von Mexiko

Huiztlan
Mazatlan

TULA, HAUPTSTADT DER TOLTEKEN
Gegründet und zerstört durch die Götter

*Unten: Das heraus-
ragendste Bauwerk in
Tula ist der Tempel von
Quetzalcoatl, der von
zahlreichen Steinsäulen
bedeckt ist, deren
Reliefe toltekische
Krieger darstellen.
Ursprünglich trugen sie
die Dachbalken des
Tempels, der auf dem
Gipfel der Pyramide
errichtet worden war.*

Tula, die Hauptstadt des ehemaligen Toltekenreiches, befindet sich nördlich des Tals von Mexiko im Staat Hidalgo. Heute weiß man, dass Tula das legendäre Tollan (Schilf-platz) war, ein für die Azteken heiliger Ort, an dem sie Paläste aus Edelsteinen errichteten. Tatsächlich stammte der Aztekenherrscher Moctezuma Xocoyotzin von den Tolteken ab.

Archäologische Untersuchungen ergaben, dass Tula etwa 900 n. Chr. in der postklassischen Periode nach dem Vorbild von Teotihuacán gegründet wurde. Vielleicht wurde die Stadt von Flüchtlingen aus Teotihuacán erbaut, die 750 n. Chr. nach dem vernichtenden Feuer ihre Heimat verließen. Obwohl kleiner als Teotihuacán, ist Tula dennoch eine große und eindrucksvolle Stadt. Von hier aus wurde ein Reich regiert, das viele der spätklassischen Mayastädte wie Chichén Itzá umfasste.

Das wahrscheinlich bedeutsamste Bauwerk in Tula wird schlicht als Pyramide B bezeichnet. Diese Tempelpyramide war Quetzalcoatl, der Gefiederten Schlange, geweiht. Sie ist mit Reliefen von umherstreifenden Jaguaren und Kojoten verziert sowie mit Bildern von Adlern, die Herzen verzehren, was die Kriegsethik der Tolteken widerspiegelt. Direkt vor der Pyramide befindet sich eine flache Mauer mit Dar-stellungen von Quetzalcoatl in seiner Erscheinungsform als Windgott.

Der Aztekenlegende zufolge wurde Tula nach der Zerstörung von Teotihuacán von Quetzalcoatl gegründet, als er gemeinsam mit seinem Priesterstab fliehen musste. Sein Vater,

der Halbgott Mixcoatl (Wolkenschlange) war der erste Toltekenherrscher. Fest steht, dass die Tolteken menschliche und göttliche Eigenschaften kombinierten und die Mythen Teotihuacáns übernahmen, um ihre eigene Herrschaft zu legitimieren. Auch ist offensichtlich, dass der Quetzalcoatlkult in Tula seinen Höhepunkt erreichte. Die Gefiederte Schlange war so wichtig, dass der Toltekenherrscher Ce Acatl Topiltzin, der entweder der Stadtgründer oder der letzte Herrscher war (die Chronologie ist hier unklar), sich in Quetzalcoatl umbenannte.

Unehrenhaft verbrannt

1156 n. Chr. zerstörten die Azteken Tula. Tula war eine verwundbare Grenzstadt und einfallenden Nomadenstämmen aus dem Norden ausgesetzt. Um diesen Akt willkürlicher Zerstörung zu rechtfertigen, in dem die ganze Stadt niedergebrannt und ihre Monumente zerstört worden waren, behaupteten die Azteken, eine kosmische Schlacht zwischen ihrer Schutzgottheit Tezcatlipoca (Rauchender Spiegel) und Quetzalcoatl hätte stattgefunden.

Diesem Mythos zufolge lebte Quetzalcoatl göttlich und enthaltsam. Seine Reinheit hing von seiner sexuellen Entsagung sowie von der hingebungsvollen Ausübung seiner ernsten Aufgaben als Hohepriester ab. Tezcatlipoca jedoch verführte ihn dazu, sich zu betrinken, und stellte ihm in seinem Rauschzustand die schöne Xochiquetzal, die Göttin der Prostitution, vor. Sie verführte ihn zu einem Liebesakt. Darauf wurde der entehrte Quetzalcoatl mit dem Feuertod bestraft, was eine Rechtfertigung für die Zerstörung von Tula bot. Quetzalcoatls Herz stieg aus den Flammen empor in den Himmel und wurde zum Morgenstern Venus. Er wurde als Schöpfergott verehrt, der eines Tages Tezcatlipoca absetzen und die Aztekenherrschaft über Mittelamerika beenden würde.

Der Großteil Tulas ist noch nicht ausgegraben, lediglich die zentralen Monumente, der Verbrannte Palast, Pyramide B, die Schlangenmauer und der große Ballspielplatz wurden vollständig untersucht. Die Bauwerke wurden durch den Einfall der Azteken schwer beschädigt. Die Stuckverzierungen sowie der

Tempelaufsatz von Pyramide B wurden gewaltsam entfernt. Der Stadtkern ist umgeben von mehreren überwachsenen Hügeln, die noch nicht untersucht wurden. Sie geben jedoch Aufschluss über die Ausmaße der Stadt.

Oben: *Ein coatepantli oder Schlangenwandfries in Tula. Diese Friese umgaben Tempelbezirke und wurden mit Klapperschlangen-Darstellungen verziert, um Mutter Erde zu ehren.*

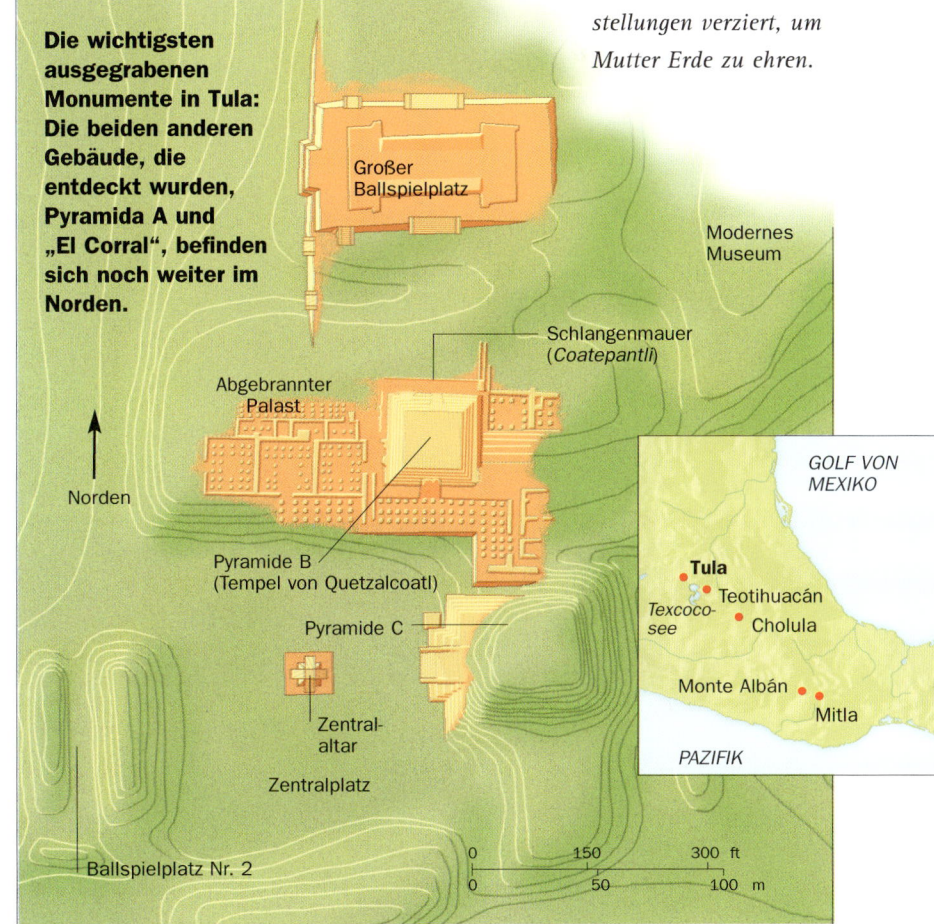

Die wichtigsten ausgegrabenen Monumente in Tula: Die beiden anderen Gebäude, die entdeckt wurden, Pyramida A und „El Corral", befinden sich noch weiter im Norden.

Großer Ballspielplatz

Modernes Museum

Schlangenmauer (*Coatepantli*)

Abgebrannter Palast

Norden

Pyramide B (Tempel von Quetzalcoatl)

Pyramide C

Zentralaltar

Zentralplatz

Ballspielplatz Nr. 2

GOLF VON MEXIKO

Tula
Teotihuacán
Texcoco-see
Cholula

Monte Albán
Mitla

PAZIFIK

| 0 | 150 | 300 ft |
| 0 | 50 | 100 m |

QUETZALCOATL WIRD FRIEDLICH
Legenden von kaufmännischer und militärischer Tugend

Unten: *Dieses Bas-relief zeigt zwei toltekische Krieger. Nach ihrem Feder-kopfschmuck gehören sie einer hochstehenden Kriegerelite an. Zwischen ihnen steht ein Körperschild.*

Einer der Mythen erzählt, dass Quetzalcoatl gezwungen worden war, Teotihuacán zu verlassen, worauf er erzürnt war und Tula gründete. Zuvor aber rächte er sich mit der Zerstörung Teotihuacáns. Obwohl er im Kampf gegen Tezcatlipoca geschlagen worden war, brannte er gemeinsam mit seinen Anhängern die Stadt nieder und schwor, Rache zu nehmen. Seine Anhängerschaft soll aus Riesen, Zwergen und eigenartigen Ungeheuern bestanden haben.

Dieses Bas-relief zeigt zwei toltekische Krieger. Nach ihrem Federkopfschmuck gehören sie einer hochstehenden Kriegerelite an. Zwischen ihnen steht ein Körperschild.

Zusätzlich zu seinen Fertigkeiten als Krieger erwarb Quetzalcoatl noch die geheimen Künste eines Priesters. Diese sanfteren Charakterzüge schienen überhand genommen zu haben, als er Tula erbaute. Der Legende nach war er außerdem ein talentierter Reformer. Mit der Gründung Tulas legte er seine kriegerischen Eigenschaften ab und etablierte eine friedliche Herrschaft. Zu seinen berühmtesten Reformen zählt die Abschaffung des Menschenopfers. Ihm zu Ehren erbrachte Opfergaben bestanden aus Früchten, Blumen und Schmetterlingen.

Teil seines friedvollen Reformprogrammes war die Errichtung von Handelsverbindungen zu Nachbarstämmen. Toltekische Händler unternahmen weite Reisen und regten einen Kulturaustausch mit anderen Völkern an. So entstand eine Mischkultur aus eigenen Elementen und Fremdeinflüssen. Architektonisch weisen Tula sowie andere Städte, mit denen die Tolteken Kontakt hatten, vermischte Baustile auf. Ihre kosmopolitische Haltung durchdrang ihre religiösen Vorstellungen und beeinflusste ihre Bauwerke. Wir schließen daraus, dass die Tolteken offen für neue Ideen waren und die Ideologien ihrer Handelspartner in ihren Alltag einfließen ließen.

Eine schillernde Stadt

Demnach wurde Tula als Zentrum eines großen Handelsreiches geschaffen, das alle erworbenen Fähigkeiten der früheren mittelamerikanischen Kulturen in sich vereinte. Seine mit Edelsteinen verzierten Gebäude waren der Sitz alles Wissens und Lernens. An diesem Ort wurden Gedichte über die Freuden von Schönheit und Natur geschrieben. Auch sollen dort der Ritualkalender und die Schrift erfunden worden sein.

Viel davon war jedoch fantasievolle Vermutung der Azteken. Obwohl die Tolteken in der spätklassischen Epoche offensichtlich die Handelsbeziehungen ganz Mittelamerikas kontrollierten, war der Quetzalcoatlkult nicht ihre Erfindung. Sie bauten bereits existierende Mythen lediglich aus, und die Schrift sowie das Kalendersystem wurden lange bevor die Tolteken an die Macht kamen, erfunden. Auch bestand ein Großteil der Handelsgelder aus

Steuern und Abgaben – ein System, das die Azteken perfektionierten – und keineswegs aus freiwilligen Beiträgen, wie es die Legenden vermitteln. Der Großteil Tulas war dem Kriegerkult geweiht.

Auch diese Tatsache wird in den Mythen der Azteken erklärt. Es heißt, dass Tezcatlipoca Angst vor Quetzalcoatls Rache hatte, die jener angesichts der Zerstörung von Teotihuacán schwor. Er tötete also seinen Erzfeind, bevor dieser seine Pläne wahr werden lassen konnte. Er griff Tula an, zerstörte es und zwang Quetzalcoatl erneut zur Flucht.

Dieser marschierte ins Meer, abermals in Begleitung seiner eigenartigen Gefolgschaft. Diesmal jedoch konnte sein Zorn nicht gezügelt werden. Er schwor, wieder an die Macht zu kommen und während der dunklen Tage am Ende eines *katun*, eines 52-jährigen aztekischen Zyklus, zurückzukehren. Zu dieser Zeit wäre alles offen – die Erde würde entweder erneuert oder zerstört werden. Dann würde Quetzalcoatl all seine Kräfte als heller Schöpfergott zusammennehmen und die dunklen Kräfte von Tezcatlipoca vernichten. Seiner Thronbesteigung würde nichts mehr im Wege stehen.

VERHERRLICHUNG DER KRIEGERKASTE
Krieg und Opfer für Quetzalcoatl in Tula

Obwohl Tula der Legende nach von Quetzalcoatl als friedvolles Handelsreich gegründet worden war, ergaben Untersuchungen von Tula und anderen Mayastädten, dass die Realität etwas anders aussah. Tula erweckt vielmehr den Anschein eines Kriegerstaates.

Ce Acatl Topiltzin (Quetzalcoatl) war der Sohn von Mixcoatl (Wolkenschlange) und dessen Frau Chimalman. Vermutlich gründete Mixcoatl die Stadt. Der Charakter von Mixcoatl, seine spätere Funktion als Schutzpatron der kriegerischen Chichimeken – die Vorfahren der Azteken – sowie seine Auf-

nahme in den Götterreigen der Azteken lässt auf eine kriegerische Ausdehnung des Tulareiches schließen.

Unter der Führung von Mixcoatl eroberten toltekische Krieger und ihre Gefolgschaft ganz Zentralmexiko und entvölkerten Yucatán. Den Mayaadel hielten sie in der Stadt

Chichén Itzá als Geiseln gefangen. Obwohl ein als Alt-Chichén bekannter Teil der Stadt im Mayastil errichtet ist, wurde der Großteil Chichén Itzás von den gefangenen Maya unter der Anweisung der toltekischen Kriegsherren erbaut. Die einzige bedeutende Mayastätte dieser Zeit ist Balankanche. Es handelt sich um eine Höhle nahe Chichén Itzá, die über eine unterirdische, dem toltekischen Regengott Tlaloc geweihte Ritualkammer verfügt.

Jagdaufsicht

Mixcoatl wird nicht als wohlwollende Vaterfigur dargestellt. Sein Körper ist mit roten und weißen Streifen bemalt, die mit gefangenen, als Opfer bestimmten Kriegern assoziiert werden. In dieser Aufmachung verkörpert er den Tod und die Seelen der gefallenen Soldaten, die zum Himmel emporsteigen und zu Sternen der Milchstraße werden.

Im Aztekenkalender hatte Mixcoatl die Stellung eines Gottes inne und wachte über die Monate Oktober und November. Zu dieser Zeit wurde der Toten gedacht. Die Azteken veranstalteten dann eine große gemeinschaftliche Jagd; wer dabei erfolgreich war, wurde gebührend gefeiert. Den Abschluss dieses gesellschaftlichen Ereignisses bildete die Opferung von als Hirsche verkleideten Menschen. Die Gebäude Tulas lassen außerdem auf mächtige Kriegskulte schließen. Es gibt Darstellungen von Kojoten- und Jaguarkriegern, die die Elitetruppen der Tolteken formten. Ein beliebtes

Motiv sind auch Adler und menschliche Herzen. Dass Quetzalcoatl die Menschenopfer abgeschafft haben soll, geht aus den Kunstwerken Tulas nicht hervor. Wir wissen, dass es die Aufgabe der Kojoten-, Jaguar- und Adlerkrieger war, Menschenopfer zu bewachen. Sie waren darauf spezialisiert, Feinde zu bändigen, ohne sie zu töten. Während der Zeremonie konnte dann das noch schlagende Herz des Opfers entnommen und den Göttern dargeboten werden.

Sogar der Quetzalcoatltempel ist mit Kriegssymbolen verziert. Zu den eindrucksvollsten Kunstwerken zählen die 4,6 Meter hohen Kriegerstatuen aus Basalt, die das Tempeldach stützten. Die dargestellten Toltekenkrieger sind bewaffnet und tragen das Symbol des Feuervogels, das Wappen der Herrscherelite Tulas, auf der Brust. Obwohl die Krieger keine Herrscher waren, wird ihr hoher Rang und ihre direkte Verbindung zur Elite deutlich.

Dass diese Kriegerstatuen den Tempel von Quetzalcoatl stützten, widerspricht ebenfalls seiner friedvollen Darstellung in den Mythen der Azteken. Auch wurden ihm zu Ehren menschliche Herzen geopfert und nicht Früchte, Blumen und Schmetterlinge. Kriegerbildnisse waren ein bedeutender Bestandteil des militärischen Regimes, das in Tula florierte.

Oben: *Jaguarfries am Tempel von Quetzalcoatl. Der Jaguar als Schutzpatron der Krieger unterstreicht die Tatsache, dass Tula als Kriegerstaat gegründet worden war.*

Gegenüber: *Riesige Kriegersäulen von dem Tempel von Quetzalcoatl. Diese Figuren sind mit allen Insignien der toltekischen Kriegerelite ausgestattet. Jeder trägt auf seiner Brust das Symbol des Feuervogels, das die Krieger mit dem herrschenden Adel in Tula verband.*

TOLTEKISCHE EXPANSION
Die Beherrschung Mittelamerikas durch Krieg und Handel

Unten: *Relief auf dem Kriegertempel in Chichén Itzá. Der Krieger trägt einen Vogelkopfschmuck, ein Federgewand und einen Rückenschild ähnlich dem auf Seite 127.*

Innerhalb eines Jahrhunderts nach ihrem Einfall in der zentralmexikanischen Ebene hatten die Tolteken ihren Einfluss bis tief in das südliche Mittelamerika ausgeweitet. Es gibt kaum eine mittelamerikanische Stadt, die nicht von toltekischen Einflüssen geprägt wurde.

Einige Gebäude des Mayazentrums Chichén Itzá gleichen denen der Toltekenhauptstadt Tula sehr stark. Jüngste Untersuchungen ergaben jedoch, dass die Gebäude in Chichén Itzá qualitativ hochwertiger erbaut wurden als jene in Tula, was andeuten könnte, dass die Tolteken ihre Ideen den Maya anpassten und nicht umgekehrt. Toltekische Einflüsse sind im Tal von Oaxaca sowie im Hochland von Guatemala sichtbar. Wahrscheinlich drangen die Tolteken sogar noch weiter in den Süden vor und schlossen Kontakt mit den Andenkulturen außerhalb Mittelamerikas.

Mit ein Grund für die rasante Ausweitung des Toltekeneinflusses war ihr Militär. Die Priesterherrschaft scheint zumindest teilweise durch einen Beamtenapparat aus Militärführern ersetzt worden zu sein. In einigen Städten gibt es Anzeichen für einen gewaltsamen Sturz der alteingesessenen Königslinien, die durch Kriegsherren ersetzt wurden. Kriege alleine erklären jedoch noch nicht den Einfluss der Tolteken über fast ganz Mittelamerika.

Ein bedeutender Faktor war sicherlich der Handel. Seit der Zeit Teotihuacáns behielt der Süden seine Faszination für den Norden bei und die Tolteken öffneten und erweiterten die einst von den Bewohnern Teotihuacáns errichteten Handelsrouten. Bunte Federn, Baumwolle und vor allem Kakao waren beliebte Handelsgüter aus dem Süden.

Gegenüber: *Teil des Kriegertempels mit Schlangensäulen. Die zur Seite blickende Figur vor dem Tempel ist ein Chac Mool. Obwohl diese Figuren oft als „Opferaltäre" beschrieben werden, ist ihre tatsächliche Bedeutung unbekannt.*

Ein finanzielles Fest

Aus Kakao konnte Trinkschokolade hergestellt werden, ein teures und luxuriöses Getränk in Mexiko. Die Bohnen wurden allerdings von den reichen Familien auch als Zahlungsmittel verwendet, die damit die benötigten Zutaten für die Bankette kauften, die ihr Ansehen begründeten und festigten. Federn von Tropenvögeln aus dem Hochland von Guatemala waren sehr beliebt; die Federn des Quetzals wurden zum Symbol des Königsstandes und brachten ihre Träger mit Quetzalcoatl, der Gefiederten Schlange, in Verbindung. Baumwolle stammte aus Yucatán und war sowohl für Zivilkleidung als auch für Militärgewänder nützlich.

Dennoch war kriegerische Stärke vonnöten, um den von den Tolteken geschaffenen Einflussbereich zu sichern. Zusätzlich zu Zentralmexiko, das von Tula aus regiert wurde, gab es auch Toltekenstaaten in Yucatán, Tabasco und Guatemala. Es wird angenommen, dass die Tolteken in all diesen Gebieten Militärtruppen stationiert hatten.

Sicherlich gab es aktiven und passiven Widerstand seitens der Priester, deren Autonomie die Tolteken abschaffen wollten. Diese Priester fanden wohl Unterstützung durch Bauernarmeen, die gewaltigen Widerstand leisten konnten, wenn sie provoziert wurden. Die Toltekenherrscher passten sich also sicherheitshalber bei der Gründung ihrer Staaten an die örtlichen Gegebenheiten an und akzeptierten die lokalen Gottheiten.

Die genaue Eroberungsgeschichte ist unbekannt. Dies liegt nicht an einem Mangel an Aufzeichnungen, sondern an einem Übermaß an Mythen, die die Azteken später erfanden, um ihren Anspruch auf die von den Tolteken eroberten Gebiete zu rechtfertigen.

Aus diesen Mythen gehen die Tolteken als besonders weise hervor. Sie sollen Mathematik und die Schrift erfunden haben. Diese Geschichte entspricht jedoch genauso wenig der Wahrheit wie die Erzählung, dass die Tolteken bunte Baumwolle pflanzten, damit die Weber sie nicht mehr färben mussten, oder dass sie weder Hunger noch Traurigkeit kannten.

CHICHÉN ITZÁ
Eindringlinge beeinflussen die Architektur der Mayastädte

In der Mayasprache bedeutet chi „Mund" und chen „Quelle". Itzá ist die Bezeichnung eines Stammes. Die wörtliche Übersetzung von Chichén Itzá lautet also „der Mund der Quelle der Itzá", eine Andeutung auf die heilige *Cenote* (natürliche Quelle), die diesem Ort entspringt (Seiten 136–137). Chichén Itzá liegt etwa 120 Kilometer östlich von Mérida, der Hauptstadt Yucatáns. Dem *Chilam Balam* (eines der heiligen Bücher der Maya, das zur Zeit der spanischen Eroberung verfasst wurde) zufolge wurde die Stadt 450 n. Chr. gegründet; ein Datum, das auch aus archäologischer Sicht realistisch ist.

Alle älteren Bauwerke der Stadt sind eindeutig im Mayastil errichtet und befinden sich am Südende. Es handelt sich um das Rote Haus, das Nonnenkloster, das Hirschhaus und das Akab-Dzib. Sie alle weisen Darstellungen des langnasigen Regengottes Chac auf.

Das *Chilam Balam* erzählt, dass Yucatán seit Beginn des neunten Jahrhunderts mehreren Invasionen durch feindliche Stämme zum Opfer fiel. Sie nutzen Chichén Itzá als Basislager für weitere Eroberungen, wurden aber vertrieben, als die ursprünglichen Einwohner ihre Ländereien zurückforderten. Obwohl die Rückkehr der Itzá nicht archäologisch belegbar ist, steht fest, dass sich ab dem zehnten Jahrhundert der architektonische Stil Chichén Itzás änderte.

Während dieser Zeit wurde Chac, der Regengott der Maya, dem Regengott Tlaloc aus dem Tal von Mexiko gleichgestellt. Ähnlich wurde auch die Gefiederte Schlange der Maya, Kukulcan, ab nun Quetzalcoatl genannt. Die Gebäude dieser Zeit sind mit Darstellungen von gewundenen Schlangen, Jaguaren und Menschenherzen fressenden Adlern verziert.

Unerforschte Landschaft

In der Stadt gibt es Säulen, auf denen fremde Krieger und Schädelregale (*tzompantli*, siehe Seiten 156–157) abgebildet sind. Diese und andere Details stellen eine Verbindung zwischen Chichén Itzá und der Toltekenhauptstadt Tula dar. Ob die Tolteken Chichén Itzá komplett überrannten oder eine Art Maya-Tolteken-Allianz bildeten, ist unklar. Die Gebäude am Nordrand der Stadt weisen jedenfalls Baumerkmale beider Kulturen auf.

Diese Gebäude wurden zwischen dem 11. und 13. Jahrhundert errichtet, einer Zeit, in der Chichén Itzá die wichtigste Stadt Yucatáns war. Toltekische Schlangensäulen stützen den Jaguartempel. Auch die Halle der tausend Säulen, El Castillo (ebenfalls bekannt als die Pyramide von Kukulcan oder die Schlangenpyramide) und der Ballspielplatz weisen toltekische Elemente auf – aber auch Darstellungen des langnasigen Regengottes der Maya.

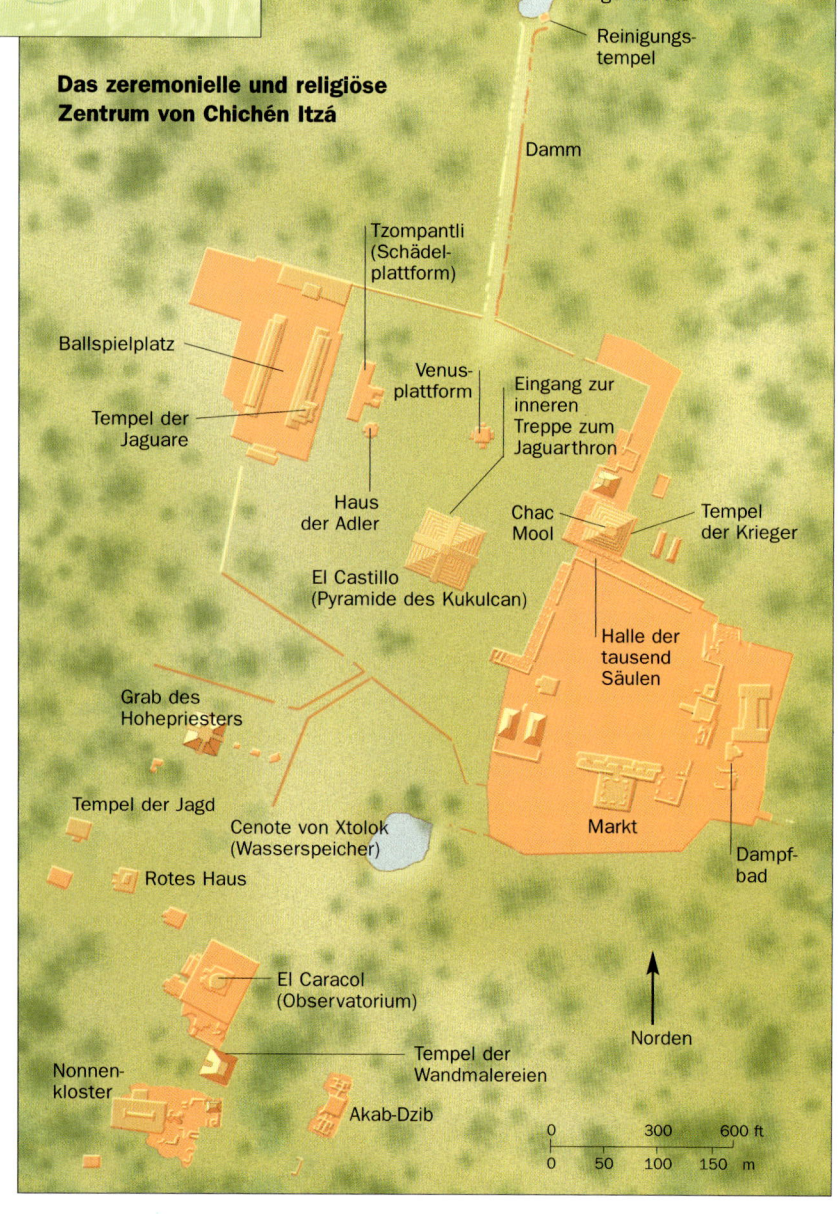

Chichén Itzá
Uxmal
HALBINSEL YUCATÁN
Palenque
Tikal

Das zeremonielle und religiöse Zentrum von Chichén Itzá

Heilige Cenote
Reinigungstempel
Damm
Tzompantli (Schädelplattform)
Ballspielplatz
Venusplattform
Eingang zur inneren Treppe zum Jaguarthron
Tempel der Jaguare
Haus der Adler
Chac Mool
Tempel der Krieger
El Castillo (Pyramide des Kukulcan)
Halle der tausend Säulen
Grab des Hohepriesters
Tempel der Jagd
Cenote von Xtolok (Wasserspeicher)
Markt
Rotes Haus
Dampfbad
Norden
El Caracol (Observatorium)
Tempel der Wandmalereien
Nonnenkloster
Akab-Dzib

0   300   600 ft
0 50 100 150 m

Links: *Das Nonnen-kloster in Chichén Itzá wurde im reinen Maya-stil erbaut und von den Spaniern wegen der Ähnlichkeit zu den Konventen ihrer Heimat so genannt. Der Langnasige Regengott Chac schmückt die Ecken des Gebäudes.*

Zu seiner Blütezeit erstreckte sich Chichén Itzá über 2,4 Quadratkilometer, wie weit sich der Einflussbereich der Stadt tatsächlich ausdehnte, ist bis heute unbekannt. Obwohl von den mächtigen Pyramiden wie El Castillo bis zu den Überresten von Hausmauern Hunderte Bauwerke untersucht wurden, sind nur etwa 20 davon zugänglich. Von der Spitze El Castillos aus erblickt man in der Umgebung zahlreiche, von dichten Pflanzen überwucherte „Hügel". Ein Großteil davon sind mit großer Wahr-

scheinlichkeit noch unerforschte Pyramiden, die einen Teil Chichén Itzás ausmachten.

Mitte des 13. Jahrhunderts wurde Chichén Itzá eingenommen und verlor seine Macht an die rivalisierende Stadt Mayapan. Es wurden keine neuen Gebäude errichtet und auch keine Bildnisse mehr gefertigt. Nur noch wenige Menschen lebten in der Umgebung. Die Stadt blieb jedoch ein beliebtes Pilgerziel und Opfergaben wurden auch lange nach der spanischen Eroberung der heiligen Quelle dargebracht.

Unten: *Der Tempel der Jaguare auf dem Ball-spielplatz wurde im toltekischen Stil erbaut. Im Inneren wird der Niedergang Chichén Itzás dargestellt. Im Hintergrund El Castillo, geweiht dem Kukulcan (Quetzalcoatl).*

ASTRONOMISCHE BEOBACHTUNGEN
Unmögliche Ausrichtung einer alten Kultur?

Unten: *Dieses runde Gebäude ist El Caracol, das den Maya-Astronomen in Chichén Itzá als Observatorium diente. Im Inneren führt eine Wendeltreppe zur Beobachtungsplattform, wo schmale Löcher in der Wand die vier Himmelsrichtungen und andere astronomisch wichtige Punkte markieren.*

Die Maya beobachteten Sonne und Mond und gründeten ihre Prophezeiungen auf den Bewegungen der Planteten. In dieser Hinsicht waren sie eher Astrologen als Astronomen. Sonne, Mond, die Planeten und Sterne waren Götter, deren Bewegungen und Konjunktionen einen direkten Einfluss auf das Leben der Menschheit hatten. Ihre Beobachtungen waren nicht nur sehr genau – sie kamen den heutigen Erkenntnissen erstaunlich nahe und waren fortschrittlicher als alles astronomische Wissen der Alten Welt. Die Maya maßen den Himmelskörpern auch eine Bedeutung bei, die eng mit Ritualen und Handlungen der Priester verbunden war.

Da die himmlischen Götter die Geschehnisse auf Erden lenkten, war es wichtig, ihre Bewegungen genau zu bestimmen und ihre Absichten zu erkennen. Die Bedeutung der Planeten spiegelt sich in den Zeremonienzentren, in wichtigen Bauwerken und in ihrer Lage zueinander wider.

In Chichén Itzá zeigen die architektonischen Merkmale der Pyramide El Castillo wichtige Elemente des Mayakalenders auf. Auf jeder der vier Seiten befinden sich 91 Stufen, die gemeinsam mit der Tempelterrasse 365 ergeben, die Anzahl der Tage im Sonnenjahr. Die Pyramide weist weiters auf neun Terrassen insgesamt 52 Tafeln auf, gleich der Anzahl der Jahre im toltekischen Kalenderzyklus. Die neun Terrassen werden auf jeder Seite von einem

Stiegenaufgang in zwei Teile unterteilt. So entstehen pro Seite 18 Terrasseneinheiten, die die 18 Monate des Mayajahres widerspiegeln.

Schneckenform

Diese architektonischen Details sind wohl kaum zufällig oder willkürlich entstanden. Noch bemerkenswerter sind jedoch die astrologischen Merkmale von El Caracol in Chichén Itzá. El Caracol ist ein auf einem rechteckigen Fundament errichteter runder Turm. Eine Wendeltreppe im Inneren führt zu einem Observatorium. Dieser Wendeltreppe verdankt das Gebäude seinen Namen: auf Spanisch bezeichnet „Caracol" das gewundene Muster eines Schneckenhauses. Wir wissen, dass Gebäude dieser Art später dem Toltekengott Quetzalcoatl in seiner Gestalt als Windgott Ehecatl geweiht wurden. Vielleicht trifft dies auch auf El Caracol zu.

Der östliche Teil El Caracols liegt in Ruinen; das Gebäude ist jedoch gut genug erhalten, um uns seine Bedeutung für die Mayapriester verständlich zu machen. Fensterartige Öffnungen in den dicken Mauern dienten als Beobachtungslöcher. Eine der erhaltenen Öffnungen zeigt nach Westen, genau in die

Richtung der untergehenden Sonne während der Sommersonnenwende. Zwei weitere zeigen je auf die südlichste sowie die westlichste Position des Mondes im Jahreskreis. Wieder ein anderes Fenster richtet El Caracol genau nach der Nord-Süd-Achse aus.

Daraus ergibt sich die Frage, wie die Maya ohne moderne technische Instrumente so genaue Beobachtungen anstellen konnten. Manche Gelehrte kamen zu dem Schluss, dass diese Gegebenheiten rein zufällig entstanden sind. Ihre Präzision jedoch spricht dagegen. Zeichnungen aus Zentralmexiko gewähren uns Einblick in das Wissen der antiken Astronomen.

In diesen Zeichnungen sitzen Beobachter vor zwei gekreuzten Stäbchen, mit deren Hilfe sie die Lage entfernter Objekte am Horizont bestimmen konnten. Beim Messen eines in Bewegung stehenden Himmelskörpers gegen einen Fixpunkt auf der Erde können seine Zyklen bestimmt werden – man muss nur darauf warten, dass der Himmelskörper sich zweimal hintereinander in der genau gleichen Position befindet. Diese bekannten Faktoren können mit Bewegungen anderer Planeten verglichen werden, bis die Berechnungen mit den Jahren einen hohen Genauigkeitsgrad erreichen.

Oben: *Massen besuchen Chichén Itzá während der Tagundnachtgleiche im Frühjahr und Herbst. Sie wollen den Schatten sehen, den die Pyramide an der nördlichen Treppe von El Castillo wirft. Das Ende des Schattens berührt das aufgerissene Maul der Schlange, die links in der Mitte des Bildes zu sehen ist.*

DIE HEILIGE CENOTE
Opfergaben an Chichén Itzás Leben spendende Quelle

Unten: *Diese Ansicht der heiligen Cenote zeigt den Weg, der nach links oben zu El Castillo führt. Die heilige Cenote wurde nicht zur Wasserversorgung genutzt (eine zweite Cenote in Chichén Itzá diente dazu), sondern nur für Opfergaben an die Wassergötter.*

Die Maya maßen dem Wasser als für den Menschen lebensnotwendigem Element hohen rituellen Wert bei. Der Großteil der Zeremonienplätze befindet sich daher in der Nähe von Wasserläufen. Manchmal, wie etwa in Palenque, wurde der Fluss sogar als bauliches Stilmittel in die Stadt integriert. In Mittelamerika tauchen zahlreiche Darstellungen des Regengottes und seiner Assistenten auf. Das Blut der Menschenopfer wurde oft als „lebendes Wasser" bezeichnet und den Göttern dargeboten.

Für die Maya in Yucatán hatte Wasser einen ganz besonderen Stellenwert. Meistens gibt es dort kein Oberflächenwasser. Das für Feldarbeiten benötigte Wasser sammelten sie also in Speichern oder Zisternen, die sich in der Nähe der Zeremonienzentren befanden. Der Kalksteinboden Yucatáns weist jedoch eine Besonderheit in der Form von tiefen runden, natürlichen Quellen oder *cenotes* auf, die das ganze Jahr über Wasser führen. Die Xtoloc-Cenote bei Chichén Itzá hatte genügend Wasser, um die gesamte Bevölkerung der Umgebung zu versorgen. Durch sie wurde die Stadt während der klassischen Epoche besonders bedeutsam.

Eine zweite Cenote in Chichén Itzá wurde ausschließlich als Opferquelle genutzt. Sie ist durch einen 300 Meter langen Damm mit El Castillo verbunden, der großen Pyramide im Zentrum der Stadt. Sogar Pilger aus dem entfernten Panama im Süden oder dem Tal von

Mexiko reisten an, um hier ihre Opfergaben in die Tiefe zu werfen. Hunderte Kopalharzblöcke, die zu kleinen Figuren geformt und türkis bemalt worden waren, wurden bei Untersuchungen des Peabody-Museums zwischen 1905 und 1908 aus den Tiefen der Quelle geborgen.

Dieses Harz wurde wegen seines würzigen Geruches oft als Räuchermittel verwendet und als solches in kleine, mit Götterbildern verzierte Räucherschalen aus Ton gelegt. Wir wissen daher, dass viele der Gaben in der Opferquelle für den Regengott Chac bestimmt waren.

Junge und wertvolle Opfer

Der Legende nach wurden bei der Opfercenote jungfräuliche Mädchen mit ihrem Schmuck und anderen kostbaren Opfergaben von Mayapriestern in die Tiefe gestoßen. Zwar gibt es keinen archäologischen Beweis, dass für diese Rituale Jungfrauen gewählt worden waren, bei Untersuchungen des Quellenbodens kamen jedoch tatsächlich zahlreiche menschliche Knochen zum Vorschein. Die meisten davon stammten von Kindern.

Bischof Lander, ein spanischer Schreiber, beobachtete, dass manchmal Kinder bei Tagesanbruch in die Cenote geworfen wurden. Sollten sie bis Mittag überleben, wurden sie mit Hilfe einer Seilschlinge wieder heraufgezogen. Man glaubte, dass sie während der Zeit in der Quelle mit den Göttern in Verbindung standen und daher befähigt waren, die Ereignisse des kommenden Jahres vorauszusagen. Er beobachtete auch, dass die Mayaherrscher in Panik von der Quelle flohen, wenn die Mädchen ertranken. Landa erzählt, dass die Maya „während der Trockenzeit oft lebende Männer in die Quelle stürzten, und obwohl sie dort umkamen, betrachtete man sie nicht als tot".

Viele der in der Quelle gefundenen Gegenstände waren für die Maya sehr wertvoll, da sie entweder kunstvoll gefertigt waren oder aus teuren, importierten Materialien bestanden. Es handelte sich um Masken, Goldschmuck, Gold- und Kupferplatten, Holzschnitzereien und Steinreliefe, polierte Jadeperlen, zeremonielle Schwertspitzen aus Jade sowie Messer aus Knochen und Muscheln. Einige Opfergaben erinnern auch an Jagd und das Kriegswesen.

Oben: *Dort, wo der Weg die Cenote erreicht, stand ein kleiner Tempel (der hier teilweise rekonstruiert ist), in dem vor den Opferungen Reinigungsrituale durchgeführt wurden. Die heilige Cenote ist etwa zwölf Meter tief, darunter befindet sich eine drei Meter tiefe Schlammschicht. Daraus konnten menschliche Knochen und zahlreiche Artefakte geborgen werden.*

QUETZALCOATL ALS KUKULCAN
Der Mayaherrscher wird zum Gefiederten Schlangengott

Oben: *Das aufge-rissene Schlangenmaul und der Federmantel dieser Skulptur aus Teotihuacán sind typisch für Quetzalcoatl.*

Auf Nahuatl, der von den Tolteken und Azteken gesprochenen Sprache, ist Quetzalcoatl der Name der Gefiederten Schlange, die tief in Glauben und Ritual-handlungen der spätklassischen Epoche verankert war. Den Maya aus Yucatán war sie als Kukulcan bekannt, den Hochlandmaya von Quiche und Cakchiquel als Gucumatz.

Obwohl sie später in den Mayagebieten Mexikos von herausragender Bedeutung war, wurde die Gefiederte Schlange während der Klassik nicht verehrt. In vielen Mayastädten gab es jedoch Vorläufer dieses Gottes.

Die Maya der Kolonialzeit sprachen von Kukulcan als einem der beiden Schöpfergötter. Die Tolteken und Azteken hatten diesbezüglich

ähnliche Glaubensvorstellungen über ihren Quetzalcoatl. Die Mythen beschreiben Zuyua als Ursprungsort des Gottes, eine Stadt, die später mit der Toltekenhauptstadt Tula in Verbindung gebracht wurde. Alles deutet darauf hin, dass Quetzalcoatl/Kukulcal eine Erfindung der Tolteken war.

Wir wissen allerdings auch, dass die Tolteken oft die Namen bereits existierender Götter für die bedeutendsten unter ihren Gottheiten übernahmen. Auch waren sie eher eine kriegerische Gemeinschaft als eine priesterliche. Es ist äußerst unwahrscheinlich, dass die Tolteken neue Götter erfanden, wie es etwa bei den Azteken üblich war.

Die historischen Quellen der Maya beschreiben einen Mann, der sich Kukulcan nannte und 987 n. Chr. aus dem Westen nach Yucatán kam. Diesen Berichten zufolge brachte Kukulcan Yucatán unter seine Herrschaft und gründete die Hauptstadt Chichén Itzá, die später sowohl Elemente der Maya als auch der Tolteken vereinte. Er soll den Götzendienst eingeführt haben, jedoch gut und gerecht gewesen sein.

Später soll Kukulcan nach Mexiko zurückgekehrt sein, wo er als Gott Quetzalcoatl verehrt wurde. Diese Geschichten beziehen sich wahrscheinlich auf die Invasion Yucatáns durch Mixcoatl (Wolkenschlange), dessen Sohn Topiltzin später den Namen Quetzalcoatl als Adelstitel annahm.

Topiltzin-Quetzalcoatl vertrieben

Es scheint, als ob Quetzalcoatl/Kukulcan eine echte Person war, die später in den Götterstand erhoben wurde. Dies kam in der mittelamerikanischen Geschichte häufig vor, in der die Herrschaftshäuser oft ihre göttliche Abstammung beteuerten. Dass Kukulcan als gut und gerecht beschrieben wurde, lag wohl daran, dass Yucatán unter der Kontrolle Mexikos stand, als die Geschichten niedergeschrieben wurden. Die Tolteken kontrollierten Yucatán, indem sie die Könige der Maya absetzten. Die Wandmalereien in Chichén Itzá zeigen Kukulcan am Himmel schwebend. Es wartet auf Opfergaben aus menschlichen Herzen, die aus den Körpern der Mayaherrscher geschnitten werden.

Auch andere Berichte rechnen den Tolteken die Erfindung Quetzalcoatls an. Danach entstand zwischen den Anhängern von Topiltzin-Quetzalcoatl und dem toltekischen Militär, das Tezcatlipoca (Rauchender Spiegel) verehrte, ein Konflikt. Durch eine List zwang Tezcatlipoca Topiltzin-Quetzalcoatl, Tula zu verlassen. Dieser floh mit seinen Anhängern zur Golfküste, wo sie auf einem Floß die Segel hissten und nach Tlapallan (das Rote Land) fuhren. Es scheint bedeutsam, dass diese Vertreibung ebenfalls 987 n. Chr. stattfand. Sie fiel also mit der Einwanderung der Tolteken in Yukatán zusammen.

Man vermutet daher, dass der Quetzalcoatlkult innerhalb der toltekischen Herrschaftsreihen entstand. Da er nach einem Militärputsch in Tula ins Exil vertrieben wurde, hat Topiltzin-Quetzalcoatl vielleicht einen unabhängigen Toltekenstaat in Yucatán gegründet, wo er die amtierenden Herrscher absetzte und sich selbst zum König ernannte. Um seine Position zu rechtfertigen, erhob er der Tradition nach die Königsfamilie in den Götterstand. So wurde Quetzalcoatl-Kukulcan zum Gott. Diesen göttlichen Status bestätigten später die Azteken, die selbst behaupteten, vom Adel Tulas abzustammen.

Oben: Es gibt wenige Hinweise darauf, dass der Quetzalcoatlkult bei den Maya entstand, obwohl Mayamythen berichten, dass eine Gefiederte Schlange namens Kukulcan einer der Zwillingsschöpfergötter sei. El Castillo in Chichén Itzá war Kukulcan geweiht, wurde aber im späten, toltekisch beeinflussten Stil erbaut. Dieses Stück einer Kukulcanskulptur aus dem 10. Jahrhundert stammt aus Chichén Itzá.

DIE LEGENDEN DER NACHFAHREN
Fantasievolle Versionen der toltekischen Geschichte

Unten: *Detail der Pyramide von Quetzalcoatl in der toltekischen Hauptstadt Tula. Die äußere Schicht der Pyramide wurde abgetragen, um Informationen über die Bauweise zu erlangen. Obwohl viele Mayabauwerke in Yucatán denen in Tula nachgebaut wurden, sind die Gebäude in Yucatán generell besser ausgeführt.*

Die Geschichte der Tolteken beruht fast ausschließlich auf Legenden. Sie hinterließen keinerlei datierte Dokumente und die archäologischen Aufzeichnungen waren sehr lange ungenau und widersprüchlich. Ihre Hauptstadt Tollan wurde zuerst in Teotihuacán vermutet, was sich als falsch erwies. Später kamen noch Dutzende andere Stätten in Frage. Heute wissen wir, dass es sich bei Tollan um Tula im mexikanischen Staat Hidalgo handelte. Zu dieser Verwirrung trugen großteils die Aztekenlegenden über die Tolteken bei.

Diesen Mythen zufolge kamen die Tolteken aus dem Norden und gründeten im Höhlenlabyrinth bei Culhuacán eine Stadt. Ce Acatl Topiltzin Quetzalcoatl erbaute Tula aus Muschelschalen, Türkisen und Federn. Sein Reich war atemberaubend schön. Baumwolle, Mais und Kakao blühten in bunten Farben und gediehen so reichlich, dass die Tolteken viele ihrer Maiskolben verbrannten, um ihre Bäder zu erhitzen.

Unter Topiltzin Quetzalcoatl opferten die Tolteken ausschließlich Schlangen, Vögel und Schmetterlinge. Auch lebten sie in Harmonie mit ihren Nachbarn. Dies erzürnte die Götter, die nach menschlichen Herzen verlangten. Sie entsandten einen Zauberer, der Topiltzin Quetzalcoatl verführte, ein Getränk zu sich zu nehmen, das seine Streitlust wiederherstellte. Im Rausch dieses Getränkes schlief er mit der Göttin der Prostitution und brach somit sein Priestergelübde, was dem Kriegsgott Tezcatlipoca verhalf, an die Macht zu kommen. Eine andere Version dieser Geschichte wurde herangezogen, um Tulas Zerstörung zu erklären (siehe Seiten 124–125).

Geächtetes Verlangen

Topiltzin Quetzalcoatl folgten mehrere Könige nach, die jeweils für 52 Jahre regierten (die Zeitspanne eines mittelamerikanischen Kalenderzyklus). Während ihrer Herrschaft begann Tula zu zerfallen. Es gab Dürreperioden, Würmer fraßen die Ernte und es regnete Feuer. Der letzte Herrscher, Huemac, fiel außerdem Tezcatlipocas Machenschaften zum Opfer. Huemac, der nicht wie die anderen Herrscher ein Keuschheitsgelübde abgelegt hatte, hatte

eine schöne Tochter, die alle Freier ablehnte. Tezcatlipoca sandte den Zauberer Toueyo nach Tula, um die Herrschaft Huemacs zu untergraben.

Toueyo gab sich als Paprikaverkäufer aus und war wie die anderen Hausierer nackt. Huemacs Tochter, die nun im Banne des Zauberers stand, sah seinen Penis und wurde von Lust überwältigt. Sie zog sich in ihr Gemach im Palast zurück, wurde apathisch und verweigerte das Essen. Ihre Dienerinnen redeten auf Huemac ein, er möge sie von ihrem Leid erlösen. Sobald dieser den Grund ausgemacht hatte, brachte er Toueyo in den Palast und vermählte ihn mit seiner Tochter.

Die Azteken erzählten diese Geschichte, um den Zerfall von Tula zu erklären. Huemac vermählte seine einzige Tochter mit einem

Fremden, schlimmer noch, mit einem einfachen Marktverkäufer. Mit dieser Heirat in eine niedrigere Kaste brach er das aristokratische Erbe der Toltekenkönige. Diese Geschichte rechtfertigte auch den Einfall der Azteken in Tula, das sie bei dem Versuch, den Quetzalcoatlkult wiederzubeleben, zerstörten.

Obwohl die Inhalte dieser Legenden großteils fantasievolle Erfindungen der Azteken waren, um ihre eigene Herrschaft zu legitimieren, bestätigen archäologische Untersuchungen die internen Unstimmigkeiten, die zum Fall Tulas führten. Der Konflikt zwischen der Priesterschicht, die Quetzalcoatl verehrte, und den Militärkommandanten unter der Führung von Tezcatlipoca formte das Fundament eines ideologischen Konfliktes, der später in der Aztekenhauptstadt Tenochtitlan entbrannte.

Oben: *Die toltekische Eroberung von Yucatán im 10. Jahrhundert konfrontierte konservative Mayapriester mit der toltekischen Politik von Krieg und Eroberung. Die Basaltfigur,* **links***, stellt einen toltekischen Krieger dar, der eine gepanzerte Rüstung trägt. Der Widerstand gegen die Tolteken wurde von Priestern wie diesem,* **rechts***, auf einer Porzellanvase der Maya abgebildeten angeführt.*

KAPITEL SIEBEN

DIE AZTEKEN
Die Allianz der Mexika und Chichimeken mit mexikanischen Städten

Die letzte Phase der mittelamerikanischen Geschichte begann mit den Azteken, die 1325 im Tal von Mexiko Tenochtitlan gründeten. Bis zur Eroberung durch die Spanier waren die Azteken das dominierende Volk Mittelamerikas, das zur Blütezeit über ganz Mexiko herrschte.

Verglichen mit anderen mittelamerikanischen Kulturen hinkten die Azteken jedoch der Zeit hinterher. Als Tenochtitlan erbaut wurde, war die großartige Stadt Teotihuacán bereits seit über 600 Jahren zerstört, die Maya gab es seit 400 Jahren kaum noch und die Toltekenhauptstadt Tula war 100 Jahre zuvor geschleift worden.

Die Azteken nannten sich selbst Mexika oder Tenocha. Gemeinsam mit dem Stamm der Chichimeken kamen sie im 13. Jahrhundert ins Tal von Mexiko. Hier verbündeten sich die Mexika-Chichimeken mit den Städten Texcoco und Tlacopan. Es ist dieses Dreierbündnis, das wir üblicherweise meinen, wenn wir von den „Azteken" sprechen.

Die Geschichte der Azteken ist geprägt von Eroberungen und Herrschaft. Die meisten Legenden handeln von den Adler- und Jaguarkriegern, von Menschenopfern und der grausamen Praktik rituellen Kannibalismus. Aufzeichnungen sprechen von mehr als 15.000 Menschenopfern jährlich. Ihre noch schlagenden Herzen wurden den Opfern bei lebendigem Leib herausgerissen, ihre toten Körper daraufhin die Tempelstufen hinabgeworfen, in die Arme der wartenden Masse. Manchen Schätzungen zufolge stieg die Zahl der jährlichen Menschenopfer sogar auf 50.000 an.

Obwohl diese Opfer ein wesentliches Element der Aztekengeschichte ausmachten – sie dienten nicht nur dazu, die Götter zu besänftigen, sondern durch Androhung ritueller Zerstörung auch zur Kontrolle des Reiches – bilden sie nur einen Teil des Puzzles. Die Azteken waren nicht nur wilde Barbaren, wie die Spanier sie schilderten, sie hatten auch eine reichhaltige Mythologie entwickelt, die auf dem Glauben von Tula und Teotihuacán basierte. Sie perfektionierten die Kunst des Monumentalbaus und der Landgewinnung und hatten eine Liebe für Poesie und Rhetorik (Seiten 160–161). An der Spitze ihrer Beamtenhierarchie stand demnach der Große Sprecher.

Erläuterungen zu den Nummern auf der Hauptkarte:
(1) Cortés landet im April 1519. Während seine Schiffe nordwärts zum heutigen Villa Rica zogen (2), reiste Cortés zu Lande nach Oceloapan (3), bevor er sich seiner Hauptstreitmacht anschloss.

In Ixtacamaxtitlan (4) wurde Cortés mit dem starren Widerstand der Indianer konfrontiert. Die Spanier waren von der Macht und dem Einfluss von Moctezuma und der aztekischen Hauptstadt beeindruckt.

Die Einwohner von Tlaxcala (5), die unabhängig von Tenochtitlan werden wollten, wurden Cortés' Verbündete.

Im November 1519 erreichte Cortés Ayotzingo (6). Moctezumas Neffe begrüßte die Spanier und führte sie triumphierend nach Tenochtitlan, um den Aztekenherrscher zu treffen.

900 n. Chr.
Das Ende der klassischen Mayazivilisation

1200
Die Mexika (Azteken) und Chichimeken tauchen im Tal von Mexiko auf

1250
In Afrika wird das Königreich Benin gegründet

1325
Die Azteken gründen Tenochtitlan

1345
Tenochtitlan wird zur Hauptstadt des Aztekenreiches

1428–1430
Die Azteken besiegen die Tepaneken, frühere Siedler im Tal von Mexiko

1434
Dreifache Allianz zwischen Tenochtitlan, Texcoco und Tlacopan

1440–1468
Das Aztekenreich dehnt sich nach Süden über Tenochtitlan aus

Krieg, Religion, Ackerbau, Handwerk

Die Aztekengemeinschaft war sehr komplex. Der Große Sprecher war Staatsoberhaupt und Hohepriester. Man nahm an, dass er diese Position durch göttliches Recht innehatte. Ihm untergeben war ein Kriegsanführer, der für die weltlichen Belange der Azteken zuständig war, sowie eine Priesterschar, die ihr Leben in den Dienst der verschiedenen Götter stellte. Diese Elitegruppe wurde von einer Adelsschicht unterstützt, aus deren Reihen die Adler- und Jaguarkrieger gewählt wurden. Die Azteken verfügten über keine Berufsarmee. Stattdessen wurde jeder Knabe in die Kampfkunst eingeführt und lernte mit dem Obsidianschwert, *atlatl*, umzugehen (Seite 162–163).

Trotz der Bedeutung des Kriegswesens basierte die Wirtschaft der Azteken auf Landwirtschaft. Die angelegten Felder, *chinampas* (Seite 164–165), wurden von lokalen Arbeitern, *calpulli*, bewirtschaftet. Jede Arbeitergruppe hatte einen Anführer und einen eigenen Tempel. Außerdem waren zahlreiche Viertel Tenochtitlans ausschließlich der Handwerkskunst gewidmet und wurden von Steinhauern oder Goldschmieden bewohnt. Obwohl sie von hohen Ämtern ausgeschlossen waren, wurden die Frauen stark respektiert und genossen die gleichen Freiheiten wie Männer. Einige Frauenberufe, wie etwa jener der Hebamme, hatten den gleichen Status wie ein Hohepriester der Führungselite.

Die Azteken waren tief religiös. Nichts wurde ohne die Zustimmung der Götter unternommen und jeder Haushalt hatte seinen eigenen Altar, an dem täglich Opfer und Gebete dargebracht wurden. Jeder Tag im Jahreskreis und jede Aktivität hatte einen eigenen Schutzgott. Wichtige Handlungen wurden erst durchgeführt, nachdem der Hohepriester seinen Kalender befragt und einen günstigen Zeitpunkt bestimmt hatte.

Dennoch waren die Azteken nicht dogmatisch. Zwar verlangten sie Steuerabgaben von besiegten Gruppen, sie zwangen jedoch niemandem ihren Glauben auf.

Legende

- Aztekenreich, 1440
- Expansion unter Moctezuma I and Axayacatl, 1440–1481
- Expansion unter Ahuitzotl und Moctezuma II, 1486–1520
- Grenzen um 1520
- Route von Cortés zwischen April und November 1519

Karte

FLORIDA

KUBA

GOLF VON MEXIKO

BUCHT VON CAMPECHE

Yucatán

Mayapán · Chichén Itzá · Cobá · Uxmal · Tulum · Cozumel

KARIBISCHES MEER

Tabasco · Petén · Chiapas

Huitzlan · Mazatlan

Maßstab für Kartenausschnitt rechts

0 5 10 15 20 m
0 10 20 30 km

Kartenausschnitt TAL VON MEXIKO

Tizayuacán · Citlaltepec · Coyotepec · Zumpancosee · Xaltocan · Xoloc · Teoloyuacan · Xaltocansee · Cuautitlan · Ruinen von Teotihuacán · Ecatepe · Tenayuacan · Tepeyacac · Texcocosee · Chiconaulta · Azcapotzalco · Texcoco · Tlacopan · Deich von Netzahualcoyotl · Chapultepec · TENOCHTITLAN · Culhuacan · Coyohuacan · Xochimilcosee · Zapotitlan · Ixtapalucan · Xochimilco · Atlapulco · Chalcosee · Chalco · Ayotzingo · Tezompa

DIE MEXIKA-CHICHIMEKEN
Bunte Geschichte eines gewinnsüchtigen Stammes

Die Geschichte der Azteken begann erst im 13. Jahrhundert, als ein kleiner Stamm, der sich selbst Mexika nannte, aus dem Norden ins Tal von Mexiko zog. Der Legende nach stammten sie ursprünglich aus Axatlan, einem Ort, der oft mit Mictlan, der Unterwelt, in Verbindung gebracht wird. Fest steht nur, dass

die Azteken ursprünglich nicht im Tal von Mexiko heimisch waren.

Vielleicht waren sie nomadische Jäger und Sammler oder betrieben geringfügigen Ackerbau und wurden von widrigen Bedingungen in den Süden getrieben. Als die Mexika ins Tal von Mexiko gelangten, wurde dieses von drei rivalisierenden Mächten beherrscht: den Tepaneken aus Atzcapotzalco, der toltekischen Stadt Texcoco sowie der Stadt Culhuacán, deren Anführer behaupteten, von den Tolteken-Chichimeken aus Tula abzustammen.

Die Chichimeken selbst waren ebenfalls Fremde aus dem Norden, obwohl auch sie behaupteten, von Tula abzustammen. Sie scheinen von den Tepaneken und von Texcoco geächtet worden zu sein, da ihr Name, „Chichimeken", sich von „chi-chi-chi" ableitet: einem unverständlichen Gezwitscher anstelle von ordentlicher Sprache. Sie wurden also als „Fremde" eingestuft.

Die Mexika gründeten die kleine Siedlung Chapultepec am Westufer des Texcocosees. Sie waren schwach und konnten sich im Gebiet der Chichimeken nicht etablieren. Sie wurden daher von den rivalisierenden Splittergruppen des Tals als Söldner angestellt. Schließlich formten sie ein mächtiges Bündnis mit der Chichime-kenstadt Culhuacán.

Der Legende nach veranstalteten die Mexika ein großes Fest zu Ehren der Tochter von König Culhua, um ihre Verbündeten aus Culhuacán zu beeindrucken. König Culhua willigte ein, da er annahm, seine Tochter dürfe in den Adel der Mexika einheiraten, was seine politische Macht stärken würde. Die Mexika jedoch opferten das Mädchen ihrem Schutzgott Huitzilopochtli.

Im Exil
Im Gegenzug vertrieben die Krieger von Culhuacán die Mexika und zwangen sie ins Exil auf die sumpfigen Inseln im Texcocosee. König Culhua erwartete, dass die Mexika in dieser feindseligen Gegend zugrunde gehen würden. Um ihr Leid zu verlängern, verbannte er sie, anstatt sie zu töten. Die Mexika jedoch überlebten, indem sie sich mit Texcoco und den Tepaneken verbündeten. Zufällig erfüllte ihr Exil den ersten Teil der Mexikalegende, die besagte, sie würden eine große Stadt – das „Zentrum der Erde" – auf sumpfigen Inseln gründen.

Nach vielen mühsamen Jahren erfüllte sich auch der zweite Teil der Prophezeiung. Sie würden auf einer Insel, auf der sie einem Adler – ein Symbol von Tezcatlipoca in Gestalt von Huitzilopochtli – begegneten, der auf einem Kaktus saß und eine Schlange im Schnabel hielt, eine Stadt erbauen. Diese Prophezeiung erfüllte sich 1325 n. Chr., als die Mexika Tenochtitlan gründeten.

Nachdem sie diesen permanenten Stützpunkt errichtet hatten, kam den Mexika ihr als Söldner erworbenes Kriegswissen zugute. Sie kannten die Kampftaktiken aller Nachbarstämme. Dieses Wissen nutzen sie zu ihrem Vorteil, vernichteten die Tepaneken und gingen ein neues militärisches Bündnis mit Texcoco ein.

Auch mit der Stadt Tlacopan schlossen sie sich zusammen und bildeten so das Dreierbündnis der Azteken.

Sie unterwarfen eine nahe Nachbarstadt im Norden und gründeten so die Zwillingsstadt Tenochtitlan-Tlatelolco.

Die treibende Kraft innerhalb des Dreierbundes waren die Mexika-Chichimeken, die nun ihre Herrschaft durch ihre angebliche Abstammung von den Tolteken und Teotihuacán legitimierten.

Oben: *Die ursprünglich erste aztekische Siedlung war bei Chapultepec am Westufer des Texcocosees. Heute liegt dort ein Park in Mexico City.*

Das Tal von Mexiko unter den Azteken.

Ecatepe

Tezoyuca

Tulpetlac

Cuauhtepec

Tenayuacan

Tlalnepantla

Texcocosee

Texcoco

Texcotzinco

Huexotlan

Azcapotzalco

Tepeyacac

Oloncalpulco

Tlacopan

Tlatelolco

Deich von Netzahualcoyotl

Coatlinchan

Popotlan

TENOCHTITLAN

Chapultepec

Chimalhuacan

Chicoloapan

Atlacuihuayan

Mexicaltzinco

Mixcoac

Iztalpalapan

Salzwasser östlich des Deiches von Netahuacoyotl; Süßwasser westlich des Deiches und im Xochimilco- und Chalcosee.

Coyohuacan

Culhuacan

Iztahuacan

Tizapan

Huitzopocho

Ixtapalucan

Xochimilcosee

Huipulco

Zapotitlan

Chalcosee

Tlalpan

Cuitlahuac

Xico

Xochimilco

Chaclo

Atlapulco

Acalbixa

Tulyehualco

Tlaxialtemalco

Mixquic

Tetelco

Tezompa

Chinampas

Gegenüber: *Nach aztekischen Prophezeiungen sollte ihre Hauptstadt Tenochtitlan in einem Sumpf errichtet werden – dort, wo ein Adler auf einem Kaktus sitzt und eine Schlange im Schnabel hält. Dieses aztekische Bild zeigt die Gründung der Stadt mit dem Adler auf dem Kaktus im Zentrum. Beachten Sie die blauen Linien, die Tenochtitlan in vier Teile teilen und die Kanäle darstellen, an denen die Stadt erbaut wurde.*

AZTEKISCHE ÄSTHETIK
Naturgetreue Abbildungen

Für die Azteken war die Welt in Schönheit getaucht. Sie waren gekonnte Beobachter der kleinsten Details, mit denen die Natur überraschen kann. Die aztekischen Stein- oder Jadekünstler arbeiteten so detailgetreu, dass moderne Botaniker anhand der von ihnen geschaffenen Kunstwerke noch eindeutig die dargestellte Frucht identifizieren können. Man muss sich in Erinnerung rufen, dass für die Azteken alles, was in der Natur vorkam, ein Geschenk der Götter war.

In gewissem Sinne befand sich das tatsächliche Objekt, was wir vielleicht die Essenz nennen könnten, nicht in der menschlichen

Welt, sondern in der der Götter. Die Spanier beschrieben, dass die aztekischen Künstler lediglich die „Erscheinung" eines Objektes abbildeten, sozusagen als Symbol oder Zeichen von etwas Größerem.

Die Arbeiten der Aztekenkünstler konnten demnach als heilig angesehen werden und je nach Status hatten sie einen ähnlichen Rang wie die königlichen Schreiber und Adeligen.

Jedes Relief und jedes Gemälde, so nahm man an, beinhaltete gewissermaßen die elementaren Qualitäten des Ursprungs der dargestellten Art und stand somit mit den Schöpfergöttern selbst in Verbindung. Jedes Kunstwerk hatte mythologische und rituelle Bedeutung. Die Darstellung eines Schmetterlings wurde nicht als Abbild eines Individuums dieser Art betrachtet, sondern wies alle symbolischen und mythologischen Qualitäten des ursprünglichen Schmetterlings auf. Das Bild stand auch für einen Krieger, dessen Seele wie ein Schmetterling in der Welt der Toten flattert. Auch wurde das Bild mit den „Blumenkriegen"

verbunden, in denen der Kämpfer seine Künste unter Beweis stellen musste.

Halluzinogene Unterhaltung mit den Göttern

Genauso riefen Abbildungen von Pilzen oder Kakteen Bilder des „Fleisches der Götter" und der „Milch der Götter" hervor. Die Pilze hatten halluzinogene Eigenschaften und wurden von Priestern während ihrer Weissagerituale eingenommen. Mit Hilfe dieser Pilze konnten die Götter durch die Priester sprechen. Aus dem Saft einer bestimmten Kaktusart konnte ein berauschendes Getränk hergestellt werden. Jeder, der davon trank, wurde an den Rand der Heiligen Welt geführt.

In den monumentalen Reliefen der Azteken wurde weniger Bezug zum Realismus deutlich, die Künstler hielten sich jedoch an strenge Formeln, die den Azteken zu dieser Zeit genauso realistisch schienen wie alles, was in der Natur beobachtet werden konnte. Für die Götter gab es gleich bleibende Symbole.

Obwohl jeder eine große Anzahl unterschiedlicher Formen annehmen konnte, verfügten alle über ein gewisses Repertoire an Eigenschaften, die von den Künstlern gewissenhaft in ihren Werken festgehalten wurden. Wenn ein Azteke ein Kunstwerk betrachtete, so sah er nicht die Darstellung eines Gottes, sondern einen Weg, durch den der jeweilige Gott vergegenwärtigt wurde.

Die Skulpturen der Azteken und anderer mittelamerikanischer Völker können für ihre Ästhetik zu Recht bewundert werden. Viele wurden tatsächlich als Kunstwerke gesammelt. Diese Betrachtungsweise lag jedoch nicht im Sinne der Aztekenkünstler selbst.

Oben: *Dieser aztekische Behälter in Adlerform wurde für die Herzen von geopferten Menschen verwendet.*

Links: *Diese kleine Statue zeigt Quetzalcoatl in seiner Erscheinungsform als Ehecatl, dem Windgott. Ehecatl wurde mit dem Wissen der Priester verbunden und mit dem Planeten Venus – sowohl als Abend- als auch als Morgenstern.*

147

TLATELOLCO
Meinungen, Handel und Händel auf dem Marktplatz

Unten: *Das nächtliche Lichtermeer über Tlatelolco (nun die Plaza de Tres Culturas) fällt auf aztekische Ruinen im Vordergrund, eine Kirche und moderne Apartments im Hintergrund.*

Die Gelehrten sind sich über die Beziehung zwischen Tlatelolco und Tenochtitlan nicht einig. Manche meinen, es handelte sich um eine von Tenochtitlan eingenommene Rivalenstadt, andere behaupten, dass Tlatelolco lediglich ein Vorort war, der seine eigenen Aufgaben hatte. Auch könnte es ein kleines Dorf außerhalb Tenochtitlans gewesen sein, das langsam geschluckt wurde, als Tenochtitlan anwuchs.

Fest steht, dass die Azteken Tlatelolco immer gesondert behandelten, obwohl es sich innerhalb der Stadtgrenzen Tenochtitlans befand, als die Spanier ankamen. Dass die Aztekenhauptstadt später als Zwillingsstadt Tenochtitlan-Tlatelolco bezeichnet wurde, bestätigt diese Unterteilung.

Tlatelolco war wohl das Handelszentrum von Tenochtitlan. Hier handelte die Gilde der *pochteca* mit den Luxusgütern, die unter dem Adel so beliebt waren. Dies trug teilweise zu der Kluft bei. Die *pochteca* wurden durch diesen Handel sehr reich, teilweise sogar wohlhabender als die Adelsfamilien. Den Adeligen fehlten jedoch die Beziehungen, um die von ihnen benötigten Güter auf anderem Wege zu erlangen. Viele Adelige waren daher nicht mehr als politische Marionetten der *pochteca*, die bald in wichtigen Sitzungen den Adeligen zahlenmäßig überlegen waren.

Die *pochteca* hielten sich selbst für äußerst autonom. Ihr Schutzgott – der Langnasige Yacatecuhtli – war die wichtigste Gottheit in Tlatelolco, und der Reichtum der *pochteca* machte es möglich, dass die Festivitäten zu Ehren Yacatecuhtlis an Prunk alles übertrafen, was der Adel in Tenochtitlan bieten konnte.

Abgesehen von der Macht der *pochteca* befand sich in Tlatelolco auch der größte öffentliche Markt der Azteken. Spanischen Aufzeichnungen zufolge fasste der Marktplatz an die 80.000 Menschen. Abgesehen von der sich daraus ergebenden Vormachtstellung über den Handel, waren Märkte prinzipiell Orte des Meinungs- und Informationsaustausches. Oft wurden hier die Entscheidungen des Aztekenrates und das Benehmen der

Führerelite vom einfachen Volk kommentiert und kritisiert.

Am Rande des Gesetzes

Obwohl eine direkte Kritik am Großen Sprecher mit dem Tode bestraft wurde und die Exekution als „abschreckende Lehre" direkt am Marktplatz vollzogen wurde, konnte selbst er die Gerüchte um eine allgemeine Unzufriedenheit nicht leugnen, die vom Markttratsch zu ihm drangen. Oft durchstreiften die Kriegsherren den Markt, um das politische Klima zu testen, und oft stießen sie dabei auf diskrete, jedoch respektlose Bemerkungen der Masse.

Tlatelolco scheint die von Tenochtitlan auferlegten Freiheitseinschränkungen verachtet zu haben. Es zog sich daher einen schlechten Ruf zu und wurde außerdem wegen der stetig wachsenden Macht seiner *pochteca* äußerst kritisch beäugt. Die Spanier erzählten, dass die Märkte auch Prostituierten und Betrunkenen Unterschlupf boten. Obwohl die Prostitution für die Azteken nicht so schändlich war wie für die Spanier, nahm sie in den Märkten von

Tlatelolco wohl ein selbst für die Azteken nicht mehr tolerierbares Ausmaß an.

Das Trinken war ein anderes Problem. Die Einnahme berauschender Getränke war nur zu bestimmten zeremoniellen Anlässen gestattet und sonst strafbar. Doch sogar auf diesem Gebiet wurde die auf die Adeligen Tenochtitlans abschreckend wirkende Todesstrafe vom gewöhnlichen Volk in den Märkten Tlatelolcos ignoriert. Auch scheint der Gerichtshof von Tenochtitlan bei den Tlatelolco betreffenden Angelegenheiten vorsichtig umgegangen zu sein, um keinen öffentlichen Aufruhr zu riskieren.

Die schwelende Feindschaft zwischen Tenochtitlan und Tlatelolco entfachte jedoch einen offenen Konflikt, als einige jugendliche Adelige Tenochtitlans den Hauptmarkt „zum Spaß" besuchten. Angestachelt durch ihre Beobachtungen im freizügigen Tlatelolco entführten und vergewaltigten sie daraufhin die Töchter eines Offiziers in Tenochtitlan. Daraufhin kam es zu einer Schlacht zwischen den beiden Parteien.

Oben: *Neben ihren Götterskulpturen stellten die Azteken gerne das alltägliche Leben in kleinen bemalten Tonmodellen dar. Dieses zeigt das Getümmel auf einem dörflichen Marktplatz.*

TENOCHTITLAN
Ein traumhafter Anblick für die Eroberer

Oben: Die genauen Abmessungen und Umrisse von Tenochtitlan sind schwer zu bestimmen, da der Großteil der Stätte unter Mexico City begraben liegt. Frühe Karten können Aufschluss geben wie diese von Cortés aus der Zeit der spanischen Eroberung.

„Als wir alle diese im Wasser erbauten Städte und Dörfer sahen und andere großartige Städte im Trockenen und diese breite und gerade Straße nach Mexiko, waren wir erstaunt ... Diese großartigen Orte, die steinernen Pyramiden und Bauwerke, die sich aus dem Wasser erhoben, schienen wie eine bezaubernde Vision aus den Geschichten von Amadis. Tatsächlich fragten einige unserer Soldaten, ob dies alles ein Traum sei."

Diese Worte wurden 1519 von Bernal Diaz geschrieben, einem Fußsoldaten des Eroberers Hernán Cortés, als die Spanier zum ersten Mal Tenochtitlan erblickten, das heutige Mexico City.

Tenochtitlan bestand aus einer Reihe kleiner Inseln und dem Land, das vom Texcocosee zurückgewonnen wurde. Es beinhaltete mehrere Kanäle und war durch fünf große Straßen mit dem Festland verbunden. Die Stadt umfasste ein Gebiet von fast 12 km². Im Kern lag ein Zeremonienzentrum, das von Wohnsiedlungen umgeben war. Diese wiederum wurden von künstlich angelegten fruchtbaren Feldern, *chinampas,* umringt.

Das Herzstück der Stadt war ein rechteckiger Platz, auf dem sich die wichtigsten Gebäude sowie der Ballspielplatz befanden. Auch fand man dort Schädelwände, die an die grausamen Menschenopfer gemahnten. Das Hauptgebäude war die massive Zwillingspyramide Templo Mayor, die den Göttern Tlaloc und Huitzilopochtli geweiht war. Für die Azteken war sie der Schlangenberg, dem spirituellen Zentrum der Welt.

Die um das Zeremonienzentrum gelegenen Wohnsiedlungen waren durch die Hauptstraßen in Bezirke unterteilt. Einen etwas abgeschiedenen Teil bildete Tlatelolco. Innerhalb der Wohngebiete befanden sich zahlreiche Tempel und Paläste, Höfe und offene Plätze, wo öffentliche Veranstaltungen und Märkte abgehalten wurden. Es gab auch Haine und sorgsam gepflegte Blumengärten sowie Teiche als Lebensraum für Vögel und zahme Tiere.

Gereinigt im Namen der Göttin

Alle öffentlichen Orte wurden regelmäßig gesäubert. Sogar den Spaniern fiel die Sauber-

keit der Azteken auf. Sie verehrten die Göttin Tlazolteotl (die Schmutzesserin), die dafür sorgte, dass die Straßen sauber waren. Ihr zu Ehren wurde ein jährliches Fest veranstaltet, bei dem die gesamte Stadt geschrubbt und die Häuser gesäubert wurden.

Tenochtitlan wurde von so vielen Kanälen durchzogen, dass die Spanier von einem „zweiten Venedig" sprachen. Diese Kanäle waren die Haupttransportwege der Stadt. Der Zugang zum Wasser machte den Handel zum bedeutendsten Wirtschaftszweig der Stadt und sicherte ihr Überleben. Die frühen Mexika verstanden es sichtlich, eine zunächst feindselige Umgebung zu ihrem Vorteil zu nutzen. Letztlich kontrollierten sie ein Reich, das zehn Millionen Menschen umfasste.

Die Einwohnerzahl Tenochtitlans ist schwierig abzuschätzen, da die Stadt zum Großteil in Ruinen unter dem heutigen Mexico City begraben liegt. Ihr gesamtes Ausmaß kennen wir also nicht. Es wohnten mindestens 150.000 Menschen in der Stadt, vielleicht waren es aber auch wesentlich mehr. Der Marktplatz alleine konnte 60.000 Menschen fassen. Es ist nicht verwunderlich, dass die Spanier erstaunt waren, da kaum eine Stadt der Alten Welt mit den hier gefundenen Ausmaßen und dem Prunk mithalten konnte.

Obwohl die Spanier von Tenochtitlan tief beeindruckt waren, zerstörten sie die Stadt nach ihrer Eroberung 1521. Die große Pyramide Templo Mayor wurde abgerissen, um daraus

Baumaterial für die Metropolitan-Kathedrale zu gewinnen. Die Tempel und Paläste wurden zu Wohnhäusern der Spanier, die Kanäle zugeschüttet. Heute liegt die Stadt unter Mexico City begraben, was archäologische Untersuchungen unmöglich macht. Nur durch zufällige Funde, wie etwa beim U-Bahn-Bau, kann das gesamte Ausmaß Tenochtitlans erahnt werden.

DER BLUMENKRIEG
Ruhmreiche Gefangene für Opferungen

Einer der Aspekte des aztekischen Alltags, vor dem die Spanier am meisten zurückschreckten, waren die Menschenopfer. Fast jede Gottheit forderte ihre Opfer, meist waren es gegnerische Krieger, manchmal aber auch Frauen und Kinder. Die Spanier beschrieben Rituale, bei denen Hunderte Menschen zu Tode kamen, indem man ihre Herzen herausriss und ihre Körper dann die Pyramidenstufen hinunterwarf. Der Bedarf an menschlichen Opfern war so groß, dass die Krieger darauf spezialisiert waren, Feinde zu fangen und wehrlos zu machen, ohne sie zu töten. Die gefeiertsten Kriegshelden waren jene, die die meisten Menschen gefangen nahmen.

Zur Blütezeit der Azteken hatte die Zahl der Menschenopfer unnachahmliche Ausmaße angenommen. Vorsichtigen Schätzungen zufolge waren es jährlich 15.000; die Einweihung des Templo Mayor alleine jedoch forderte 1487 angeblich die Opferung von 20.000 Gefangenen. Andere Quellen berichten sogar von 80.000 Opfern, was aber übertrieben scheint. Fest steht, dass der Oberpriester der Azteken zu diesem feierlichen Anlass so viele Herzen aus den Leibern der Opfer riss, dass er nach Stunden erschöpft zusammenbrach.

Einen Teil dieser Opfer fingen die Azteken wohl im Blumenkrieg. „Blumen" war die euphemistische Bezeichnung für menschliches Blut, vor allem solches, das aus dem noch schlagenden Herzen spritzte. Der Blumenkrieg war ein einzigartiges Abkommen mit Nachbarstaaten, die die Azteken nicht einnehmen konnten. Die beiden Staaten Tlaxcala und Huejotzingo gingen auf dieses Abkommen ein: Zu bestimmten Zeiten im Jahr wurden Schlachten veranstaltet zu dem einzigen Zweck, Gefangene für spätere Opferzeremonien zu gewinnen.

Dem Schrecken Mictlans entronnen

Es ist zu betonen, dass Tlaxcala und Huejotzingo ihre Ansichten mit den Azteken teilten und dass keiner dieser Staaten den Menschenopfern mit solchem Schrecken begegnete wie die Spanier. Für sie war die Opferung ein ehrwürdiger Akt, und ein

Rechts: *Die aztekischen Symbole lehnen sich stark an die toltekische Kultur mit Tula als Zentrum an. Beachten Sie, dass das Feuervogelsymbol auf der Brust dieses aztekischen Kriegers dem auf der Kriegersäule in Tula gleicht (siehe Seite 128).*

Gefangener, der mutig starb, wurde hoch geschätzt. Auch war es nicht ungewöhnlich, sich freiwillig unter das Opfermesser zu legen.

Für die Azteken war Mictlan, das Land der Toten, ein Ort unvorstellbaren Schreckens und unsäglicher Qual, über den die Geister der Pest, des Hungers und der Armut herrschten. Der Geopferte jedoch stieg nicht nach Mictlan hinab. Stattdessen wurde er zu einem Stern und verbrachte den Rest seines Daseins als Gefährte der Sonne. Unter diesem Aspekt schien ein Opfertod anderen Umständen vorzuziehen. Diese Ansicht vertraten nicht nur die Azteken, sondern auch ihre Gegner im Blumenkrieg.

Ein Blumenkrieg war also sowohl für die Azteken als auch für die Krieger von Tlaxcala und Huejotzingo eine ideale Gelegenheit, ein Menschenopfer zu werden und somit ein gutes Leben nach dem Tod zu führen. Andererseits konnten sie sich durch die Gefangennahme der Gegner als Krieger profilieren und ein erhabenes Leben auf Erden genießen. Es war also egal, ob sie die Gegner besiegten oder von ihnen besiegt wurden – der Blumenkrieg bot die beste Gelegenheit für irdischen oder himmlischen Erfolg.

Dieses Konzept kam den Spaniern eigenartig vor, doch ist zu bedenken, dass das Konzept der Spanier, die den heldenhaften Tod im Kampf ehrten, den Azteken ähnlich obskur erschien, das für den Krieger selbst keinerlei Vorteile brachte. Obwohl die spanischen Eroberer über die Anzahl der Menschenopfer entsetzt waren, war diese noch gering im Vergleich zu der Zahl der Toten, die den Feldzügen der Spanier gegen die Azteken und andere mittelamerikanische Völker zum Opfer fielen.

ADERLASS UND MENSCHENOPFER

Der Dank an die Götter für eine reichliche Ernte

Unten: *Gefangene wurden auf der Spitze der Pyramide über den Altar gelegt und ihre Herzen von Priestern herausgeschnitten, bevor die Körper die Pyramidenstufen hinabgeworfen wurden. Opferritual aus dem Codex Magliabecchi.*

Es gibt keinen Zweifel, dass die Azteken großen Wert auf Aderlass und Menschenopfer legten, um ihre Götter gnädig zu stimmen. Das Ausmaß dieser Opferhandlungen war zumindest in den späteren Jahren des Aztekenreiches unübertroffen. Sogar die geringsten Götter forderten Blutopfer.

Um dieses Phänomen zu verstehen, müssen wir das Konzept der Azteken von der Beziehung zwischen Menschen und Göttern verstehen. Die Geburten der Götter werden oft als schmerzhaft

und unnatürlich beschrieben, und oft verdanken die Menschen und die Natur ihr Überleben den Opfern, die die Götter bringen. Da sie ihr heiliges Blut für die Menschheit vergießen, haben die Menschen die Verpflichtung, ihre Schuld zurückzuzahlen. Die Azteken glauben, dass die Nahrung, die sie zu sich nehmen, vom Blut der Götter gespeist wurde. Es wurde also erwartet, dass die Menschen im Gegenzug mit ihrem eigenen Blut die Götter nährten.

Das Ausmaß des gesellschaftlich verpflichtenden Aderlasses variierte je nach sozialem Rang: Das gemeine Volk musste lediglich seine Ohren anstechen und ein paar Tropfen in den Boden gießen, von den zölibatären Hohepriestern wurde erwartet, dass sie die Vorhaut ihres Penis einschnitten.

Zusätzlich zu diesen persönlichen Opfern gab es öffentliche Menschenopfer. Anlässlich der vier Hauptfeste des Jahres – Tlacaxipehualiztli, Etzalqualiztli, Ochpaniztli und Panquetzaliztli – sowie zur Einweihung wichtiger öffentlicher Gebäude fanden organisierte Massentötungen der Gefangenen statt.

Götter unter dem Volk

Man glaubte auch an männliche und weibliche Götter, die in Menschengestalt auf der Erde weilten. Diese *ixiptla* wurden prunkvoll gekleidet und gefeiert, wo immer sie hingingen. Alle Wünsche wurden ihnen erfüllt und sie lebten in den herrlichsten Palästen. Obwohl sie ständig unter Beobachtung standen, genossen sie uneingeschränkte Freiheit. Ein ganzes Jahr lang hatten sie diese Stellung inne. In dieser Zeit war die Präsenz der Gottheit in ihnen fühlbar. Indem sie einige Menschen auf diese Art in den Götterstand erhoben, versuchten die Azteken, die alten Mythen wiederzubeleben, die von den Grundaufgaben der jeweiligen Götter erzählen.

Diese *ixiptla* mussten jedoch am Ende ihrer Tätigkeit wieder ins Geisterreich zurückkehren – und zu diesem Zwecke wurden sie geopfert. Die Spanier berichten, dass viele der *ixiptla* frei-

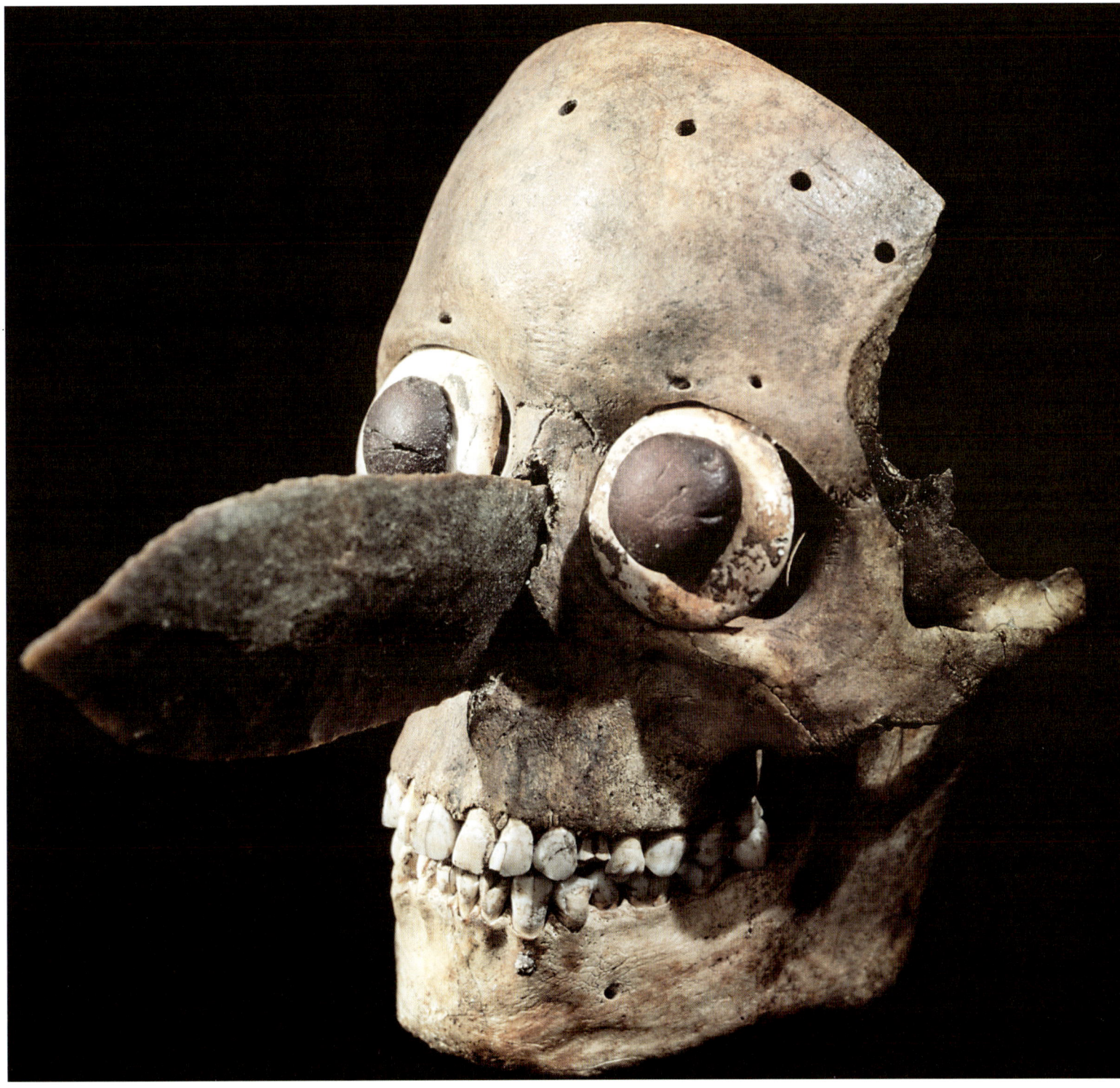

willig in den Tod gingen im Vertrauen, dass sie in Gestalt jenes Gottes wiedergeboren würden, den sie repräsentiert hatten.

Die Massentötungen sind aus westlicher Sicht schwieriger zu verstehen, da sie eine gewisse Respektlosigkeit gegenüber dem menschlichen Leben ausdrücken. Je größer das Opfer war, das die Götter für die Menschen brachten, desto mehr standen die Menschen in der Schuld der Götter. Die vier Hauptfeste des Jahres fielen mit dem Wechsel der Landwirtschaftszyklen zusammen, von denen die Azteken abhängig waren. Die Opfer mussten also reichhaltig ausfallen, um die ursprüngliche Gnade der Götter aufzuwiegen.

Es ist jedoch noch ein weiterer Aspekt der Massentötungen zu beachten. Die Opfer waren gewöhnlich keine Mexika – die Blutlinie der Azteken –, sondern Sklaven oder Gefangene, die die Azteken während des Blumenkrieges zwischen Tenochtitlan und Tlaxcala nahmen. Diese Ritualopfer drückten also nicht nur eine Besänftigung der Götter aus, sondern waren auch politisch wirksam als Zeichen der Überlegenheit der Azteken. Durch diese Massenopferungen machten die Azteken ihre Vormachtstellung über andere Völker deutlich. Die rituellen Kriege mit Tlaxcala waren außerdem ein handfester Beweis für die Fähigkeiten der Kriegerelite von Tenochtitlan.

Oben: *Eine aztekische Schädelmaske formt den Handschutz dieses Opfermessers. Man findet bei aztekischen Gegenständen oft eine Verbindung zwischen Form und Funktion.*

TZOMPANTLI
Echte und nachgeahmte Schädel als Tribut und Totem

Azteken. Diese ausgestellten Schädel kamen schon bei den Maya vor, es scheint jedoch, als wurde die Sitte ursprünglich von den Tolteken auf ihrer Wanderung von Teotihuacán nach Tula gebracht.

Vielleicht hatten die *tzompantli* in Teotihuacán und anderen von den Tolteken beeinflussten Städten eine rituelle Funktion. An der Oberseite dieser Plateaus wurden jedoch nur wenige Löcher gefunden, die nötig gewesen wären, um gepfählte Menschenschädel hineinzustecken. Außerdem handelt es sich bei den Schädeln in Teotihuacán nicht wie bei den Azteken um echte Menschenknochen, sondern lediglich um Basreliefe an den oberflächlichen Wänden.

Fest steht, dass die *tzompantli* ursprünglich mit dem Kult der Adler- und Jaguarkrieger in Verbindung standen. Auf dem *tzompantli* von Chichén Itzá im nördlichen maya-toltekischen Teil der Stadt zum Beispiel befinden sich unter den Schädeln auch Darstellungen von Kriegern, gefiederten Schlangen und Adlern, die sich an Herzen laben. All das waren Kriegsinsignien der Tolteken, die sie anscheinend auch nach Chichén Itzá gebracht hatten.

Die Bedeutung des Kopfes

Manche dieser Schädel werden auf Stangen aufgespießt dargestellt, was eventuell als abschreckendes Mahnmal gedient haben könnte und auch schon von den Maya-Tolteken praktiziert wurde. Es gibt jedoch auch andere Vermutungen über den Zweck der *tzompantli*.

Die Azteken trieben diese Idee der Zurschaustellung menschlicher Köpfe ins Extrem, und obwohl es kaum schriftliche Aufzeichnungen über ihre *tzompantli* gibt, können wir einige sinnvolle Theorien über ihren Verwendungszweck aufstellen. Die Azteken glaubten, dass menschliche Repräsentanten der Götter diese für sie zugänglicher machten. Die Annahme, dass die ausgestellten Schädel jener, die ihre Herzen und ihr Blut den Göttern zu trinken gaben, das Göttliche in der irdischen Welt ebenfalls spürbar machen, scheint demnach logisch.

Auch wissen wir, dass der Kopf eine heilige

Oben: *Mit Türkismosaiken verzierte Schädelmaske von Quetzalcoatl: Muscheln ersetzen die Zähne. Die ursprüngliche Zedernholzbasis ist verrottet.*
Gegenüber oben:
Ein voller tzompantli.

Gegenüber unten:
Teil der Plattform im Templo-Mayor-Komplex in Tenochtitlan. Die Spitze war von echten Totenschädeln auf kurzen Stöcken bedeckt.

Die spanischen Eroberer in Tenochtitlan wurden besonders durch die *tzompantli* abgeschreckt, niedrige Plateaus, die mit menschlichen Schädeln gespickt waren. Diese Schädel stammten von Kriegsgefangenen und geopferten Menschen und wurden auf Holzstangen gesteckt, die in den Steinplateaus verankert waren. Die Spanier behaupteten, dass manche dieser *tzompantli* – was in der Aztekensprache „Wand der Schädel" bedeutet – Tausende solcher Schädel trugen. Es handelt sich wohl aber um eine Übertreibung seitens des Spanier, die bemüht waren, die Azteken als besonders barbarisch darzustellen, um ihre eigenen Feldzüge gegen das Volk zu rechtfertigen.

Tzompantli war jedoch keine Erfindung der

Bedeutung hatte. Nach der Enthauptung des Opfers wurde der Kopf Eigentum des Priesters, der die Opferung durchgeführt hatte. Der Kopf wurde den Göttern auf dem obersten Plateau der Pyramide direkt dargeboten, während der restliche Körper die Pyramidenstufen hinuntergeworfen wurde. Es ist wahrscheinlich, dass die *tzompantli* als Speicherort dieser göttlichen Energie dienten.

Auf psychologischer Ebene erinnerten die *tzompantli* die Azteken daran, dass sie ihren heiligen Opferpflichten nachgegangen waren. Je größer die Anzahl der ausgestellten Köpfe, desto gewissenhafter hatten sie ihre Aufgaben ausgeführt. Für den Nicht-Azteken waren die *tzompantli* Mahnmale der Macht der Azteken und des Könnens ihrer Krieger. Das *tzompantli* in Tenochtitlan hatte also sowohl eine heilige Funktion als Energieträger der Opferriten als auch weltlichen Charakter als Symbol der politischen Vormachtstellung der Adler- und Jaguarkrieger über die untergebenen Staaten.

GESCHLECHTERROLLEN
Geschlecht und Sexualität in aztekischen Gemeinschaften

Unten: *Statue der Wassergöttin Chalchihuitlicue oder Jaderock. Sie war die Herrscherin über die Vierte Sonne – die Zeit, als Mais eingeführt wurde – und war sowohl Schwester als auch Frau des Regengottes Tlaloc.*

Die Azteken waren ein Kriegsvolk, dessen Geschichte von männlichen spanischen Priestern und Eroberern aufgezeichnet wurde. Es überrascht daher nicht, dass die frühen Aufzeichnungen besonders die männlichen Aspekte der Gemeinschaft hervorhoben, oder dass die spanischen Priester ausführlich über das zölibatäre Leben der aztekischen Geistlichen berichteten. Der Rolle der Frau wurde wenig Bedeutung beigemessen und wenn überhaupt,

wurden degradierende Berichte verfasst. Aufzeichnungen über das Sexualverhalten der Azteken fehlen in den spanischen Berichten gänzlich.

Hier erzählen die aztekischen Legenden selbst eine andere Geschichte. Aus ihnen gehen deutlich die Rechte der Frauen hervor und auf die Schilderung sexueller Freuden wird besonderer Wert gelegt. Junge Mädchen wurden beaufsichtigt und sollten bei ihrer Hochzeit Jungfrauen sein. Aus den Geschichten geht jedoch auch hervor, dass jungen Männern der Umgang mit Frauen verboten war, bis sie den Status eines Kriegers erreicht hatten.

Es gibt keine Anzeichen dafür, dass die Frau jemals zum „Eigentum" des Mannes wurde. Die Hochzeitspredigt ermutigte sie dazu, ihre eigene Sexualität zu erforschen und auf ihre Bedürfnisse zu achten. Sie war finanziell unabhängig, und obwohl sie von den höchsten öffentlichen Ämtern ausgeschlossen war, hatte ihre Stimme in öffentlichen Angelegenheiten Gewicht.

Die Spanier bemerkten, dass der Marktplatz von Tenochtitlan beliebter Standort der Prostituierten war, die schamlos zwischen den Marktständen umherstreiften und Männern ihre Dienste anboten. Erfolgreiche Krieger wurden sogar als „Belohnung" in die staatlich geförderten Bordelle geschickt. Die Azteken waren der Prostitution gegenüber wesentlich aufgeschlossener als die Europäer. Sie stellten die „bezahlten Mädchen", wie die Spanier sie nannten, als Freudentöchter dar, als Symbole sexueller Erfüllung. In diesem Sinne waren sie ebenso angesehen wie die tugendhaften Krieger.

Priesterliche Keuschheit
Die Spanier meinten, dass jene, die den Lehren Xochiquetzals, der Göttin der erotischen Liebe, folgten, mit Beulen und Pusteln übersät waren. Eine genauere Betrachtung der aztekischen Texte enthüllt jedoch, dass sie jene bestrafte, die ihrer Lust zu exzessiv frönten. Wie in allen anderen Bereichen des aztekischen Alltags waren Exzesse verpönt, da ein unangebrachtes Benehmen die Götter erzürnte und sie somit gefährlich machte. Erotik und sexuelle Befriedigung wurde jedoch niemals geleugnet.

Viele junge Mädchen weihten sich dem

Tempeldienst, der ein Akt der Frömmigkeit war und nicht, wie die Spanier behaupteten, Prostitution für die Priesternovizen. Obwohl die spanischen Eroberer sich ihren eigenen Berichten zufolge an den Tempelmädchen vergriffen haben, ist wahrscheinlich, dass sowohl diese Mädchen als auch die aztekischen Priester als persönliches Opfer gegenüber den Göttern ein Keuschheitsgelübde abgelegt hatten.

Viele der mächtigen aztekischen Gottheiten waren weiblich oder wiesen männliche und weibliche Eigenschaften auf. Manchmal traten sie auch paarweise auf. Nicht alle diese Partnerschaften waren jedoch sexueller Natur, oft waren sie Geschwister – obwohl die Aztekengötter manchmal auch ihre Geschwister heirateten.

Die Azteken betonten die Gleichberechtigung beider Geschlechter, und obwohl die Frau oft andere Rollen innehatte als der Mann, war sie diesem keinesfalls untergeben. Sogar der gefürchtete Gott Tezcatlipoca nahm manchmal die Funktion des Schutzpatrons der Kinder an, während Göttinnen, wie Coatlicue oder Coyolxauhqui regelmäßig als Kriegsgötter auftraten.

DIE MACHT DES WORTES
Dichtkunst der *tlamatinime* gleichrangig den Opferritualen

Bei der Erforschung der Kriegskunst sowie der Opferzeremonien der Maya wird die sanftere Seite dieses Volkes oft übersehen. Dies liegt hauptsächlich an der Natur der Aufzeichnungen, anhand derer die Gelehrten ihre Schlüsse ziehen. Die meisten stammen von Eroberern, die die kriegerische und grausame Seite der Azteken besonders hervorhoben oder die rituellen Praktiken der Aztekenpriester ihren eigenen gegenüberstellten.

Im Gegensatz dazu finden sich in den aztekischen Berichten keinerlei Andeutungen darauf, dass sie blutrünstig waren oder sich an Menschenopfern erfreuten. Sie glaubten, dass sie rein im Auftrag der Götter handelten,

Wort der Motivation und dem Verständnis diente.

Neben den Priestern, die die Opferrituale durchführten, gab es eine Gruppe gleichen Ranges, die *tlamatinime*, die besonders darin geschult waren, durch den richtigen Einsatz der Sprache ewige Wahrheiten zu ergründen. Sie erdachten Rätsel, die tiefgründige Fragen stellten, kreierten Metaphern und Anekdoten, organisierten Ansprachen und schrieben Gedichte. Oberhaupt der *tlamatinime* war der oberste Herrscher der Azteken, der gleichzeitig Staatsoberhaupt und Oberpriester war – dessen offizieller Titel jedoch *tlatoani*, Großer Sprecher, lautete.

Blume und Lied, Poesie und Wahrheit
Der Bedeutung der Sprache lag das Konzept des *teyolia*, des göttlichen Feuers, zugrunde, das auch die Krieger besaßen. *Teyolia* ist

Rechts: *Diese hölzerne Schlitztrommel* (teponatzli) *wurde aus einem Stück Hartholz ausgehöhlt. Die Schnitzerei dient sowohl der Dekoration als auch dem Klang. Auf der Oberseite wurden zwei Zungen eingeschnitten, die Klang und Tonhöhe bestimmten.*

denen sich zu widersetzen gefährlich war und rasche Vergeltung brachte. Schließlich zahlten sie durch Blutopfer den Göttern lediglich ihre eigene Schuld zurück.

Obwohl das Kriegswesen und das Wissen über die rituellen Zyklen für die Azteken von großer Wichtigkeit war, lehrten sie ebenfalls Gehorsamkeit, Ehrlichkeit, Demut, Selbstdisziplin und Rhetorik sowie Arithmetik, Geschichte, Astronomie und Landwirtschaftswesen. Sie wussten, dass Dinge durch den gewaltsamen Akt einer Opferung bewegt werden konnten, erkannten aber auch, dass das gesprochene

eine Art Energie oder spirituelle Kraft, die stärkende Qualität hat. Diese Energie wird frei, wenn das Herz eines Gefangenen einer Gottheit geopfert wird, aber auch wenn ein Dichter einen besonders bewegenden Vers komponiert oder wenn ein *tlamatinime* eine tiefgründige Rede hält. Diese Kraft wird auch mit dem Blumenkrieg (Seiten 152–153) in Verbindung gebracht, in dem Blumen menschliche Herzen symbolisieren. In der Sprache der Azteken kann

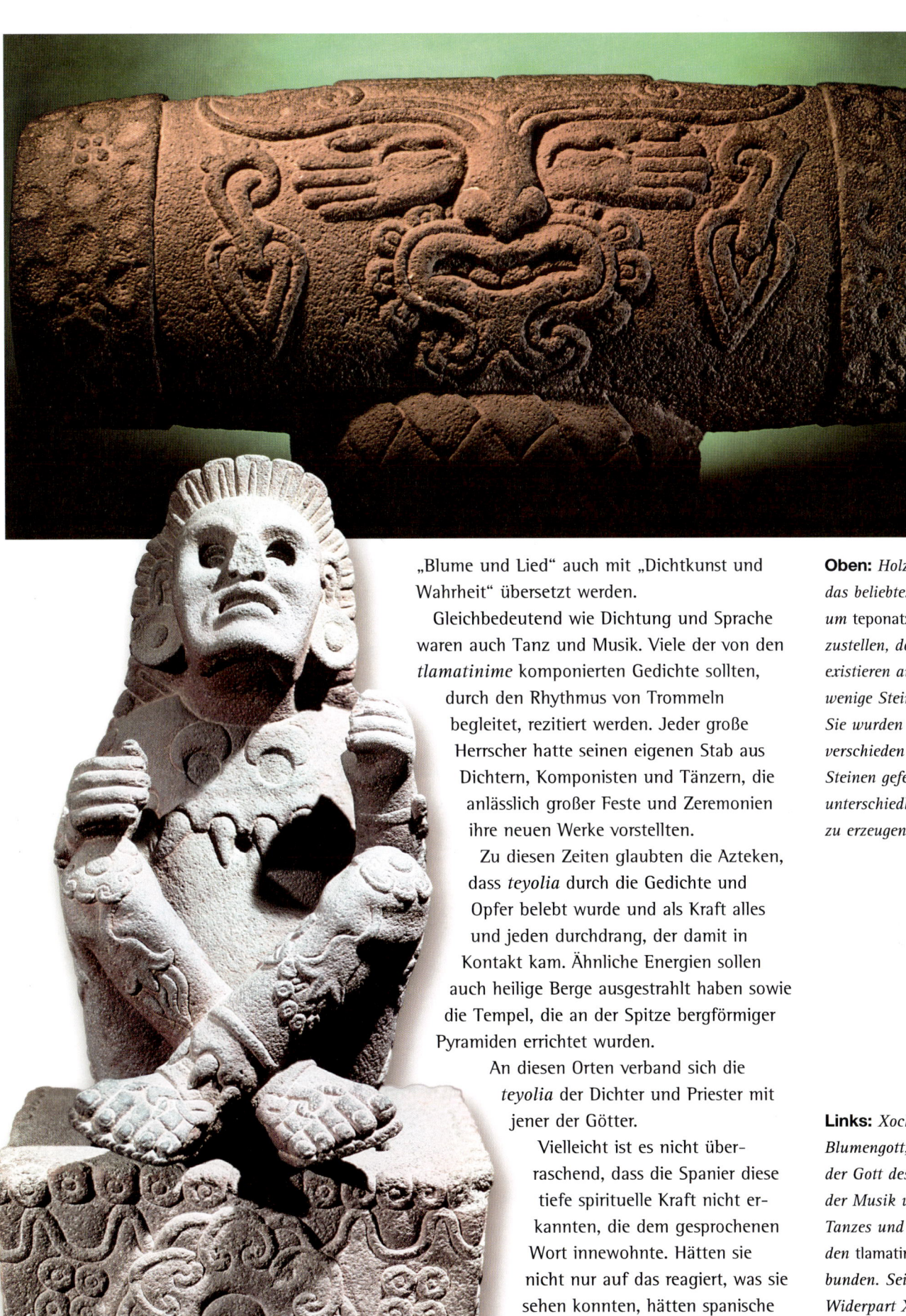

"Blume und Lied" auch mit "Dichtkunst und Wahrheit" übersetzt werden.

Gleichbedeutend wie Dichtung und Sprache waren auch Tanz und Musik. Viele der von den *tlamatinime* komponierten Gedichte sollten, durch den Rhythmus von Trommeln begleitet, rezitiert werden. Jeder große Herrscher hatte seinen eigenen Stab aus Dichtern, Komponisten und Tänzern, die anlässlich großer Feste und Zeremonien ihre neuen Werke vorstellten.

Zu diesen Zeiten glaubten die Azteken, dass *teyolia* durch die Gedichte und Opfer belebt wurde und als Kraft alles und jeden durchdrang, der damit in Kontakt kam. Ähnliche Energien sollen auch heilige Berge ausgestrahlt haben sowie die Tempel, die an der Spitze bergförmiger Pyramiden errichtet wurden.

An diesen Orten verband sich die *teyolia* der Dichter und Priester mit jener der Götter.

Vielleicht ist es nicht überraschend, dass die Spanier diese tiefe spirituelle Kraft nicht erkannten, die dem gesprochenen Wort innewohnte. Hätten sie nicht nur auf das reagiert, was sie sehen konnten, hätten spanische Mönche den Aztekenpriestern und Dichtern höhere Motive zugestehen müssen, anstatt sie als Barbaren zu bezeichnen. Die Azteken wiederum sahen keinen Anlass, ihre Praktiken zu erläutern, deren Zweck für sie so offensichtlich schien.

Oben: *Holz war zwar das beliebteste Material, um* teponatzli *darzustellen, doch es existieren auch einige wenige Steinexemplare. Sie wurden aus verschieden dichten Steinen gefertigt, um unterschiedliche Töne zu erzeugen.*

Links: *Xochipilli, der Blumengott, war auch der Gott des Feierns, der Musik und des Tanzes und so eng mit den* tlamatinime *verbunden. Sein weiblicher Widerpart Xochiquetzal war die Göttin der Blumen und des Obsidian-Schmetterlings sowie Schutzpatronin des Liebemachens und der leichten Mädchen.*

ADLER- UND JAGUARKRIEGER
Das edle Leben der größten und besten Soldaten

die Zeichen der Tapferkeit tragen.

Der Adler erwarb den Ruf eines furchtlosen und unvergleichbaren Jägers, der in die Sonne starren konnte. Der Jaguar wurde zum Geschöpf der Nacht und zum weisen, vorsichtigen Einzelgänger. Es scheint daher angemessen, dass die Elite-soldaten der Azteken mit diesen Tieren in Verbindung gebracht wurden.

In vielerlei Hinsicht waren die Adler- und Jaguarkrieger den europäischen Rittern gleichzu-setzen. Adelige Herkunft war Voraussetzung wie auch heraus-ragende Tapferkeit, eine ansehnliche Kriegserfahrung im Nahkampf und die Gefangen-nahme feindlicher Soldaten. Sie waren den Göttern, die sie dar-stellten, fast gleichgestellt und ihre Kleidung, die ihnen in speziellen Zeremonien verliehen wurde, spiegelte diesen hohen Rang wider. Die Erscheinung der Adler- und Jaguarkrieger kennen wir aus Malereien, Reliefen und Figuren. In der großen Azteken-hauptstadt Tenochtitlan zum Beispiel beinhaltet das Quartier der Jaguarkrieger einen kleinen Tempel, der von lebensgroßen Steinstatuen mit gefiederten Umhängen, Adlermasken und Vogelkrallen bewacht wird.

Zusätzlich zu ihren militä-rischen Aufgaben bildeten die Adler- und Jaguarkrieger auch

Oben: *Lebensgroße Statue eines Adler-kriegers. Sein Kostüm trägt Adlerflügel, er schaut durch eine Maske, die den auf-gesperrten Schnabel darstellt.*

Für die Azteken war der Adler der bedeutendste Vogel, den Jaguar verehrten sie als König der Tiere. Diesen Ruf erhielten sie in vergangenen Zeiten in Teotihuacán, wo sie Nanahuatzin ins heilige Feuer folgten, in dem sich dieser opferte, um als Sonne daraus hervorzugehen. Seither sollen der Adler und der Jaguar in ihrem gefleckten Federkleid und Fell

die Garde für den aztekischen König, dem die Verantwortung zur Ausbildung junger Männer übertragen wurde. Die Azteken verfügten über keine Berufsarmee. Stattdessen verbrachte jeder junge Mann einen Teil seiner Jugend in den Räumlichkeiten der Kriegerelite, wo er in Kriegskunst und Waffenkunde eingeführt wurde.

Vereinte Gegensätze

Die Adler- und Jaguarkrieger unterrichteten den Umgang mit dem Obsidianschwert, Speer, *atlatl* (Speerwerfer) sowie mit dem Verteidigungsschild. Zu Kriegszeiten wurden diese jungen Männer aus ihren jeweiligen *calpullis* (Bezirken) eingezogen als Tribut, der an Tenochtitlan zu zahlen war.

Die Adlerkrieger als „Soldaten der Sonne" und die Jaguarkrieger als „Hüter der Unterwelt" symbolisieren den Gegensatz zwischen Himmel und Erde, Leben und Tod sowie Tag und Nacht. Ein Konzept, das die Azteken von frühen mittelamerikanischen Kulturen übernommen hatten. Genau genommen erinnern die kunstvollen Malereien und Skulpturen der Azteken deutlich an Züge der früheren Tolteken, von denen der Adel der Azteken angeblich abstammte.

Das Konzept des Adler- und Jaguarkriegers sowie der von ihnen symbolisierte Gegensatz ist jedoch noch älter. In der frühen Mayastätte Cacaxtla gibt es auf einem *talud* (eine niedrige, schräg abfallende Wand, die ein senkrechtes Paneel stützt) die Darstellung einer Kriegsszene zwischen Soldaten, die entweder Jaguarpelze oder Federumhänge trugen.

In der Schlacht bildeten die Adler- und Jaguarkrieger die Vorhut der Azteken. Ihre Kriegsstrategien waren jedoch unterschiedlich. Die Adlerkrieger griffen zu Tagesanbruch an und stürzten sich auf die gegnerische Menge. Die Jaguarkrieger hingegen warteten, bis die gegnerischen Reihe aufgebrochen waren, bevor sie ihre Gefangenen nahmen. Ihr Mut wurde nicht in Frage gestellt.

Im Kampf trugen sie aufwendige Kostüme und einen Kopfschmuck aus seltenen Federn, wodurch es ihren Gegnern leicht fiel, sie zu erkennen. Die Gefangennahme eines Adler- oder Jaguarkriegers sowie die Zurschaustellung seiner Kriegsinsignien war eine große Ehre und nur wenige Feinde konnten der Verlockung widerstehen, es zu versuchen.

Oben: *Ein Jaguarkrieger in seinem Kampfkostüm, seine Maske neben ihm. In seiner linken Hand hält er den Rückenschild.*

UNTERSTÜTZUNG FÜR DIE STADT

Landwirtschaft, pochteca-Händler und calpixque-Steuereintreiber sichern Tenochtitlan materiell ab

Unten: *Aztekische Bauern errichten* chinampas *im Texcocosee.* Chinampas *wurden aus Schlamm erbaut, der auf Holzgerüsten verteilt wurde, um ihn über dem Wasserspiegel zu halten. Zwischen diesen Gärten wurden Kanäle freigehalten, um mit dem Kanu durchfahren zu können.*

Als König Culhua die Mexika aus Culhuacán in die Sümpfe trieb, ahnte er nicht, dass die Azteken dieses feindselige Land zu einem der bedeutendsten Gebiete Mittelamerikas machen würden. Ohne eine starke wirtschaftliche Stütze hätten die Azteken Tenochtitlan jedoch nie zu einer Weltstadt heranwachsen lassen und ein eigenes Reich gründen und erhalten können.

Die Wirtschaft der Azteken basierte auf drei Säulen: dem Landwirtschaftssystem mit *chinampas* (erhöhte Felder im See), dem Handel durch das *pochteca*-System und dem Steuerwesen.

Die *chinampas* werden oft auch als „schwimmende Gärten" bezeichnet. Sie waren rechteckig und bestanden aus ausgehobenem Schlamm und Kompost. Dieses fruchtbare Material wurde auf Gehölz und Baumstämmen aufgeschüttet und trieb so in den flachen Zonen des Texcocosees sowie dem südlicheren Chalco- und Xochimilcosee. Ein komplexes Netz aus Dämmen und Kanälen hielt den Wasserpegel der *chinampas* konstant.

Die Kombination aus frischem Seewasser, fruchtbarer Erde, die durch jährliche Spülung der Kanäle ständig erneuert wurde, und der Produktivität der aztekischen Bauern machte die kleinen *chinampas* erstaunlich ertragreich.

Schätzungen zufolge nahm die Brandrodungs-landwirtschaft des Flachlandes etwa zwölf Quadratkilometer Land in Anspruch, um einhundert Familien zu ernähren. Die *chinampas* brachten den vierzehnfachen Ertrag.

Obwohl die Ausmaße der *chinampas* nicht ausreichten, um die gesamte Bevölkerung zu versorgen, und so manches importiert werden musste, stellten sie die Ernährungsbasis der Stadtbewohner Tenochtitlans dar. Der Texcocosee wurde trockengelegt, um für die Ausdehnung der modernen Mexico City Land zu gewinnen, in Xochimilco können jedoch noch Überreste der ehemaligen *chinampas* bewundert werden.

Reiche Händler und Steuereintreiber

Die zweite Säule der Aztekenwirtschaft bildeten ehrwürdige und alteingesessene Fernhändler, die die Agrarprodukte Tenochtitlans gegen Luxusgüter tauschten. Die Händlergilde der *pochteca* handelte hauptsächlich von Tenochtitlans Vorort Tlatelolco aus und war dafür zuständig, die Luxusgüter und Status-symbole für die Herrschaftsfamilien zu besorgen. Diese *pochteca* häuften ihrerseits Reichtümer an und wurden politisch immer einflussreicher.

Die dritte Stütze der Aztekenwirtschaft stellten Abgaben oder Steuergelder dar, die die unterjochten Städte zahlen mussten. Obwohl ein geregeltes Besteuerungssystem fehlte, hatte es sich eingebürgert, dass die Städte nahe Tenochtitlan ihre Abgaben in Form von

Nahrungsmitteln leisteten, die entfernteren hingegen Textilien beisteuerten.

Auch mussten sie den Proviant für die aztekischen Armeen stellen; im Falle eines größeren Feldzuges sogar eigene Soldaten. Sie schickten Arbeiter für die Errichtung von Dämmen und anderen öffentlichen Gebäuden. Auch waren viele Dienstmädchen der Adeligen sowie die Prostituierten meist Fremde, die unter der Herrschaft Tenochtitlans standen.

Dieses Steuersystem war jedoch ein zwei-schneidiges Schwert. Die *calpixques* (Steuer-eintreiber) hatten absolute Autorität und waren sehr gefürchtet. Sollten sie den Eindruck haben, eine Abgabe sei zu dürftig ausgefallen, so konnten sie einen Adler- oder Jaguarkrieger rufen, der sich nahm, was er für nötig hielt. Auch griffen diese Krieger ein, sollte ein Ein-treiber in irgendeiner Form belästigt werden. Die meisten dieser Beamten waren extrem reich und hielten sich die schönsten Mädchen aus den von ihnen kontrollierten Regionen als Konkubinen.

Zwar konnte ein lokaler Herrscher am Gerichtshof von Tenochtitlan gegen einen *calpixques* Klage erheben, es gibt jedoch keinerlei Aufzeichnungen darüber, dass dieser Klage jemals stattgegeben wurde. Die daraus resultierende Abneigung gegen die Steuer-eintreiber schuf eine schlechte Stimmung, die sich Hernán Cortés zunutze machte, als er lokale Krieger und Händler zum Krieg gegen Tenochtitlan aufhetzte.

Oben: *Nur wenige der ursprünglichen chinampas überlebten. Die meisten wurden zerstört, als der größte Teil des Texcocosees trockengelegt wurde, um Grund für die moderne Stadt Mexico City zu gewinnen. Eine Ausnahme bildet Xochimilco, wie die Luftaufnahme moderner „Schwimmender Gärten" zwischen schwimmenden Booten zeigt.*

XIPE TOTEC – DER GEHÄUTETE GOTT
Kunstvolle Opfer und Kämpfe spiegeln den Lebenszyklus des Mais

Die meisten Aztekenrituale standen in direktem Zusammenhang mit den Landwirtschaftszyklen, beinhalteten jedoch Opfer und kriegsähnliche Aktivitäten. Zu den wichtigsten dieser Feste zählte das Frühlingsfest Tlacaxipehualiztli. Es wurde im zweiten Monat des Aztekenkalenders abgehalten, der Xipe Totec, dem Gehäuteten Gott, geweiht war. Dieser in Tenochtitlan verehrte Gott tauchte ursprünglich im tropischen Tiefland auf.

In vielerlei Hinsicht wurde zu Tlacaxipeualiztli die neue Haut gefeiert, die die Erde durch die Erneuerung ihrer Vegetation im Frühling anlegt. Die Azteken glaubten, dass neues Leben Tod und Bestattung forderte, genauso wie ein Same geerntet und in der Erde vergraben werden muss, bevor er neues Leben hervorbringt.

Während der zu Xipe Totecs Ehren durchgeführten Rituale wurde dieses Konzept ins Extrem getrieben. Einem geopferten Menschen wurde die Haut abgezogen und der *ixiptla*, die menschliche Verkörperung des Gottes Xipe Totec, wurde hineingenäht. Die blutige Seite der Haut sah dabei nach außen, da Xipe Totec wie auch die anderen Maisgötter ein roter Gott war. Als die Haut trocknete, passte sie sich dem Mann darin eng an, dessen lebender Körper eins wurde mit der Seele des Geopferten.

Es besteht ein enger Zusammenhang mit dem Mais: Der *ixiptla* ist in die Haut des Opfers genauso eingehüllt wie ein Maiskolben in seine Blätter. Wenn der Mais reift, lockern sich die Blätter um ihn. Auch die abgezogene Haut wird langsam dünner. Schließlich befreit sich der fertige Maiskolben aus seiner Hülle – was durch die wieder abfallende Haut symbolisiert wird. Zum Abschluss des Rituals wird die verwesende Haut begraben –, wie auch ein Maiskorn, um neues Leben zu schaffen.

Federknüppel gegen Obsidianschwert
Die Heiligkeit des Xipe Totec *ixiptla* wurde durch sein Kostüm unterstrichen: Er trug einen Rock aus Quetzalfedern, um seinen göttlichen Status hervorzuheben, einen Kopfschmuck aus roten Löffelreiherfedern sowie Ohr- und Nasenschmuck. Er hielt eine goldene Scheibe, und seine roten Sandalen waren mit Wachtelfedern

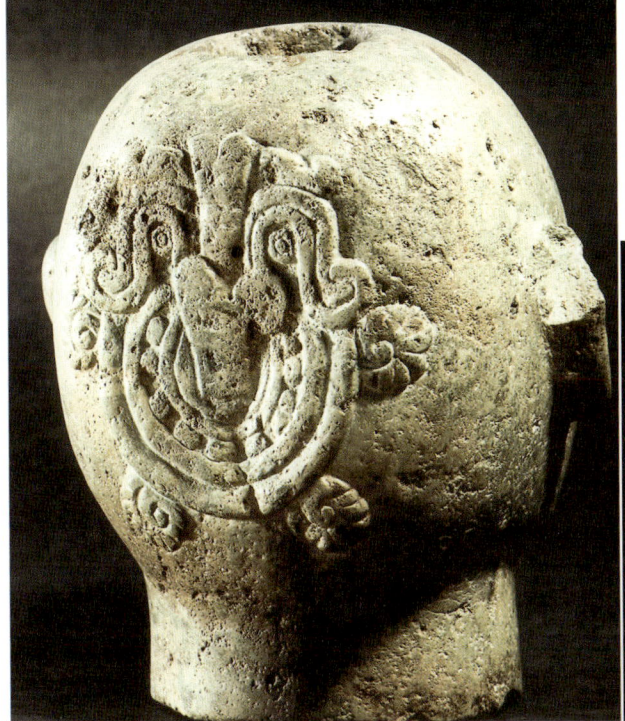

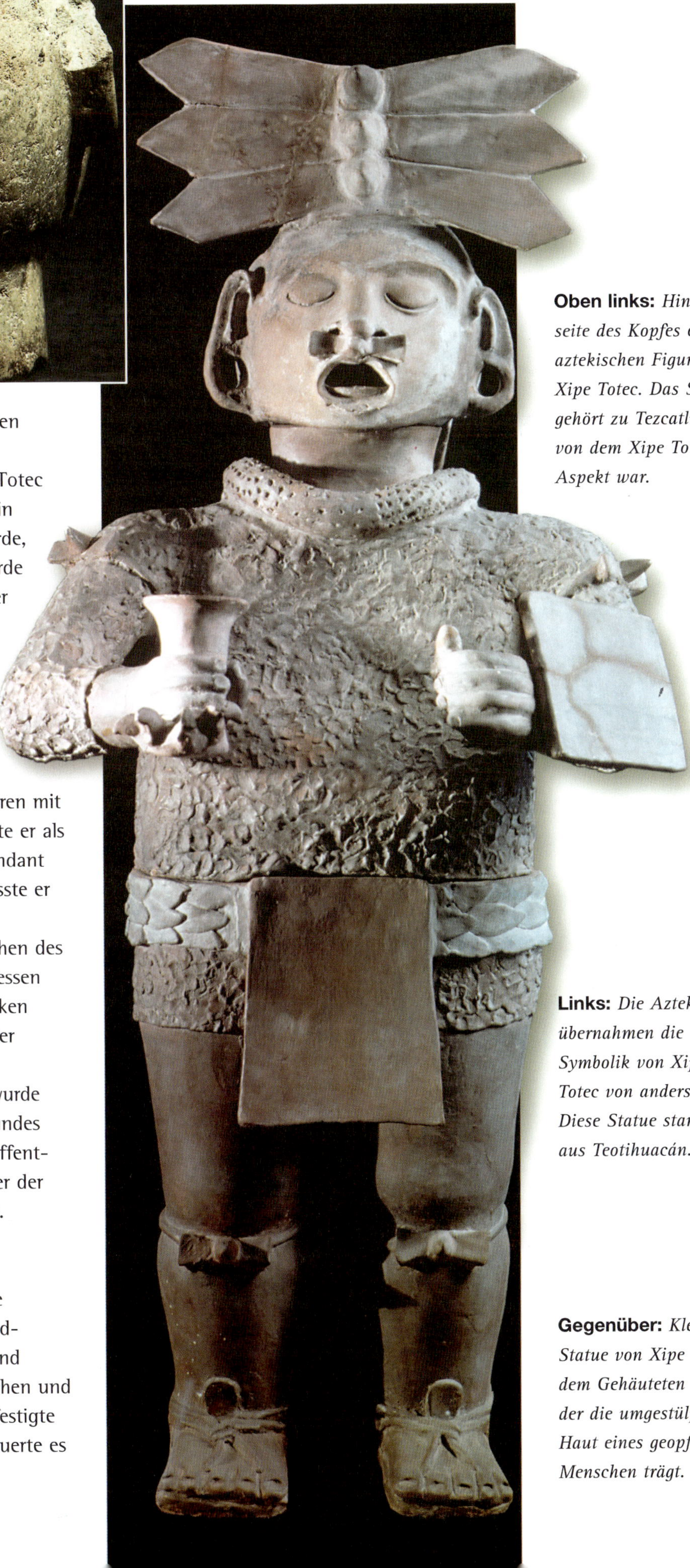

verziert – beides Symbole der aufgehenden Sonne.

Sowohl Tlacaxipeualiztli als auch Xipe Totec standen mit den aztekischen Kriegsepen in Verbindung. Das Opfer, das gehäutet wurde, war kein gewöhnlicher Sterblicher. Er wurde wegen des Heldenmutes, den er bei seiner Festnahme an den Tag legte, aus den Gefangenen ausgewählt. Durch einen Gladiatorenkampf hatte er die Chance, sich zu retten, wenngleich er als Waffe nur einen mit Federn verzierten Holzknüppel bekam. Seine Gegner, die Adler- und Jaguarkrieger, waren mit einem Obsidianschwert ausgestattet. Sollte er als Sieger hervorgehen, so würde er Kommandant der Aztekenarmee – sein Heimatvolk müsste er allerdings nicht bekämpfen.

Nach dem Ritual wurden Fleischstückchen des Opfers von seinem Herausforderer und dessen Familie verzehrt. Somit nahmen die Azteken seine Lebenskraft zu sich, genauso wie der gegessene Mais den Körper stärkt.

Während des Tlacaxipeualiztli-Festes wurde auch die Macht des aztekischen Dreierbundes deutlich. Es handelte sich um die erste öffentliche Zeremonie im Jahr und die Anführer der verbündeten Gruppen segneten das Volk. Danach tanzten alle gemeinsam. Tlacaxipeualiztli vereinte alle wichtigen Elemente der Aztekenkultur: Es ehrte die Ankunft des Frühlings und die neue Landwirtschaftssaison, würdigte die Krieger und betonte die Verbindung zwischen weltlichen und himmlischen Geschehnissen. Außerdem festigte es das politische Dreierbündnis und erneuerte es für das kommende Jahr.

Oben links: *Hinterseite des Kopfes einer aztekischen Figur von Xipe Totec. Das Symbol gehört zu Tezcatlipoca, von dem Xipe Totec ein Aspekt war.*

Links: *Die Azteken übernahmen die Symbolik von Xipe Totec von anderswo. Diese Statue stammt aus Teotihuacán.*

Gegenüber: *Kleine Statue von Xipe Totec, dem Gehäuteten Gott, der die umgestülpte Haut eines geopferten Menschen trägt.*

TRIBUTPFLICHTIGE STAATEN
Physische und psychologische Bedrohungen sichern die Loyalität

Unten: *Tlaxcala behielt seine Unabhängigkeit gegenüber Tenochtitlan, allerdings – wie die aztekischen Chroniken meinen – nur weil es eine Quelle für Gefangene aus dem Blumenkrieg war. Trotzdem ärgerte sich Tlaxcala über die stete Einmischung Tenochtitlans in seine Belange und unterstützte Cortés durch Söldner bei seinen Eroberungen. Dieses Foto zeigt die Ruinen einer Pyramide in Tlaxcala.*

Am Höhepunkt ihrer Macht kontrollierten die Azteken das Tal von Mexiko und bezogen von den unterjochten Staaten Tribute. Die Autorität über diese Steuereintreibungen lag bei den *calpixque* (Steuereintreibern), die, obwohl sie dem Rat von Tenochtitlan unterstanden, fast uneingeschränkten Handlungsspielraum hatten.

Man muss bedenken, dass Tenochtitlan nie vollkommen autark war; importierte Güter waren für das Überleben der Stadt essenziell. Obwohl ihre *chinampas* nicht ertragreich genug waren und die Azteken viele Nahrungsmittel importierten, handelte es sich bei den Tributzahlungen meist um andere Gebrauchsgüter.

Die Herrschaftselite der Azteken, die Mexika, war zahlenmäßig gering und hätte ohne Hilfsmittel niemals Autorität über ein so großes Gebiet ausüben können. Ihren Herrschaftsanspruch rechtfertigte sie durch ihre erfundene Geschichte (Seiten 180–181), laut der sie direkt von den Göttern abstammten. Politisch sicherten sie ihre Rechte durch strategische Hochzeiten mit dem Adel anderer Stämme. Im Ernstfall stellten diese angeheirateten stammesfremden Familien Soldaten bei, die an der Seite der Adler- und Jaguarkrieger der Mexika kämpften.

Entferntere Nationen akzeptierten jedoch nicht immer klaglos die Vormachtstellung der Azteken und zweifelten sogar deren Ahnenrechte an. In einem solchen Fall wurde mit Hilfe des Steuersystems psychologischer Druck auf etwaige Widersacher ausgeübt.

Die *calpixque* waren die dominanten Personen innerhalb dieses Systems. Sie lebten in den von ihnen überwachten Zonen und stellten so selbst in den entferntesten Randgebieten eine permanente aztekische Präsenz sicher. Jeder *calpixque* verfügte weiters über eine eigene kleine Garnison, die etwaige Unruhen unterdrücken konnte. Schwerwiegendere Aufstände wurden als Bedrohung der aztekischen Hegemonie und als direkte Beleidigung des Großen Sprechers betrachtet. In diesem Falle konnten die Steuereintreiber den Rat der Vier in Tenochtitlan um militärische Unterstützung bitten.

Ungeziefer als Tribut

Solche Aufstände wurden mit roher Gewalt unterdrückt und als Strafe die Tributzahlungen verdoppelt. Da die Steuern bereits sehr hoch bemessen waren, nahmen nur wenige Provinzen das Risiko in Kauf, sich durch einen Putschversuch eine zusätzliche Last aufzubürden. Durch das sofortige Abschütteln etwaiger Bedrohungen und die Unterstützung sorgfältig ausgewählter Verbündeter – denen die Steuern teilweise erlassen wurden – hielten die Azteken ihr Reich im Gleichgewicht. Falls dieses System versagte, sollten die einem Aufstand folgenden Steuererhöhungen die Unruhestifter demoralisieren. Cuetlaxtla gelang mit Unterstützung von Tlaxcala einst eine Revolte gegen den Aztekenführer Moctezuma den Älteren. Dieser Aufstand wurde jedoch zerschlagen, als Tlaxcala seine Unterstützung zurückzog. Zu den erhöhten Tributabgaben zählten fortan zweimal jährlich eine größere Lieferung lebender Schlangen nach Tenochtitlan. Um diese Forderung erfüllen zu können, verbrachte der Großteil der männlichen Bevölkerung einen beachtlichen Teil des Jahres in Schlangenhöhlen auf der Jagd. Anderen Stämmen verhängte Strafzahlungen beinhalteten Körbe voll Tausendfüßlern, Skorpionen oder Spinnen, zusätzlich zu den schon zuvor geleisteten Abgaben.

Durch diese Besteuerung demonstrierten die Azteken Macht. Wahrscheinlich stand hier der psychologische Abschreckungseffekt im Vordergrund, da die geleisteten Güterzahlungen kaum Auswirkungen auf die Wirtschaftslage der Azteken hatten.

Die Spanier berichteten, dass die Azteken ständig Speicher für Überschüsse bauten. Bei Ausgrabungen im Templo Mayor in Tenochtitlan fand man zahlreiche solcher Speicher für die Tributleistungen, die dort wohl auf die Imperialmacht der Azteken hinwiesen.

COATLICUE – SCHLANGENROCK
Die verschiedenen Seiten einer blutrünstigen Muttergottheit

Coatlicue (Schlangenrock) ist die Mutter von Huitzilopochtli, dem Schutzgott der Azteken. Die Legenden, die sie umranken, erklären die Opferbereitschaft der Azteken und die Grausamkeit, die diesen Ritualen innewohnte. Huitzilopochtli kam auf schreckliche Weise zur Welt, nachdem Coatlicue durch das Verschlucken eines Federballes (den Insignien eines Kriegers) schwanger geworden war. Seine Schwester Coyolxauhqui (Glockenwange) hetzte die Unzähligen Sterne gegen ihre Mutter auf, die das Kind im Mutterleib töten sollten. Huitzilopochtli jedoch sprang mit einer Feuerschlange bewaffnet hervor, bezwang die Sterne und zerstückelte Coyolxauhqui, deren Körper er zur Erde warf (siehe Bild S. 159). Bei diesem Kampf wurde auch seine Mutter Coatlicue geköpft.

Dieser Geschichte entspringen die im Templo Mayor ausgeübten Opferrituale. Die Große Pyramide repräsentierte Coatepec (den Schlangenberg), der einen Aspekt Coatlicues darstellte und Huitzilopochtli geweiht war. Die Enthauptung und Verstümmelung der geopferten Menschen, deren Körper darauf die Pyramidenstufen hinabgeworfen wurden, stellt das Schicksal von Coyolxauhqui nach.

Coatlicue war ein komplexerer Charakter. Nahe dem Huitzilopochtlitempel auf dem Templo Mayor befindet sich der Schrein von Cihuacoatl (Ort der Finsternis), was ein anderer Name für Coatlicue ist. Dieser Schrein repräsentiert den Schoß der Erde. Die dortige Coatlicuestatue ist von Symbolen der Fruchtbarkeit und des landwirtschaftlichen Überflusses umgeben.

Coatlicue ist weit davon entfernt, eine wohlgesinnte Muttergöttin zu sein. Aus ihrem Hals sprühen Blutfontänen, ihre Halskette besteht aus menschlichen Herzen und Händen, und ihre Knie und Ellbogen weisen Gesichter mit Fangzähnen auf. Ihre Brüste sind alt und runzelig

und es wird deutlich, dass sie nicht durch ihre Muttermilch Leben und Fruchtbarkeit spendet. Ihr Schrein befindet sich bezeichnenderweise im Zentrum des Wohnviertels der Elitesoldaten des Jaguars und Adlers.

Gott/Göttin der Dualität

Der Schrein symbolisiert Blut und Opfer. Coatlicues aufgerissener Mund, mit dem sie so oft dargestellt wird, drückt ihren unstillbaren Appetit auf Blut und menschliche Herzen aus.

Einer anderen Legende zufolge fingen die Zwillingsgötter Quetzalcoatl und Tezcatlipoca Coatlicue, während sie sich in den Urgewässern vor der Schöpfung der Erde entspannte. Sie rissen ihren Körper in zwei Hälften: eine Hälfte formte den Himmel, die andere die Erde. Aufgrund dieses Mythos wird Coatlicue auch als androgynes Wesen als Gott/Göttin der Dualität verehrt und wird oft auch in männlicher Gestalt als Tlacatecuhtli (Herr der Erde) dargestellt.

Aus ihren Haaren machten die Zwillinge Kräuter und Bäume, aus ihrer Haut Gräser und Blumen, und Quellen entsprangen aus ihren Augen und Gebirge aus ihren Schultern. Alle diese Dinge waren jedoch tot und Coatlicue weigerte sich, ihnen Leben einzuhauchen, bis sie mit Blut und Herzen von Menschen gefüttert wurde.

Dieser Legende zufolge besteht die Erde aus menschlichen Teilen und kann nur durch Opfergaben erhalten werden. Sollten diese Opfer ausfallen, schlüge die Göttin zurück, indem sie Knöchel, Knie und Ellbogen der Menschen zertrümmerte. Dieser Technik bedienten sich die Adler- und Jaguarkrieger, um ihre Opfer wehrlos zu machen, ohne sie jedoch zu töten. Coatlicue unterstanden auch die gefürchteten Ilhuica Cihuapipitlin (Himmlische Prinzessinnen), die Geister von Frauen, die mit fließendem Haar und bloßen Brüsten zur Erde kamen und Zorn, Wut und Tod mit sich brachten.

Oben: *Coyolxauhqui, Glockenwange, ist die Tochter von Coatlicue und Halbschwester von Huitzilopochtli. Sie lebte mit ihrer Mutter auf Coatepec, dem Schlangenberg.*

Gegenüber: *Coatlicue, die Mutter von Huitzilopochtli, wurde in einem Kampf getötet, der von Coyolxauhqui angestiftet worden war. Obwohl sie eine wohlwollende Erdgöttin ist, hat Coatlicue ständig Appetit auf Menschenherzen – als Wiedergutmachung für ihr erlittenes Leid.*

DAS AZTEKISCHE JAHR
Zweck und Widmung der 18 Monate

Unten: *Granitskulptur einer Klapperschlange mit 13 Segmenten am Schwanz, eines für jedes Lebensjahr, da eine neue Rassel gebildet wird, wenn die Schlange sich häutet. Die Zahl 13 hat eine symbolische Bedeutung in der Zeitrechnung und erinnert an die 13 Ebenen des Aztekenhimmels.*

Xiuitl, das Aztekenjahr, war in 18 Monate zu je 20 Tagen unterteilt. Darauf folgte eine fünftägige Periode, die *nemontemi* genannt wurde. Während dieser Zeit erloschen die alten Feuer und neue wurden entzündet. Während dieser fünf Tage waren die zerstörerischen Kräfte nicht zu bändigen, sie waren also von Angst und Schrecken geprägt.

Das Jahr begann mit Atl Cauala (Versiegen des Wassers), einem dem Regengott Tlaloc und Chalchihuitlicue geweihten Wasserfest. Darauf folgte Tlacaxipehualiztli (das Häuten von Menschen) zu Ehren des gefürchteten Xipe Totec (siehe Seiten 166–167). Während dieser Zeremonie wurden Pyramidenrituale und Festmähler mit dem Fleisch der Opfer abgehalten. Aussaatrituale wurden während Tocoztontli (Kleine Nachtwache) ebenfalls zu Ehren von Tlaloc abgehalten. In den darauf folgenden Monaten wurden während des Uey-Tocoztli-Festes (Große Nachtwache) heranwachsende Maiskolben in die Stadt gebracht und dort von Aztekenjungfrauen geweiht.

Im nächsten Monat, der etwa unserem 4. bis

23. Mai entspricht, war die Maissaat in Gefahr, da es sehr wenig regnete. Dieser Monat war Toxcatl (Trockenheit) geweiht und durch Tänze der Aztekenfrauen geprägt. Danach wurde der Regengott während Etzalqualiztli (Verzehr von Mais-Bohnen-Brei) wieder angerufen, einem Fest, bei dem die letzten Nahrungsvorräte aufgeteilt wurden.

Die nächsten beiden Monate waren Tecuilhuitontli (Kleines Festmahl der Herren) und Uey Tecuilhuitl (Großes Festmahl der Herren). Zu diesen Zeiten wurden der junge Mais und die weltlichen Freuden gefeiert. Während Tecuilhuitontli mussten die Bauern große Mengen *pulque*, Maisbier, trinken, zu jeder anderen Zeit wurde die Einnahme berauschender Getränke jedoch mit dem Tod bestraft. Zu Uey Tecuilhuitl führten Freudenmädchen erotische Tänze vor und verführten die jungen Krieger. Es handelte sich jedoch um einen Test, da die Krieger bestraft wurden, sollte es tatsächlich zu „Späßen", einem aztekischen Euphemismus für körperliche Liebe, kommen.

Während der nächsten beiden Monate – Tlaxochimaca (Kleiner Festtag der Toten) und Xocotlhuetzi (Großer Festtag der Toten) – ehrten die Azteken ihre Ahnen. Zu dieser Zeit wurden vor Ahnenbildern Blumenopfer dargebracht und zu Xocotlhuetzi wurde die Xocotlfrucht auf eine gefettete Stange gesteckt und aufgestellt. Junge Männer sollten ihre Fähigkeiten unter Beweis stellen, indem sie die Stange hinaufkletterten und die Frucht „pflückten", was eine reiche Ernte bedeutete. Auch wurden sie für ihr Geschick reichlich belohnt.

Rituelle Frauenbelästigung

Der Mais wurde während Ochpaniztli (Straßenkehren) geerntet, einem Fest, das dem jungen Maisgott Centeotl geweiht war. Zu dieser Zeit wurde auch die Kriegssaison der Azteken eingeläutet und die jungen Soldaten bekamen ihre Kostüme und Insignien.

Bis dahin weilten die Götter im Jenseits, doch während Teotleco (Ankunft der Götter) kamen sie in großer Zahl in die Städte. Teotleco wurde also als Ankunft aller Götter gefeiert, eine Zeit des Schlemmens und der Heiterkeit.

Während der nächsten beiden Monate wurden das männliche und das weibliche Prinzip geehrt. Tepeilhuitl (Fest der Berge) war Xochiquetzal (Wertvolle Blumenfeder) geweiht, der Göttin des Tanzes und der Freude, Schutzpatronin der Weber und Künstler. Quecholli (Rosa Löffelreiher) war dem Jagdgott Mixcoatl geweiht und eine allgemeine Jagd fand statt.

Panquetzaliztli (Hissen der Fahnen) war die eigentliche Jagdsaison, ein Synonym für Krieg und brachte Massenhinrichtungen gegnerischer Krieger mit sich.

Dieser Monat war dem aztekischen Schutzgott Tezcatlipoca in Gestalt von Huitzilopochtli (Kolibri) geweiht, der gleichzeitig Kriegsgott war. In den Riten wurden jene Krieger geehrt, die sich durch die Gefangennahme von Menschen für Opferungen profiliert hatten. Zu Atemoztli (Herabsteigen des Wassers) wurden die jungen Soldaten gefeiert, die sich noch in Ausbildung befanden.

Zu Tititl (Dehnung) wurde der *ixiptla* von Ilama Tecuhtli geopfert und die Frauen rituell belästigt. Die Rolle der Frau, die bis dato geehrt wurde, wurde zu dieser Zeit umgekehrt. Den Abschluss des Jahres bildete Izcalli (Wachstum). Frisch abgestillte Kleinkinder wurden in den Tempel gebracht und erhielten dort von dem Priester einen Segen.

DAS AZTEKISCHE PANTHEON
Form und Funktion der mannigfaltigen Gottheiten

Diese Seite: *Der schneebedeckte Gipfel des Vulkans Popocatepetl. Er wurde für den Wohnsitz der Hauptgötter gehalten. Die Pyramiden in den großen Zentren ahmten seine Form nach.*

Das aztekische Pantheon wird von einer verblüffenden Schar an Göttern bewohnt. Jede Aktivität hatte ihren eigenen Schutzgott, jeder Tag war einem Gott geweiht und jeder Monat wurde von einem anderen Gott überwacht. Jede Naturgewalt wurde von einer Gottheit kontrolliert, die ihrerseits beliebig viele Erscheinungsformen haben konnte.

Der Hauptgott war zweifellos Tezcatlipoca (Rauchender Spiegel). Er war der Schutzpatron der Magier und der Meister menschlichen Schicksals. Assoziiert wurde er mit Tepeyollotl, dem Herzen der Berge, und dem Jaguargott des Erdinneren. In seiner Gestalt als Huitzilopochtli war er sowohl Kriegsgott als auch Sonnengott und Schutzpatron aller Azteken.

Tezcatlipoca wurde dem alten, mittelamerikanischen Gott Quetzalcoatl (Gefiederte Schlange) gegenübergestellt. Die Priester und Adeligen der Azteken legitimierten ihren Herrschaftsanspruch,

indem sie ihre Ahnenreihe bis zu den Priestern von Quetzalcoatl in den früheren Stätten Tula und Teotihuacán zurückführten. Quetzalcoatls Vergleich mit Tezcatlipoca spiegelt das Dualitätsprinzip von Gut und Böse im Glauben der Azteken wider. Quetzalcoatl tritt als böswilliger Abendstern und als wohlwollender Morgenstern auf sowie als Windgott Ehecatl.

Diesen beiden Göttern waren andere bedeutende Gottheiten unterstellt, wie Tlaloc, der Regengott und Herr der Landwirtschaft. Er wird oft auch „Der, der die Erde bewohnt" genannt. Seine Helfer waren Tlaloque und Tepictoton, zwergenhafte Gestalten, die in den Bergen hausten und nach Tlalocs Anweisung Regen und Wolken schufen. Tlaloc war mit seiner Schwester Chalchihuitlicue (Jaderock) verheiratet, der Göttin des Süßwassers.

Gegnerische und verbündete Götter

Obwohl viele der wichtigen Aztekengötter mit der Landwirtschaft in Verbindung gebracht wurden, forderten sie menschliche Opfer. Die Azteken glaubten, dass alles in Zyklen abläuft, die auf Gegensätzen beruhen, und dass Leben nur durch den Tod hervorgebracht werden kann. Coatlicue (Schlangenrock) verkörperte die Mutter der Götter. Sie war sowohl die Mutter der Erde als auch die Mutter der Sonne, des Mondes und der Sterne. In ihrer Gestalt als Cihuacoatl (Schlangenfrau) forderte sie Kriege und Menschenopfer. Oft wird sie auch als Teteo Innan Toci, Unsere Großmutter, bezeichnet.

Eine Identifikation mit dem Krieg wird auch bei Coyolxauhqui (Glockenwange) deutlich, Huitzilopochtlis böswilliger Schwester. Sie hetzte ihre Brüder, die Sterne, auf ihn, als er noch ein Säugling war. Sie wurde jedoch von Huitzilopochtli geschlagen, der ihren Körper zerriss. Ihr Blut befleckte daraufhin den heiligen Berg Coatepec (Schlangenberg) bei Tula und ihr Tod konnte nur durch Menschenopfer gerächt werden, die die aztekischen Pyramidenstufen hinabgeworfen werden.

Der Maisgott Centeotl und die Maisgöttin Xilonen traten ebenfalls paarweise auf. Sie wachten über das Gedeihen der aztekischen Pflanzen und über die Reifung des Maises. Auf

Grund dieser Aufgaben standen sie oft in Verbindung mit Tlaloc und Chalchihuitlicue. Sie wurden aber auch mit Xipe Totec (dem Gehäuteten Gott) assoziiert, der ebenfalls Menschenopfer forderte, deren abgezogene Haut seine Priester trugen.

Weitere bedeutende Götter waren Mayahuel (Die mit den vierhundert Brüsten), die weibliche Verkörperung von *pulque*, und ihre Kollegin Ometochtli (Zwei Kaninchen); Cihuateto (Himmlische Prinzessin) und ihre Assistentinnen, die Fünf Cihuapipitlin (Kriegerfrauen) standen für die Geister der Frauen, die im Kindbett starben. Auch der Langnasige Gott Yacatecuhtli, Schutzherr der Händler, und Mictlantecuhtli, der Wächter von Mictlan – der aztekischen Unterwelt, entsprechend Xibalba der Maya –, waren wichtig. Der älteste Gott war Xiuhtecuhtli (der türkise Herr des Feuers), der auch mit Huehueteotl (Der alte, alte Gott) assoziiert wurde. Dieser verband die Menschheit mit dem Himmel wie auch mit den tiefsten Schichten der Erde.

Oben: *Mictlantecihuatl gehörte zu Mictlantecuhtli, dem Herrn des Todes. Sie beherrschten gemeinsam das Land der Toten, wo sie über das Schicksal der menschlichen Seelen bestimmten. Wie bei anderen aztekischen Göttern ist es wahrscheinlich, dass Mictlantecuhtli und Mictlantecihuatl ursprünglich in Teotihuacán verehrt worden waren und später von den Azteken „ausgeliehen" wurden.*

QUETZALCOATL GEGEN HUITZILOPOCHTLI
Alte und neue Götter verkörpern den Wandel der Azteken

Am Anfang gebaren die Schöpfergötter vier Söhne: den Roten Tezcatlipoca, den Schwarzen Tezcatlipoca, Quetzalcoatl und Huitzilopochtli. Diese vier Brüder schufen

Die von Tezcatlipoca geschaffene erste Welt wurde zerstört, als Quetzalcoatl seinen Bruder ins Meer warf. Die zweite Welt, jene von Quetzalcoatl, wurde von Tezcatlipoca vernichtet. Als sich Quetzalcoatl und Tezcatlipoca bei der Erschaffung der fünften Welt verbündeten, wurde der Aztekengott Huitzilopochtli zu Quetzalcoatls Erzfeind.

Obwohl Huitzilopochtli sowohl Eigenschaften von Tezcatlipoca als auch vom Sternengott Mixcoatl und vom Feuergott Xiuhtecuhtli hatte, war er ein reiner Aztekengott und wurde außerhalb des aztekischen Einflussbereiches im Tal von Mexiko nicht verehrt. Darin unterschied er sich von Quetzalcoatl, dessen Ursprünge tief in der mittelamerikanischen Antike lagen. Der Gegensatz zwischen Quetzalcoatl und Huitzilopochtli spiegelt den Gegensatz zwischen Alt und Neu wider, was für das Verständnis des Glaubens und der Kultur der Azteken bedeutsam ist.

Für die Aztekenpriester war die Vergangenheit, sogar eine erfundene, von größter Wichtigkeit. Dadurch legitimierten sie ihre eigene Position und führten ihre göttliche Abstammung auf Quetzalcoatl zurück. In diesem Sinne fügten sich die Azteken stark in die mittelamerikanische Kultur ein und verbanden sich selbst mit den großen Reichen der Vergangenheit.

Oben: *Relief von Quetzalcoatl in Xochicalco, einem Außenposten von Teotihuacán, Tula nahe stehend.*

Himmel und Erde, Feuer und Wasser sowie die Unterwelt. Auch erschufen sie das erste menschliche Paar und den heiligen Kalender.

Seit Anbeginn gab es Spannungen zwischen dem Schwarzen Tezcatlipoca und Quetzalcoatl:

Um sich allerdings als neue Herrschaftsmacht über die einflussreichen toltekischen Herrscherfamilien zu behaupten, mussten die Azteken zunächst ihre Unabhängigkeit verkünden. Dies taten sie mit Hilfe von Huitzilopochtli.

Die Verwirklichung von Huitzilopochtli

Huitzilopochtli war der kriegerische Aspekt von Tezcatlipoca, dessen Aufgabe darin bestand, die bestehende Ordnung zu stürzen und stattdessen die aztekische Hegemonie einzuleiten. Es ist daher anzunehmen, dass dieser Aspekt einer bereits bestehenden Gottheit eine aztekische Erfindung ist. Die Stadt Tenochtitlan mit allen ihren Reichtümern war der erste und wichtigste Beweis für die Macht Huitzilopochtlis. Tenochtitlan als gefeierte Metropole verdankte ihren Einfluss der Kriegskunst der Azteken, während die bereits in Ruinen liegenden Städte Tula und Teotihuacán die heilige Macht der Ahnen und von Quetzalcoatl verkörperten.

Bei den aztekischen Festen wurde der Gegensatz zwischen Quetzalcoatl und Huitzilopochtli noch deutlicher und zwingender unterstrichen. Huitzilopochtlis Fest Panquetzaliztli (Hissen der Fahnen) war bekannt für sein aktives Treiben. Das war keine stille Verehrung einer Gottheit, sondern ein kopfloser Taumel durch die Massen von Priestern und Kriegern, die oft vor Erschöpfung auf den Pyramidenstufen zusammenbrachen. Dies zeigte die wilden und unbezähmbaren Züge Huitzilopochtlis, die er auch gegen seine Feinde einsetzen würde.

Im Gegensatz dazu waren die Feste zu Ehren Quetzalcoatls durch innere Ruhe gekennzeichnet. Die Gestalt einer Schlange bekam langsam Federn und nahm mitsamt ihrer gespaltenen Zunge die Gesichtszüge Quetzalcoatls an. Langsam richtete sich ihr

Körper auf und es wurde sichtbar, dass sich unter dem wunderbaren bunten Federkleid ein menschliches Gesicht verbarg. Dieser Vorgang ging langsam und kontrolliert vonstatten, während das Fest Huitzilopochtlis Hektik und Leichtsinn symbolisierte.

Dieser Gegensatz zwischen Quetzalcoatl und Huitzilopochtli zeigt das für die Azteken wichtige Dualitätsprinzip. Es ehrte das Alte, war aber Neuem gegenüber stets aufgeschlossen. Für die Azteken drückten sich diese Gegensätze eher in einem Spannungsfeld als durch Gelassenheit aus.

Oben: *Schädel des Rauchenden Spiegels, Tezcatlipoca. Als Basis dieser Maske diente ein menschlicher Schädel, der mit Mosaiken aus Türkisen und Kohle verziert wurde. Die Rückseite des Schädels wurde entfernt und der Unterkiefer mit Lederriemen befestigt. Die Türkise wurden als Tribut von Staaten wie Veracruz und Oaxaca an Tenochtitlan, die aztekische Hauptstadt, gesandt.*

DAS FEST VON TOXCATL
Ein unbescholtener Krieger wird für ein Jahr zu Tezcatlipoca

Zu den wichtigsten Zeremonien der Azteken zählte das Fest von Toxcatl im fünften Monat des rituellen Jahres, das dem Hauptgott Tezcatlipoca geweiht war. Die Spanier hielten es für das größte Fest im Jahreskreis.

Die Vorbereitungen zu jedem Toxcatl-Fest begannen ein Jahr davor, kurz nach dem vorangegangenen Toxcatl, als ein junger gefangener Krieger auserwählt wurde, Tezcatlipoca im kommenden Jahr zu verkörpern. Die Spanier überlieferten, dass der Auserwählte außergewöhnlich schön war, sein Benehmen war anstandslos und er war „weder zu groß, noch zu klein, von kräftiger Statur und mit makelloser Haut". Für den Gefangenen war es eine große Ehre, auserwählt zu werden, und er wurde mit den kostbarsten Juwelen geschmückt, die im Aztekenreich zu Herrschaftszeiten Moctezumas aufzutreiben waren.

Das gesamte Jahr über wurde der auserwählte Krieger als Tezcatlipoca verehrt und gefeiert. Wo immer er hinging, kamen die Leute aus ihren Häusern gelaufen, um ihm zu huldigen und ihm Blumen darzubieten. Er trug Blumen in seinem langen Haar, goldene Glöckchen an seinen Fußgelenken und kostbare Sandalen aus Ozelotfell. Auf seiner Flöte spielte er die

Rechts: *Das Fest von Toxcatl endete mit dem freiwilligen Opfer des Mannes, der Tezcatlipoca ein Jahr lang verkörpert hatte. Diese aztekische Zeichnung zeigt den letzten Augenblick seiner Herrschaft, in dem er rituell in einem kleinen Tempel auf einer sonst verlassenen Insel getötet wurde. Beachten Sie die zerbrochenen Flöten, die die Tempelstufen hinabgeworfen worden waren.*

„lieblichsten Melodien", während seine Gefolgschaft in den Straßen Tenochtitlans vor ihm herzog. Die Bewunderung, die ihm die Einwohner wohl entgegenbrachten, vor allem die sehnsuchtsvollen Blicke der jungen Mädchen und die Ehrerbietung der betagten Krieger müssen auf den jungen Mann einen starken Eindruck gemacht haben.

Zwanzig Tage vor Toxcatl wurde sein langes Haar geschnitten; nun glich er einem erfahrenen Krieger. Auch wurden ihm vier junge Frauen beigestellt – wahrscheinlich Tributssklavinnen – die die Göttinnen des Jungen Maises, der Blumen und erotischen Liebe, des Salzes und des Süßwassers repräsentierten.

Ein besseres Leben nach dem Tod

Während dieser Zeit zog sich der König aus seinem Palast zurück, dessen Tore nun der Verkörperung Tezcatlipocas offen standen. Nun war er der König, dem jeder nur erdenkliche Wunsch erfüllt wurde – abgesehen natürlich von seinem Wunsch nach Freiheit. Am fünften Tag verließ er mit seinem Gefolge die Stadt und fuhr zu einer kleinen Insel, auf der sich ein Tezcatlipocatempel befand.

Zu einem selbst gewählten Zeitpunkt stieg „Tezcatlipoca" die Tempelstufen hinauf, wo die Priester bereits mit ihren Opfermessern

warteten. Im Augenblick, als die Priester sein Herz entnahmen, erklang in den Straßen von Tenochtitlan bereits die Flötenmusik des neuen Tezcatlipoca.

Allen Aufzeichnungen zufolge ging der junge Repräsentant Tezcatlipocas freiwillig in den Tod, was die Aztekenforscher lange Zeit verblüffte. Warum sollte sich ein junger Mann in der Blüte seines Lebens freiwillig opfern?

Psychologisch betrachtet konnte er sich auf seinen Tod ein Jahr lang rituell vorbereiten. Während dieser Zeit wurde er als idealer Krieger gefeiert, zunächst als Jüngling, dann als erfahrener Krieger, dem sogar vier Göttinnen dargeboten wurden. Von Kriegern erwartete man, dass sie ihrem Tod tapfer entgegensahen. Er verkörperte also das beste Kriegerschicksal, als er die Pyramidenstufen hinaufstieg. Der Tod war unausweichlich und sein Kriegerstolz half ihm wohl, ihn tapfer anzunehmen und nicht als Feigling ins Jenseits zu gehen.

Außerdem war ihm als Tezcatlipoca ein wunderbares Leben nach dem Tod sicher in einer Welt, die für die Azteken bezaubernd und lustvoll war und in der die Seelen der Krieger wie Schmetterlinge flatterten. Die bezaubernden Wandmalereien von Teotihuacán stellen diese Welt reich an Blüten und Früchten dar, ein Idealbild in der Vorstellung der Azteken.

UMGESCHRIEBENE GESCHICHTE
Künstliche Verbindungen zwischen Teotihuacán und Quetzalcoatl

Beide Seiten: *Der 4,6 Meter lange Rinden-papierstreifen des* Codex Boturini *dokumentiert den heiligen Ursprung des aztekischen Volkes. Die Seite oben zeigt das einfache Leben aztekischer Vorfahren auf einer Insel in einem See – vielleicht Aztlan. Ihre Wanderung beginnt mit einem Besuch zu Boot bei Huitzilopochtli, der in seinem belaubten Baum in Culhuacán („geschwungener Berg") sitzt.*

Die Azteken kamen zunächst als kleine Gruppe von wilden Jägern und Sammlern ins Tal von Mexiko. Sie hatten keinen Anteil an der glorreichen Vergangenheit der anderen Einwohner des Tales aus Teotihuacán und Tula, die die Azteken für Barbaren aus dem Norden hielten.

Die Ankunft der Azteken fiel mit einer Zeit der Unruhe im Tal zusammen. Alle alten Reiche waren untergegangen und Teotihuacán lag in Ruinen. Zwischen den noch existierenden Städten herrschte bittere Rivalität. Durch geschickte politische Bündnisse und Intrigen konnten die Azteken sich in dieser Situation als neue Herrschaftsmacht etablieren. Was sie dazu allerdings benötigten, war eine Ahnen-geschichte, die ihre Position rechtfertigte.

Sie begannen, ihre Vergangenheit durch ein Bündnis mit den Chichimeken neu zu erfinden, die ihrerseits relativ neu im Tal waren. Die Chichimeken hatten ihre Töchter mit adeligen Tolteken in Tula verheiratet, die wiederum behaupteten, Nachkommen Teotihuacáns zu sein. Diese Chichimeken-Tolteken-Verbindung mit Teotihuacán war für die Azteken ausreichend, um sich selbst als Nachkommen Teotihuacáns zu bezeichnen. Diesen Ort hielten sie für den Ursprungsort der Götter.

Als der Druck, ihre Stellung zu legitimieren, zunahm, erfanden die Azteken noch erhabenere Gründe für ihre Vormachtstellung und beriefen sich auf die Verbindung Teotihuacáns mit den antiken Göttern. Ihr eigener Hauptgott Huitzilopochtli war ein Kriegsgott, der bis zu diesem Zeitpunkt zum Charakter der Azteken passte und ihrer Expansionspolitik zustimmte. Sie benötigten jedoch noch eine weitere Macht, um ihre göttliche Abstammung zu rechtfertigen. In Teotihuacán fanden sie die Lösung in Form der Gefiederten Schlange Quetzalcoatl.

Dynamische Spannung

Quetzalcoatl war in Mittelamerika seit der Epoche der frühen Maya etabliert und wurde sowohl in Tula als auch in Teotihuacán als Gott verehrt. Dort sprach man ihm schöpferische Kraft zu. Bei der Erfindung Quetzalcoatls als Bruder von Hutzilopochtli kombinierten die Azteken die schöpferische mit der zerstörerischen Kraft. Diesem neuen Mythos zufolge wurde die Erde erschaffen, als Quetzalcoatl gemeinsam mit Huitzilopochtli die Erdenmutter angriff und verstümmelte, um mit ihrem Blut den Boden fruchtbar zu machen.

Quetzalcoatl war mit der Herrschaft über priesterliche Angelegenheiten beauftragt, während Huitzilopochtli seiner Rolle als Schutzpatron der Krieger treu blieb. Ein dynamisches Spannungsfeld wurde eingeführt in Form einer Rivalität zwischen den göttlichen Geschwistern wie auch zwischen dem Welt-

lichen und dem Geistlichen. Diese Dualität wie auch die Möglichkeit eines Rollentausches prägte das Denken der Azteken: Wenn eine Frau starb, fuhr sie als Stern in den Himmel und wurde eine Kriegerin. Soldaten jedoch kamen nach dem Tod als sanfte Schmetterlinge zur Erde zurück. Quetzalcoatl und Huitzilopochtli waren von dieser Dualität abhängig. Alleine waren sie unvollständig; beide benötigten die ausgleichende Balance ihres Gegenübers.

Diese neuen Funktionen der Götter bezogen sich auf ihre früheren Inkarnationen in Tula – eine Geschichte, die die Azteken erzählten, um ihr früheres Nomadentum zu erklären. Sie stellten ihre Wanderungen als spirituelle Reisen dar und nicht als Vertreibung aus Culhuacán. Später rechtfertigten sie durch eben diese Wanderungen ihre plötzliche Ankunft im Tal von Mexiko und ihren schnellen Aufstieg zur Herrschaftsmacht.

*Huitzilopochtli forderte sie auf, weiterzuziehen und die Reisenden machten sich in der Begleitung von acht anderen Stämmen auf den Weg (in einem Abschnitt zwischen diesen beiden Seiten). Sie wurden von vier Götterträgern, **oben**, angeführt, die Abbildungen der Götter auf ihrem Rücken trugen. Der Kodex beschreibt ihre Reise bis an die Ufer des Texcocosees, wo sich die Azteken in Chapultepec niederließen.*

DER KALENDERSTEIN
Aztekischer Schöpfungsmythos wurde im 18. Jahrhundert entdeckt

Viel von dem, was wir über das Leben der Azteken wissen, stammt von spanischen Geschichtsschreibern, deren Überlieferungen voreingenommen waren. Die Fortschritte bei der Entzifferung aztekischer Texte helfen uns jedoch, deren Geschichte aus ihrer eigenen Sicht besser zu verstehen.

Unglücklicherweise wurden viele dieser Texte

im 16. Jahrhundert durch die spanischen Eroberer zerstört, da diese sie für satanische Inschriften hielten, die für die Konvertierung der Azteken hinderlich waren. Der Bischof von Neuspanien, Juan de Zumarraga, verkündete 1531 stolz, dass er 20.000 Kultgegenstände zerstört habe. Trotz dieser Massenzerstörung blieben viele Texte erhalten. Die Spanier hatten zwar die Herrschaft der Azteken gestürzt, ihr Glaube blieb jedoch fest verwurzelt und sie versteckten viele heilige Schriften in abgeschiedenen Höhlen oder auf Berggipfeln.

Als 1790 unter dem Fundament von Mexico City ein bemerkenswerter Kalenderstein sowie eine Statue von Coatlicue entdeckt wurden, hatte sich die Einstellung der Menschen bereits geändert und die gefundenen Kultgegenstände wurden als Studienobjekte sorgfältig aufbewahrt. Heute legen sie als Hauptattraktion des anthropologischen Nationalmuseums in Mexico City Zeugnis über die großartigen Leistungen der Azteken ab.

Besonders interessant ist der Kalenderstein, da er den aztekischen Schöpfungsmythos und die Stellung der Azteken innerhalb der Welt deutlich erklärt. Im Zentrum des Steines eingraviert ist das Datum von Nahui Ollin, die Gegenwart zur Zeit der Anfertigung des Steines, in Relation zur Schöpfung.

Auch werden die Bewegungen der Sonne zu dieser Zeit genau festgehalten, was den Stein zu einem Sonnenkalender macht. Einer Azteken-legende zufolge versammelten sich die Götter, um in Teotihuacán Rat abzuhalten, als Nanahuatzin ins Opferfeuer sprang, um als Tonatiuh, die Sonne, wieder emporzusteigen.

Zerstören um zu schaffen

Am Rand des Zeichens für Nahui Ollin befinden sich die Kalendernamen der vier vorher-gehenden Schöpfungen. Diese vier Welten stehen im Zusammenhang mit den vier Elementen Erde, Wind, Feuer und Wasser. Die damit verbundenen Symbole sprechen nicht nur von der Schöpfung und von den Kräften, die

den Elementen innewohnen, sondern auch von deren Zerstörung.

Der Schwarze Tezcatlipoca herrschte über die erste Welt, Quetzalcoatl über die zweite, Tlaloc über die dritte und seine Frau Chalchihuitlicue über die vierte. Jede dieser Welten wurde nacheinander bei einem Konflikt zwischen Tezcatlipoca und Quetzalcoatl zerstört. Obwohl die Erde durch diese kosmischen Schlachten transformiert wurde und reifte, war sie ein unharmonischer Ort, auf dem keine Menschen leben konnten.

Erst in dieser fünften Welt, der Welt der Azteken, handeln Tezcatlipoca und Quetzalcoatl als Verbündete und nicht als Gegner. Einem der Mythen zufolge, die die fünfte Welt abhandeln, werden Tezcatlipoca und Quetzalcoatl als Bäume beschrieben, die die Himmel stützen. Der Baum Tezcatlipocas ist mit schimmernden Obsidianspiegeln behängt, während jener Quetzalcoatls mit den smaragdgrünen Quetzalfedern geschmückt ist.

Interpretationen des Kalendersteins ließen auf eine Mythologie schließen, die bereits sehr alt war, als die Azteken ins Tal von Mexiko kamen. Zusätzlich jedoch beinhaltet der Stein Aspekte, die eindeutig aztekischen Ursprungs sind, von den Azteken allerdings Tula zugeschrieben wurden. Unter den im Stein verewigten Göttern befinden sich Huitzilopochtli, seine Mutter Coatlicue sowie seine Halbschwester Coyolxauhqui. Sowohl Coatlicue als auch seine Schwester Coyolxauhqui kamen bei der Geburt Huitzilopochtlis ums Leben (Seite 159). Die bei dem Kalenderstein gefundene Coatlicuestatue stellt sie mit blutenden Wunden dar.

MOCTEZUMAS VISIONEN
Der Große Sprecher sieht die Zerstörung des Reiches voraus

Unten: Der unbekannte spanische Künstler aus dem 16. Jahrhundert verwendete als Vorlagen für dieses erfundene Porträt vermutlich die Geschenke von Moctezuma II. an Cortés.

Der Große Sprecher des unabhängigen Aztekenreiches war Moctezuma Xocoyotzin, oder Moctezuma II., der 1502 den Thron bestieg. Er war der achte Herrscher Tenochtitlans, und 1508 hatte er die von seinen Vorgängern geschaffene Basis des Reiches erfolgreich gefestigt. Unter Moctezuma befand sich das gesamte antike Mexiko unter der Herrschaft der Azteken. Diese Kontrolle übten sie jedoch nicht nur durch politisches Geschick aus, sondern auch durch ihren göttlichen Herrschaftsanspruch.

Als Großer Sprecher der Azteken war der Schutzpatron Moctezumas Huitzilopochtli, der Furcht erregende kriegerische Aspekt Tezcatlipocas. Unter Huitzilopochtlis Schutz hatten die Adler- und Jaguarkrieger, die Anführer der bis zu 16.000 Mann starken Armeen, jeglichen Widerstand niedergeschlagen und brachten die gegnerischen Herrscher und Kriegskommandanten als Opfer nach Tenochtitlan.

Das göttliche Autoritätsrecht Moctezumas kam jedoch nicht von Huitzilopochtli, sondern von dessen Erzfeind Quetzalcoatl, der Gefiederten Schlange der Tolteken. Moctezumas Verbindung zur Gefiederten Schlange wurde durch die Tatsache unterstrichen, dass er in einem Quetzalcoatl geweihten Jahr geboren wurde.

Moctezuma war sich des Gegensatzes und Konfliktes zwischen seiner ihm zugeschriebenen Ahnenschaft und der Hauptgottheit der Azteken bewusst. In seiner Doppelrolle als Großer Sprecher und Hohepriester war er Gelehrter der esoterischen Gesetze der Azteken und kannte das Konzept der Dualität. Er wusste also, dass er ein Gleichgewicht zwischen den beiden widersprüchlichen Kräften halten musste, um die Stabilität des Aztekenreiches zu sichern.

Auch kannte er die von den Priestern verwendeten prophetischen Kalender und konnte ihre Zeichen lesen. Seine Inkarnation als Quetzalcoatl jedoch machte seine Stellung sowohl einzigartig als auch gefährlich. Moctezuma musste sich auf seine eigenen Visionen verlassen, um künftige Ereignisse vorherzusehen oder zu beeinflussen.

Donnerpfeile

Moctezuma müssen die Jahre vor der Ankunft der Spanier sehr zu schaffen gemacht haben. Obwohl das Aztekenreich blühte und sicher schien, näherten sie sich dem Jahr Ce Acatl und dem Ende des 52-jährigen Kalenderzyklus. Zu dieser Zeit würde die Aztekenwelt entweder erneuert oder zerstört werden und Moctezuma hatte eine Vision vom Kampf zwischen Huitzilopochtli und Quetzalcoatl. Seine Sorgen

wurden durch die Visionen seiner Tante, der Schmetterlingsprinzessin, geschürt. Sie erzählte ihm von ihren Träumen, in denen weiße Männer durch die Wasser ins Aztekenreich wanderten und viele Menschen töteten.

Die Azteken erzählen, dass Quetzalcoatl, nachdem er von Tezcatlipoca aus Tula vertrieben worden war, gemeinsam mit seinen Anhängern aufs Meer gefahren war. Er hatte jedoch seine Rückkehr und seine Rache angekündigt. Moctezuma musste wohl an seine Visionen wie auch an die seiner Tante gedacht haben, als Boten aus dem Hinterland zu ihm kamen und die Ankunft weißer Männer ankündigten, die mit Donnerpfeilen ehemalige Aztekendörfer angriffen. Es handelte sich um das Jahr 1591, dem Jahr von Ce Acatl, und

Moctezuma hatte diese Ereignisse zweifellos mit den Legenden in Zusammenhang gebracht, die von der Rückkehr Quetzalcoatls und seinem Konflikt mit Tezcatlipoca/Huitzilopochtli erzählten.

Der verunsicherte Moctezuma versäumte es, sich gegen die Eindringlinge zur Wehr zu setzen. Stattdessen entsandte er Boten mit Geschenken, in der Hoffnung herauszufinden, wer diese weißen Männer waren, was sie vorhatten und ob es sich tatsächlich um die Rückkehr Quetzalcoatls handelte. Die Boten jedoch kehrten mit erschreckenden Nachrichten heim. Sie erzählten von weißen Männern in glänzenden Umhängen, die aus der Entfernung töteten und Furcht erregende Tiere besaßen, die größer waren als jeder Sterbliche. Sie verkündeten die Ankunft von Hernán Cortés und seinem Gefolge.

DIE ANKUNFT VON CORTÉS
Der Anführer der Eroberer nutzt Moctezumas Unentschlossenheit

Hernán Cortés legte im April 1519 gemeinsam mit 600 spanischen Eroberern an der Golfküste von Mittelamerika an. Moctezuma II. hatte sie in einer Vision bereits kommen sehen und innerhalb weniger Tage hatten Gesandte des Aztekenkönigs mit den Streitkräften von Cortés Kontakt aufgenommen. Aus den spanischen Aufzeichnungen geht hervor, dass die Eroberer im darauf folgenden Kampf waffentechnisch überlegen waren. Auch erwähnen sie die Unentschlossenheit Moctezumas. Aus der Sicht der Azteken sah die Sache jedoch anders aus. Moctezuma war sichtlich besorgt: Die Ankunft der Spanier fiel

und Gold bringen ließ, ignorierten die Spanier die Federn gänzlich. Moctezuma hatte die Geschenke als ein Zeichen seines Reichtums und seiner Überlegenheit senden lassen, Cortés jedoch fasste sie als Zeichen seiner Unterwerfung auf.

Noch sonderbarer erschien den Azteken die Tatsache, dass Cortés eine Frau bei sich hatte. Malintzin (die von den Spaniern Doña Marina genannt wurde) beherrschte Nahuatl, die Sprache der Azteken, und agierte als Dolmetscherin. Für die Azteken war es schlicht unvorstellbar, dass eine Frau eine solche Rolle übernehmen konnte.

Oben: *In seinem Bestreben, die Absicht der Spanier zu erkennen, schickte Moctezuma zahlreiche Boten mit verschwenderischen Geschenken zu Cortés. Darunter befanden sich kostbare Verzierungen wie diese zweiköpfige Schlange mit Türkismosaiken.*

mit Ce Acatl zusammen, einer Zeit des Aufruhrs, und die Spanier in ihren Rüstungen müssen an Quetzalcoatl erinnert haben. Die Azteken hatten Angst, Quetzalcoatl wäre aus dem Exil zurückgekehrt, um an Huitzilopochtli Rache zu nehmen.

Moctezuma gab sich demnach zunächst vorsichtig: Er versuchte herauszufinden, welche Bedrohung die Spanier darstellten und ob sie überhaupt Menschen oder eher Götter waren. Das Benehmen der Spanier half nicht, seine Ängste zu lindern. Als Moctezuma Cortés wertvolle Geschenke in Form von Quetzalfedern

Verbündete von Adler und Jaguar
Während der dreimonatigen Verhandlungen am Strand von Vera Cruz erhielt Moctezuma Berichte über seltsame Kriegstechniken dieser bärtigen Fremden. In Schlachten töteten sie aus der Entfernung, anstatt sich dem ehrenhaften Nahkampf zu stellen und lebende Gefangene zu nehmen. Sie griffen Dörfer in der Nacht an und schlachteten Frauen und Kinder ab. Anstatt ihre Körper dem Schwertkampf auszusetzen, waren sie in Eisenhemden gehüllt. Am anrüchigsten schien jedoch, dass sie keinerlei Tapferkeit an den Tag legten – sobald sie in die Enge

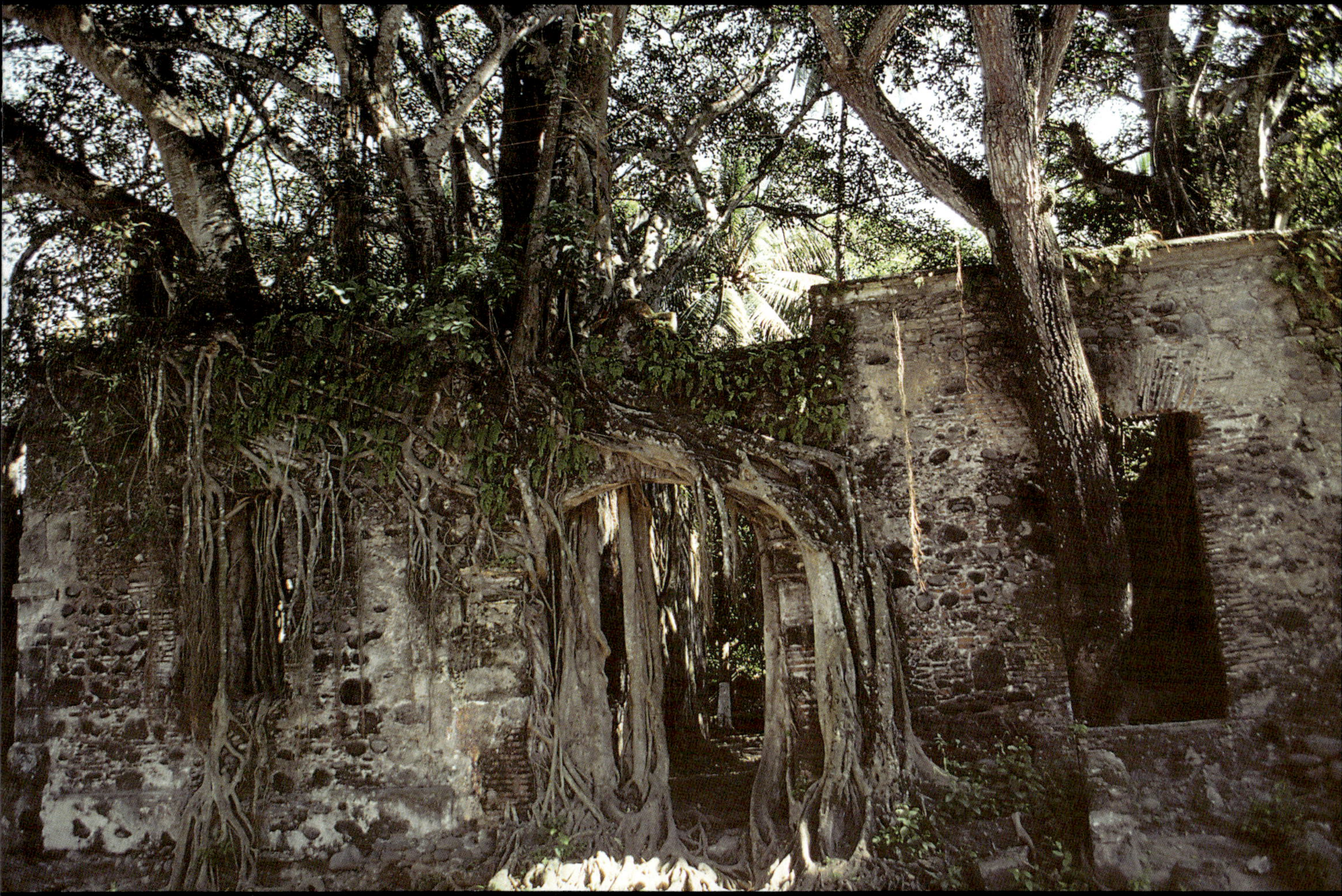

getrieben wurden, flohen sie schamlos vom Schlachtfeld.

Da Malintzin ihm Bericht erstattete, war Cortés sich der Verwirrung Moctezumas bewusst und aus eben dieser Tatsache zog er seinen Nutzen und entmachtete den Aztekenkönig. Moctezumas Unentschlossenheit wurde als Schwäche ausgelegt, die ihn als kläglichen Herrscher darstellte, der seinem Volk als Nachkomme von Quetzalcoatl Schande bereitete.

Cortés gewann demnach langsam die Zustimmung lokaler Stämme, die sowieso gegen das Besteuerungswesen der Azteken waren. Freudig erkannten sie Cortés als ihren Führer gegen das Herrschaftshaus an. Als Cortés endlich den Feldzug gegen die Hauptstadt Tenochtitlan antrat, wurde er von Kriegern dieser Stämme unterstützt. Kurz bevor er die Stadt belagerte, liefen über tausend Adler- und Jaguarkrieger aus Tlaxcala auf seine Seite über.

Cortés' Ankunft in Mexiko und die darauf folgende Eroberung der Azteken muss unter dem Aspekt der mittelamerikanischen Politik beleuchtet werden. Er war sich der Macht Moctezumas durchaus bewusst. Obwohl er sich herablassend über die Azteken äußerte, sah er sich selbst als zukünftigen Herrscher über ein von den Spaniern kontrolliertes Mittelamerika. Gleichzeitig kannte er auch die europäischen politischen Lügen, die ihn als harmlosen, ambitionierten Abenteurer darstellten. In seinen Briefen an Karl V. (1616–1656) versicherte er den spanischen König seiner Loyalität.

Oben: *Nach dem Sieg über die Azteken bereiste Cortés andere Stämme, um sie von seinen guten Absichten zu überzeugen. Seine indianischen Verbündeten in Vera Cruz, die mit Gewalt unterworfen worden waren, waren besonders schwierig. Dieses Foto zeigt die Ruinen einer bescheidenen Villa, die Cortés in einem Wald nahe Vera Cruz um 1524 erbaut hatte.*

Links: *Porträt von Hernán Cortés aus dem 16. Jahrhundert.*

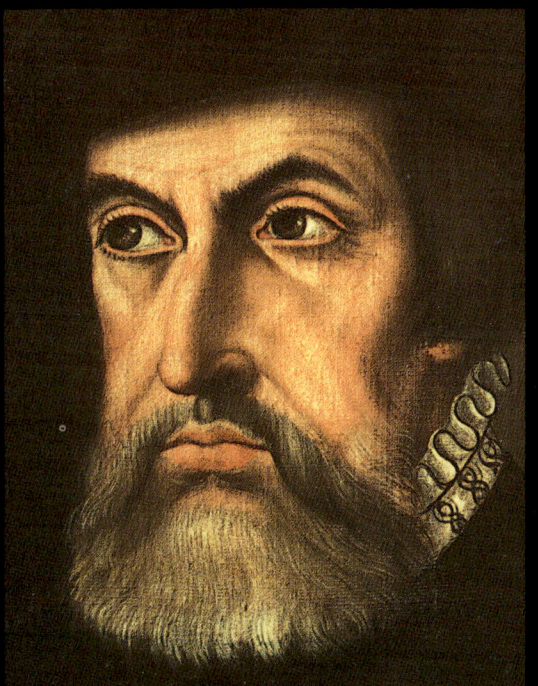

SPANISCHE HERRSCHAFT
Bessere Waffentechnik und geringere Ethik zerstören die Azteken

Als Hernán Cortés gemeinsam mit seinen Männern am 8. November 1519 in der großartigen Aztekenstadt Tenochtitlan ankam, wurde er von Moctezuma II. bereits erwartet. Als Zeichen der Diplomatie lud er sie als Gäste

Oben: *Die Spanier und ihre indianischen Verbündeten aus Tlaxcala greifen aztekische Krieger in der Nähe von Tenochtitlan an. Dieses Bild stammt aus einem mexikanischen Kodex aus dem 16. Jahrhundert.*

in seine Stadt. Er nahm an, dass die Fremden vom Prunk der Pyramiden, Tempel und Paläste überwältigt sein würden.

Die Spanier genossen einige friedliche Monate in der Stadt, doch im April 1520 erfuhr Cortés, dass Diego Velásquez, der Gouverneur von Kuba, ihn wegen Hochverrates verhaften wolle. Cortés verließ Tenochtitlan, um die Armee von Velásquez zu vernichten. In seiner Abwesenheit jedoch ordnete sein Stellvertreter Pedro de Alvarado die Tötung zahlreicher Aztekenkrieger an. Bei seiner Rückkehr nach Tenochtitlan musste Cortés feststellen, dass in der Stadt eine Revolte ausgebrochen war und dass seine Männer den Königspalast belagerten.

Im Versuch, den Frieden wiederherzustellen, nahm Cortés Moctezuma gefangen, doch die Azteken steinigten und töteten ihren Anführer. In einem blutigen Aufstand trieben sie am 30.

Juni 1520 die Spanier aus der Stadt. Unter der Führung von Cuauhtemoc (Herabstoßender Adler) töteten die Azteken fast die Hälfte der Spanier und zerstörten alle ihre Kanonen.

Cortés stellte seine Armee wieder her. Mit Unterstützung aus Cempoala und Tlaxcala belagerte er im Mai 1521 Tenochtitlan. Langsam nahmen die Spanier die Stadt ein. Am 13. August kam es im Zeremonienzentrum zum entscheidenden Kampf. Das „Neue Venedig", das Cortés Karl V. versprochen hatte, wurde in Schutt und Asche gelegt.

Die Azteken leisteten weiterhin Widerstand. Nichts am Benehmen der Spanier rechtfertigte den Titel „Krieger", demnach war keine Verhandlung möglich. Die aztekischen Aufzeichnungen berichten vom Mut des Mexikaherrschers Quetzaleule, der sich lediglich mit Pfeil und Bogen bewaffnet den spanischen Truppen stellte. Nicht nur hatten die Spanier wesentlich bessere Waffen, die Azteken waren auch ideologisch im Nachteil: Die Adler- und Jaguarkrieger versuchten, Geiseln zu nehmen und nicht zu töten – die Eroberer töteten willkürlich. Dennoch gaben die Azteken erst auf, als Cuauhtemoc gefangen genommen wurde.

Geschlagen, aber nicht gebrochen

Als die Azteken die Ruinen ihrer Stadt verließen, fingen die Spanier die Mädchen und die jungen Burschen, um ihre Gesichter zu brandmarken. Die Männer jedoch wurden ausgeschickt, um für die Erbauung des spanischen Kolonialzentrums Mexico City Material zu beschaffen. Die Priesterelite, die die Spanier noch immer als Bedrohung ansahen, wurde von Hunden geviertelt. Cuauhtemoc, dem Milde versprochen wurde, so er sich ergab, sowie die anderen Anführer des Dreierbundes – Tetlepanquetzatzin

(Tlacopan) und Cohuanacochtzin (Texcoco) – wurden nach Honduras gebracht und dort wegen Verschwörung verurteilt, gefoltert und gehängt. Mit dem Fall Tenochtitlans ging das gesamte Aztekenreich an die Spanier. Der Geist der Azteken blieb jedoch ungebrochen. Noch vor der Zerstörung Tenochtitlans brachten sie einige ihrer Heiligtümer in Sicherheit. Auch die Erinnerungen der Menschen konnten nicht gelöscht werden. Sie erinnerten sich an die alten Geschichten der Mexika und an das mächtige Reich, das sie aus dem Sumpfland geschaffen hatten. Die Zerstörung Tenochtitlans war tragisch, beendete jedoch nicht den Glauben der Azteken.

Es war für sie nicht vorrangig, das Land zu beherrschen. Die Spanier waren zahlenmäßig zu gering, um ihren einheimischen Verbündeten ein Staatssystem ähnlich dem der Azteken aufzuzwingen.

Cortés war politischem Druck und spanischen Intrigen ausgesetzt. Am 15. Oktober 1522 wurde er zum Gouverneur von Neuspanien und somit zum Herrscher über Mexiko. 1526 jedoch kam Ponce de León, um Klage gegen ihn zu erheben. Cortés musste seinen Titel niederlegen. Um seine Stellung wiederherzustellen, fuhr Cortés nach Spanien und verhandelte mit dem Kaiser, worauf ihm der geringere Rang des Marques del Valle de Oaxaca zugesprochen wurde. All seine Ambitionen wurden zunichte gemacht, als Don Antonio de Mendoza 1515 zum Vizekönig wurde. Cortés hatte keine offizielle Stellung mehr in Mexiko inne. Er starb 1547 in Spanien in Armut.

Zur selben Zeit starben in Mexiko 95 Prozent der Eingeborenen an Pocken, was den Spaniern ihre Vormachtstellung sicherte. Gegen Ende des 16. Jahrhunderts brach in Mittelamerika eine neue Ära an, die sich auf spanischen Glauben und territoriale Besitztümer gründete.

Unten: *Die Eroberer kämpfen in den Straßen von Tenochtitlan. Zeitgenössisches Bild eines unbekannten spanischen Malers.*

STICHWORTVERZEICHNIS